BADEN-WÜRTTEMBERG

KULTUR UND GESCHICHTE IN BILDERN

Wolfgang Alber / Eckart Frahm / Manfred Waßner

BADEN-WÜRTTEMBERG

KULTUR UND GESCHICHTE IN BILDERN

THEISS

Die Deutsche Bibliothek – CIP-Einheitsaufnahme

Baden-Württemberg : Kultur und Geschichte in Bildern / Wolfgang
Alber/Eckart Frahm/Manfred Waßner. – Stuttgart : Theiss, 1999
ISBN 3-8062-1360-7

Umschlaggestaltung: Neil McBeath, Kornwestheim
unter Verwendung von Aufnahmen von Joachim Feist, Pliezhausen
(großes Bild: Burg Hohenzollern)

Lektorat: Renate Beyer, Tübingen
Gestaltung und Satz: Cornelia Fritsch & Birgit Fiebiger GbR, Filderstadt
Reproduktion: Konzept Medienhaus GmbH, Stuttgart
Druck und Bindung: Bosch-Druck, Ergolding
ISBN 3-8062-1360-7

ZUM KONZEPT DIESES BUCHES

Dieses Buch versucht die (Vor-)Geschichte eines Bundeslandes vor allem mit Bildern und kurzen erläuternden Texten zu vermitteln. Und für einen solchen, relativ neuen Versuch gilt: Kein einzelner Autor kann eine Zeit seit Beginn der Menschheit bis in die nahe Zukunft gleichermaßen kompetent mit eigenen Forschungsergebnissen bestreiten. Er würde wohl nicht einmal auf die Idee kommen, so etwas angesichts eines unendlich großen Bilderbergs allein und in einer überschaubaren Lebensspanne überhaupt in Angriff nehmen zu wollen. Es ist daher nicht verwunderlich, daß der Anstoß zu dieser Veröffentlichung vom Theiss Verlag kam, der uns von der Notwendigkeit eines solchen Bandes überzeugte. Allen Kollegen, deren Arbeiten und Bücher wir herangezogen haben, sind wir zutiefst dankbar. Wir sind uns durchaus bewußt, daß dieser Versuch in vielem erst ein Anfang ist. Unsere Aufgabe bestand vor allem in der Auswahl geeigneter Themen, ihrer didaktischen Aufbereitung und Umsetzung für einen möglichst breiten Leserkreis, um damit ein – hoffentlich – aktivierendes Lesen anzuregen. Einen fortlaufenden Text kann man sehr unterschiedlich lesen, je nachdem, welches Interesse man hat. Allzu oft wird dabei übersehen, daß nicht ein vorangestelltes Inhaltsverzeichnis in die gewünschte Passage hineinführt, sondern etwa das Register vom Ende her der Neugierde den entsprechenden Weg weist, oder daß beim flüchtigen Durchblättern die weitere Aufmerksamkeit plötzlich durch irgend etwas gefangengehalten wird. Die vorliegende Bild-Text-Präsentation versucht die verschiedenen Zugänge zum Thema – und damit die Lese-Freiheiten – zu erweitern. In einem Bilderbuch kann man wie in einer aktuellen Illustrierten blättern, sich der Zerstreuung hingeben, unterschiedliche Bildbotschaften vergleichen, sich anhand der Texte zusätzlich informieren. Und darin vor allem liegt die Absicht der Autoren: Die das jeweilige Kapitel mit einer Übersicht einleitenden Texte, dazu eine Zeitleiste, dann die Bilder mit den entsprechenden Legenden und schließlich die dazu gestellten essayistischen Miniaturen sind jeweils in sich abgeschlossene und für sich verständliche Bausteine. Sie sind jedoch wie die verschiedenen Räume eines Hauses aufeinander bezogen und wollen beim Lesen je nach Bedarf und Interesse miteinander vernetzt werden, wobei Register und Literaturhinweise weitere Hilfestellungen bei einem solchen aktivierenden Lesen geben.

BILDER LESEN – EINE GEBRAUCHSANLEITUNG

Die frühe Besiedlung des Südschwarzwaldes vom Kloster St. Peter aus wird aus der Vogelperspektive dokumentiert. Hier präsentiert sich im Bild eine Herrschaft mit einer eindrucksvollen historischen Leistung. Doch betrachtet man diese Darstellung nicht mit den Augen derjenigen, die dieses Siedlungs-Werk vorangetrieben haben, sondern blickt man im Zuge späterer, architekturhistorischer „Spurensicherung" darauf, wie sich etwa die Gebäude in die Landschaft fügen, dann entdeckt man auf einmal etwas, was nicht in erster Linie Intention des Zeichners und seines Auftraggebers war: Man erkennt am unteren Rand die älteste Darstellung eines Schwarzwaldhauses.

„Ein Bild sagt mehr als tausend Worte" – je komplexer und unübersichtlicher die Welt ist, desto einfacher und eindeutiger müssen offenbar die Zeichen und Symbole sein, die unsere Wahrnehmung, unser Verhalten und vor allem auch unsere Erinnerung prägen. Dabei hängen Funktion und Bedeutung von Bildern als einem wichtigen, unübersehbaren Mittel, möglichst schnell und bequem Wissen und Erkenntnisse zu erwerben, unmittelbar mit einer Auf- oder Abwertung der Sprache zusammen. Wer Bilder als oberflächlich, primitiv, mehrdeutig oder sogar irreführend einschätzt, der wertet zugleich die Sprache als bessere und effektivere Kommunikationsform auf. Eine Abwertung der Sprache und ihres Darstellungsvermögens hingegen wird begleitet von einer positiven Einschätzung dessen, was Bilder zu leisten vermögen: Sie bieten Anreize zum Hinschauen, sie sind Köder und Blickfänger, lockern den Text auf, machen etwas „auf den ersten Blick" deutlich. Bilder verdichten die Informationen.

Geschichte wird nicht nur in Texten überliefert, sie wird auch in Bildern tradiert. Die Akropolis steht für die griechische Klassik, Vietnam verbindet sich mit dem nackten, von Napalm verbrannten Mädchen. George Washingtons Überquerung des Delaware zeigt

Älteste Darstellung eines Schwarzwaldhauses: rechts unten der Schweighof 1685, der zur Zeit des Abtes Paulus Pastor (1670–1699) zum Kloster St. Peter gehörte. Man kann auf dieser eindrucksvollen Kloster-Ansicht mit entsprechendem Bildschmuck im oberen Teil auch die Besiedlung und Rodung des ehemals rauhen unwegsamen Mittelgebirges ebenso erkennen wie die charakteristischen Lagen der Häuser: Firstlinie parallel zu den Höhenlinien oder Wohnteil an der Bergseite senkrecht zum Hang.

den Aufbruch der Neuen Welt zu neuen Ufern, Hitlers Handschlag mit Hindenburg den Beginn der „Machtergreifung“, die Leichenberge in den Konzentrationslagern die „Endlösung“. Mit einem einzigen treffenden Bild bleiben ganze Epochen im Gedächtnis haften. Aber Bilder stehen nur stellvertretend für die Ereignisse; Geschichte in ihren komplizierten strukturellen Verläufen, in ihren alltäglichen Begebenheiten und mentalen Voraussetzungen erklären sie nicht. Und je weiter wir zurückdenken, desto blasser werden die Bilder, desto unschärfer wird unser Wissen.

Ein Bild sagt mehr als tausend Worte. Dazu muß man es jedoch lesen können wie einen Text. Aber was wir visuell lesen, verstehen wir nicht immer. Viele historische Motive und Symbole bleiben uns heute verschlossen, die Allegorien und Stilleben der niederländischen

„Auf den Bergen wohnt die Freiheit, auf dem Asperg aber nicht“. Der Hohenasperg ist ein fortdauerndes Symbol für feudale Unterdrückung und den Kampf um bürgerliche Freiheiten: „Thränen-, Höllen-, Schicksalsberg“, „Berg der Väter“, „Hausberg der schwäbischen Intelligenz“, „Demokraten-“ und „Jammerbuckel“ heißt er im Volksmund. Hier saß beispielsweise 1764 der Tübinger Oberamtmann Johann Ludwig Huber ein. Er hatte öffentlich die Bürger aufgefordert, ihre Zustimmung zu einer Steuer, die Militärzwecken dienen sollte, zu verweigern. Als Tübinger Bürger den Herzog Karl Eugen mit Hinweis auf das „alte Recht“ der (in diesem Fall allerdings nicht) mitbestimmenden Landstände um Gnade baten, erklärte dieser barsch: „Was Vaterland? Ich bin das Vaterland!“

Kaiser Napoleon im Krönungsornat. Gemälde von François-Pascal-Simon Gérard (1770–1837), Paris, 1805/10.

König Friedrich I. (1754–1816) von Württemberg im Krönungsornat. Gemälde von Johann Baptist Seele (1774–1814), um 1806/08.

Malerei beispielsweise erscheinen uns vordergründig-realistisch. Wer aber sieht schon noch die hintergründig-symbolische Bedeutung einer geschälten Zitrone oder geöffneten Auster? Aus Bildern läßt sich oft nur herauslesen, was wir wissen. Zugleich aber eröffnet sich eine eigene Welt, die der Betrachter erschließen kann.

Die Betrachter sind im Bild Wir brauchen eine Schule des Sehens. Beispielsweise um zu verstehen, daß Veduten nicht nur schlichte Ortsansichten sind, sondern ein bestimmtes Weltbild vermitteln, in dem Bürger im Vordergrund stehen, Bauern und Handwerker nur Staffage im Hintergrund sind. Aber so geben uns die Bilder auch Einsicht in das unterschiedliche Verhältnis von Mensch und Natur, Wissen und Kultur.

Und dazu will dieses Buch in der Kombination von Bild und Text anregen; es will Bilder als Ausdruck historischer Epochen zeigen, und es will zugleich geschichtliches Bewußtsein für die Inhalte wecken.

Der Einsatz von Bildern bei der Darstellung von Geschichte und Kultur hat im Laufe der letzten Jahre zugenommen. Das liegt nicht nur daran, daß die visuelle Präsentation gegenüber dem vor-geschriebenen Text vielversprechender ist, sondern daß zunehmend die Lesenden als konstituierender Teil der Darstellung gesehen und entsprechend ernst genommen werden. Bilder haften offenbar länger im Gedächtnis als noch so knappe und klare Textpassagen. Was bleibt von langen historischen Prozessen letzten Endes im Bewußtsein der später Geborenen? Von einer historischen Szene wie dem Gang nach Canossa, als Heinrich IV. im Zusammenhang mit dem großen „Investiturstreit" 1077 vor Papst Gregor im Bußgewand drei Tage lang um Lossprechung vom päpstlichen Bann und um Wiederaufnahme in die kirchliche Gemeinschaft bat, ist zwar kein authentisches Szenen-Bild überliefert, aber es gibt jede Menge illustrierender Vorstellungs-Bilder.

Als Willy Brandt am 7. Dezember 1970 vor dem Warschauer Ghetto-Mahnmal auf die Knie sank als ein Zeichen der Bitte um Versöhnung, ging dieses „Schlagbild" als ein überaus treffendes, viele Textpassagen und Verträge zusammenfassendes Symbol der neuen bundesdeutschen Ostpolitik um die Welt. Mit dem Begriff „Schlagbild" wollte übrigens der Kunsthistoriker Aby Warburg (1866–1929) in Anlehnung an den Begriff „Schlagwort" auf die grundlegende Orien-

tierungsfunktion von Bildern hinweisen, auf deren Prägnanz, auf die gesteigerten Gefühls- und Erinnerungswerte.
Und bleibt von Bismarcks Rücktritt, zu dem ihn der junge Kaiser Wilhelm II. am 18. März 1890 in brüsker Form zwang, nicht vor allem die Karikatur „Der Lotse geht von Bord“ im Gedächtnis?
Geschichte und Kultur sind in besonderer Weise bildwürdig. Allerdings hat diese neue Freiheit, die den Lesern im Umgang mit Themen und Darstellungen angeboten wird, auch eine Kehrseite. Bilder müssen wie Texte eben auch gelesen werden können. Die Auswahl von besonders eindrucksvollen Schlagbildern oder – im Kontrast dazu – von bisher unbekannten Ansichten, Übersichten oder Ausschnitte und nicht zuletzt die Legende, die ein Bild in einen konkreten historischen und gesellschaftlichen Kontext stellt und so die Wahrnehmung in eine bestimmte Richtung lenkt – all das will beim Lesen von Bildern mitbedacht sein.

Spurensicherung am Bildrand An Kriminalistik erinnernde Spurensicherung ist laut Carlo Ginzburg, dem italienischen Historiker, nicht selten notwendig: In den oft übersehenen Details, denen landläufig keine große Bedeutung zugemessen wird, findet sich die Wahrheit häufiger und eindrucksvoller als in den großen Inszenierungen, den Haupt- und Staatsaktionen im Vordergrund. Am Rande, im Hintergrund, wo der Blick schnell über die Dinge gleitet, dort liegt sozusagen an der Oberfläche „versteckt“ der Kern der Sache.
Andererseits entstehen Bilder immer auch aus der Wahrnehmung dessen, der sie malt oder fotografiert. Sie geben einen bestimmten Blickwinkel wieder auf Ereignisse oder Personen, der von Einflüssen der Zeit geprägt ist, in der das Bild entsteht. Dabei wird der Betrachter manchmal auch auf falsche Fährten gelockt. Dazu ein Beispiel in drei Bildern:
Auf dem ersten, auf Seite 10 oben, ist Kaiser Napoleon im Krönungsornat zu sehen, auf dem zweiten Bild darunter Württembergs König Friedrich I., ebenfalls im Krönungsornat. Das dritte Bild aber, hier auf dieser Seite, das so augenfällig und anschaulicher als jeder Text die historischen Fakten zu vermitteln scheint, ist nie gemalt worden. Es ist eine Fotomontage unserer Zeit und zeigt, wie wir die Epoche der „Napoleonischen Neuordnung“ heute sehen: Der schmächtige Franzose hat den kleinen Friedrich, der ihn in Wirklichkeit überragte, im Mantel und unter dem linken Arm. Auf diese Weise werden die wahren Machtverhältnisse symbolisiert.

Im Zuge der napoleonischen „Flurbereinigung“ Europas nimmt der schmächtige Franzose den „Dicken Friedrich“, der ihn in Wirklichkeit überragte, „unter seine Fittiche“ und symbolisiert auf diese Weise die wahren Machtverhältnisse. Bildmontage im Rahmen der Ausstellung „Baden und Württemberg im Zeitalter Napoleons“. Württembergisches Landesmuseum, Stuttgart, 1987.

Solche Ansichten und Bild-Montagen machen Geschichte und Kultur auf einen Blick schlagartig deutlich. Hier nähern sich die Absichten der Bildermacher und die der Texthersteller wieder an, um mit den Betrachtenden und Lesenden zu kommunizieren.
Ernst Stankowski, Künstler und Designer, beschrieb die aktuellen Aufgaben gerade bei der Darstellung alltäglicher abstrakter Begriffe daher als visuelle Kommunikation: „Vorstellungen, Einsichten und Begriffe zu verdeutlichen, das Verstehen, Begreifen oder Erkennen zu erleichtern und Gegenstände ebenso wie Vorgänge zu veranschaulichen, diese Aufgabe rückt immer mehr ins Zentrum der visuellen Vermittlung.“
Die technischen Möglichkeiten, die bei der digitalen Bildbearbeitung heutzutage beinahe grenzenlos eingesetzt werden können, wären bei der Präsentation historischer Ansichten noch einmal ein besonderes Kapitel.

VOR- UND FRÜHGESCHICHTE

Mehr als eine halbe Million Jahre trennen uns von jener Zeit, aus der die ältesten bekannten Funde stammen, die zeigen, daß Menschen in Südwestdeutschland lebten. Der Kiefer eines Urmenschen aus der Altsteinzeit kam in Mauer bei Heidelberg zum Vorschein. Über seine Lebensweise weiß man nur wenig. Auch die anderen menschlichen Knochenfunde aus der Altsteinzeit, diesem gewaltigen Zeitraum, der bis 10000 Jahre vor heute dauerte, geben hauptsächlich Hinweise auf die Entwicklungsgeschichte des Menschen, wie etwa der Urmensch von Steinheim an der Murr. Vor allem gegen Ende der Altsteinzeit lassen sich aus Höhlenfunden wie Werkzeugen, Nahrungs- und Tierresten, Zeichnungen und Schnitzereien, aber auch aus Analysen von Blütenpollen Rückschlüsse auf das harte Leben der Menschen ziehen. Sie schlugen sich als Jäger und Sammler ohne feste Wohnsitze in einem fast menschenleeren Land durch.

Eine der bedeutendsten Entwicklungen der Menschheitsgeschichte begann nach dem Ende der letzten Eiszeit vor etwa 10000 Jahren. Die Menschen wurden seßhaft und bauten beispielsweise Pfahldörfer am Federsee und am Bodensee. Nach und nach betrieben sie Ackerbau und hielten Haustiere. Keramikfunde mit charakteristischen Mustern belegen die großräumige Ausdehnung einer offenbar einheitlichen Kultur dieser ersten Bauernvölker, der Bandkeramiker, in Mitteleuropa.

Das Ende der Steinzeit war gekommen, als die Menschen lernten, Metall herzustellen und zu verarbeiten. Zunächst aus Kupfer, dann aus Bronze produzierten sie Schmuck, Waffen und effektivere Werkzeuge. Mit der Verarbeitung von Eisen begann auch die Zeit der Kelten in Südwestdeutschland, über die wir neben archäologischen Quellen aus griechischen und römischen Schriften informiert sind. Sie trieben weiträumig Handel, brachten wahrscheinlich das Pferd nach Mitteleuropa und verfügten über eine komplexe Kultur mit sozialer Hierarchie. Zunächst um kleine Höhensiedlungen wie dem Ipf bei Bopfingen oder dem Goldberg im Ries, dann um befestigte Plätze wie dem Hohenasperg oder der Heuneburg bei Hundersingen hatten sie anscheinend ihre Zentren. Erst in einer zweiten größeren Periode ihrer Kultur, der Latènezeit, entstanden großräumige befestigte Siedlungen wie bei Altenburg am Rhein, Breisach, Finsterlohr oder Grabenstetten.

Im 1. Jahrhundert v. Chr. endete die keltische Kultur in Südwestdeutschland, was wohl mit dem Vordringen der Römer über die Alpen und über den Rhein

Urmensch von Mauer bei Heidelberg
ca. 450000 v. Chr.

Urmensch von Steinheim/Murr
ca. 250000–300000 v. Chr.

Letzte Eiszeit: Im Lonetal halten sich Jäger auf
ca. 30000 v. Chr.

Neandertaler
ca. 20000 v. Chr.

Die Menschen in Süddeutschland werden seßhaft, betreiben Pflanzenbau und Viehzucht
ca. 6000–5000 v. Chr.

Pfahlbauten und Moorsiedlungen am Bodensee und am Federsee
ca. 4000–2000 v. Chr.

Beginn der Metallzeit: Zunächst aus Kupfer, später aus Bronze werden Waffen und Werkzeuge hergestellt
ca. 2000 v. Chr.

Neue Bevölkerungsgruppen dringen aus Osteuropa ein
um 1250 v. Chr.

zusammenhing. Mit den Römern kamen auch die ersten schriftlichen Zeugnisse, meist Inschriften, nach Südwestdeutschland, die uns Informationen über die Zeit geben. Römische Truppen unterwarfen in mehreren Feldzügen die Stämme nördlich der Alpen bis zu Neckar und Donau, um dann die Herrschaft nach und nach zunächst militärisch, dann aber zivil auszubauen. Neben zahlreichen gutsähnlichen Einzelgehöften, den villae rusticae, die meist in Nähe der von den Römern gebauten Straßen lagen, entstanden während der römischen Zeit viele stadt- und gemeindeähnliche Siedlungen wie beispielsweise Baden-Baden, Heidenheim, Ladenburg, Rottenburg oder Wimpfen i.T., zum Teil an Plätzen, an denen schon die Kelten gesiedelt hatten. Rottweil scheint die einzige römische Siedlung mit Stadtrecht gewesen zu sein. Daneben richtete die römische Militärverwaltung immer wieder Kastelle ein zum Schutz vor germanischen Überfällen. In ihrem Umfeld bildeten sich oft zivile Siedlungen wie etwa in Köngen, Öhringen oder Sulz am Neckar sowie entlang des obergermanischen und rätischen Limes bei Jagsthausen und Welzheim und vor allem bei Aalen. Der Limes, diese gewaltige Befestigungsanlage, die Baden-Württemberg durchzog und noch heute vielfach im Gelände als schnurgerade Linie zu erkennen ist, sollte die römischen Gebiete vor räuberischen Germanenhorden schützen. Um das Jahr 150 n. Chr. muß mit dem Bau der Befestigung als äußerster Grenze des römischen Machtbereichs begonnen worden sein; später wurde die Schutzanlage immer wieder verstärkt.

Südwestdeutschland in römischer Zeit

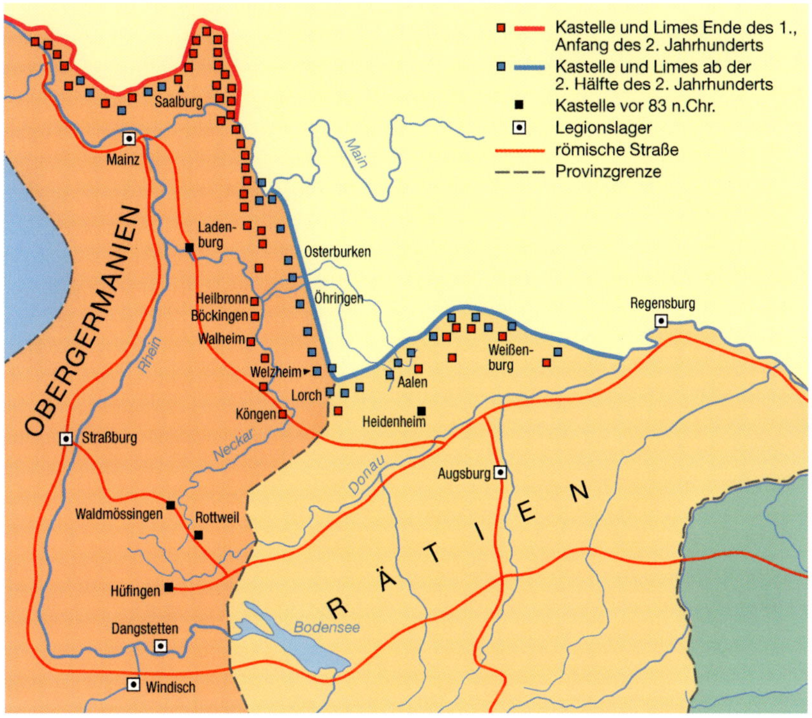

Beginn der Eisenzeit und damit der keltischen Kultur in Süddeutschland
8. Jh. v. Chr.

Keltische Fürsten regieren von befestigten Herrschaftszentren aus wie etwa der Heuneburg bei Hundersingen an der oberen Donau
600–400 v. Chr.

Latène-Zeit: Neue keltische Kultur mit weitläufigen Siedlungen und Flachgräbern statt Hügelgräbern
5.–1. Jh. v. Chr.

Befestigte keltische Siedlungen, die Oppida, entstehen zum Beispiel bei Altenburg, Breisach, Finsterlohr und Grabenstetten
2.–1. Jh. v. Chr.

Die Römer dringen nach Südwestdeutschland vor
Ende 1. Jh. v. Chr.

Die Römer unterwerfen die Stämme der Vindeliker und Raeter nördlich der Alpen
15 v. Chr.

Weiteres Vordringen und Ausbau der römischen Herrschaft in Süddeutschland
1. Jh. n. Chr.

Der obergermanisch-rätische Limes entsteht als Grenzbefestigung
um 150 n. Chr.

Eingang der Vogelherdhöhle im Lonetal östlich von Ulm, Fundort der frühesten bekannten Kunstwerke der Menschheit.

„Ein Beweis, wie sehr man mit Blindheit geschlagen sein kann, war, daß ich während der ganzen Grabarbeiten noch keine Ahnung von dem prähistorischen Charakter der Bärenhöhle hatte. Das Paläontologische allein war es, worauf ich achtete, und vollständige Schädel, zusammenpassende Extremitäten erfreuten mich mehr als die gespaltenen Knochen und Gegenstände mit den sichtbaren Spuren von Menschenhand." (Der Urgeschichtsforscher Oscar Fraas, als er 1866 im Lonetal vom Höhlenbären auf den Menschen kam)

HÖHLEN AUF DER SCHWÄBISCHEN ALB

Älteste Kunstwerke Geschichte beginnt (erst) mit dem Menschen – wann und wo aber „beginnt" der Mensch? Und wie hat er sich im Laufe der Zeit jeweils den klimatischen und natürlichen Veränderungen angepaßt, um zu überleben? Fragen zur Erdgeschichte lassen sich vergleichsweise leichter beantworten: Die unteren Schichten sind gewöhnlich die älteren und die oberen die jüngeren – die ältesten Gesteine im Land liegen übrigens im Südschwarzwald. Welche Umstände jedoch brachten den homo sapiens, den vernunftbegabten Menschen, darauf, Werkzeuge herzustellen und Feuer zu gebrauchen? Bei der Vor- und Frühgeschichte versucht man, mit Phantasie und vielfältigen wissenschaftlichen Methoden anhand von kargen archäologischen Quellen sich ein möglichst umfassendes Bild vom Menschen zu machen. Zum besseren Verständnis muß man dabei die heutigen Grenzen des Landes überschreiten: In Afrika liegen, drei bis vier Millionen Jahre zurück, die ersten, durch fossile Funde nachweisbaren Anfänge der Menschheit. Von Kleinasien und über die Mittelmeerküsten kam die Kenntnis von Ackerbau und Viehzucht vor etwa achttausend Jahren. Das führte hierzulande zu einer seßhaften Lebensweise, einer ersten Bevölkerungsexplosion und zu planmäßig angelegten Siedlungen. Zuvor streiften nur wenige Vorfahren als Jäger und Sammler durch das heutige Südwestdeutschland. In der ausgehenden Eiszeit sollen es 20 Gruppen mit durchschnittlich 25 Mitgliedern gewesen sein, mehr ließen die Lebensgrundlagen (Wild, Wald, Pflanzen) nicht zu. Steinzeitliche Lagerplätze gab es wohl im ganzen Land, gefunden wurden paläontologische Zeugnisse vor allem am Südhang der Schwäbischen Alb, wo sich in Höhlen und Spalten die Reste alter Landoberflächen mit den Kulturzeugnissen am besten oder überhaupt erhalten haben. Im Lonetal fanden die ersten systematisch vorgehenden Vorgeschichtsforscher wie Oscar Fraas Ende des 19. Jahrhunderts Belege, daß der Mensch Zeitgenosse von Mammut und Höhlenbär war und nicht nur einfache Steinwerkzeuge, Schlag- und Schneidegeräte herstellen konnte, sondern vor rund 30000 Jahren bereits Kunstwerke schuf, die ältesten, die man bisher kennt, in denen die damals reale und die magische Welt eindrucksvoll verknüpft wurden.

Zierliche Tierfiguren aus Mammutelfenbein wie etwa dieses Wildpferd (Länge 4,8 cm, Höhe 2,5 cm) wurden 1931 in der Vogelherdhöhle gefunden – eines der Kunstwerke, die rund 30000 Jahre alt sind.

Rekonstruktionen „Heit häw ich de Adam g'funne", verkündete am 21. Oktober 1907 ein Kiesgrubenarbeiter stolz, als er in dem Dorf Mauer bei Heidelberg in 24 Meter Tiefe einen Unterkiefer entdeckt hatte. Der Adam war's dann zwar nicht, aber immerhin der sogenannte homo erectus heidelbergensis, rund 500 000 Jahre alt, der bisher älteste Fossilbeleg für eine frühe Entwicklungsstufe des Menschen in Europa. An solchen Belegen kann man den Gehalt an radioaktivem Kohlenstoff C14 messen (Radiokarbonmethode) und anhand der Zerfalls- und Halbwertszeiten das Alter bestimmen. So ließ sich der nächste Zufallsfund, ein 1933 in einer Kiesgrube bei Steinheim an der Murr entdeckter Schädel des homo sapiens steinheimensis, mit Hilfe von Resten inzwischen ausgestorbener Tiere wie Waldelefant und Wasserbüffel im mittelpleistozänen Schotter auf ein Alter von rund 300 000 Jahren datieren. Ab dieser Entwicklungsstufe können wir wohl von unseren unmittelbaren Vorfahren (homo sapiens) reden, die in der Lage waren, einfache Steinwerkzeuge herzustellen, Faustkeile und hölzerne Lanzen mit feuergehärteten Spitzen für die Jagd. Frühgeschichte ist mehr oder weniger zufällige Fundgeschichte. Und aus den kargen Zeugnissen menschlichen Lebens wie Arbeitsgeräten, Waffen, Schmuck oder den Resten bestatteter Menschen versuchen Archäologen und Vorgeschichtler die Herkunft des Menschen und seine frühen Entwicklungsstufen zu rekonstruieren. So zählen etwa Kunstwerke wie jene Menschendarstellung im Halbrelief, eine Elfenbeinschnitzerei aus der Geißenklösterle-Höhle, zu den Besonderheiten des Jungpaläolithikums.

Die Beschäftigung mit der steinzeitlichen Vergangenheit der unmittelbaren Heimat wurde für viele angestoßen durch David Friedrich Weinlands „Rulaman" oder Gustav Rieks „Mammutjäger vom Lonetal". Die Höhlen der Schwäbischen Alb wurden in diesen phantasievollen, spannenden und überaus populären Erzählungen mit Ureinwohnern bevölkert, die mit Bären und Löwen und rivalisierenden Stämmen ums Überleben kämpften.

Szene aus dem Lagerleben von Frühmenschen vor 300 000 Jahren. (Zeichnung: Christian Paschold)

Darstellung eines Menschen mit erhobenen Armen, Halbrelief aus der jüngeren Altsteinzeit, gefunden in der Felsengruppe Geißenklösterle bei Blaubeuren.

David Friedrich Weinland (1829–1915) weckte mit seinen 1875 erstmals erschienenen „Erzählungen aus der Zeit des Höhlenmenschen und der Höhlenbären" (so der Untertitel von „Rulaman") bei vielen jugendlichen Lesern langanhaltende vorgeschichtliche Neugierde auf die Höhlen der Schwäbischen Alb.

PFAHLBAUTEN UND MOORSIEDLUNGEN

Pfahlbaurekonstruktion von Häusern aus der Steinzeit im Pfahlbaumuseum Unterhuhldingen am Bodensee.

Romantik und Realität Seit im Winter 1854 im Zürichsee bei extremem Niedrigwasserstand erste Pfahlfelder entdeckt wurden, avancierten Pfahlbauten sehr schnell zu den populärsten archäologischen Denkmälern Europas. Schon 1879 nahm der Ästhetik-Professor Friedrich Theodor Vischer (1807–1887) in seinem autobiographischen Roman „Auch einer" die Diskussion um die damals neuentdeckte Schweizer Pfahlbautenkultur und vor allem die Pfahlbauromantik satirisch aufs Korn. Das pfahlgetragene Dorf über dem offenen Wasser – bis heute ist dieses romantisch-historisierende Bild aus dem 19. Jahrhundert, mit dem eine längst untergegangene Epoche wieder heraufbeschworen wurde, immer noch aktuell. Inzwischen ist aber erwiesen, daß es sowohl ebenerdige Ufersiedlungen in dieser Bauweise gab, vor allem an den kleinen Voralpenseen, als auch Siedlungen in hochwassergefährdeten Uferbereichen der großen Seen und ebenso Anlagen von Inseln ins Wasser hinaus. Die Fundplätze der Pfahlbauten gruppieren sich rund um den Fuß der Alpen, insbesondere in der Schweiz, und im südwestdeutschen Alpenvorland am Bodensee und am Federsee. „Wie nirgends sonst in Europa können hier Alltagskultur, Hauskonstruktionen, Siedlungswesen, Wirtschaft und Umwelt vorgeschichtlicher Kulturen detailliert erforscht und ihre Entwicklung über mehr als 3000 Jahre hinweg verfolgt werden" (so der Archäologe Helmut Schlichtherle). Die Zeugnisse der kulturellen Entwicklung von der zweiten Hälfte des 5. Jahrtausends bis zur Wende von der Spätbronzezeit zur Eisenzeit haben sich hier unter Sauerstoffabschluß, überdeckt von Seeablagerungen und Torf, über die Jahrtausende erhalten. Nicht nur Steingeräte und Tongefäße, sondern vor allem organische, vergängliche Materialien bis hin zu Küchenabfällen erlauben faszinierende Einblicke in jungsteinzeitliche und bronzezeitliche Kulturen.

„Überbleibsel menschlicher Thätigkeit, die geeignet seien, über den frühesten Zustand der Bewohner unserer Gegend unverwartetes Licht zu verbreiten." (Hellsichtige Vermutung des Lehrers Johannes Aeppli aus Obermeilen am Zürichsee in seiner Fundmeldung von 1854)

Taucharchäologische Untersuchungen: Zeichnungen mit Fettstift auf einer Plexiglasplatte zur Dokumentation eines Fundes im Bodensee vor Sipplingen.

Methodisch und systematisch Bei Niedrigwasser – im Sommer in den oberschwäbischen Mooren, im Winter im Bodensee – buddelten die ersten archäologischen Ausgräber einfach drauflos. Heute werden die Fundschichten nicht mehr abgeschaufelt, sondern in geduldiger Kleinarbeit planmäßig mit der Kelle freigelegt. So fand man bei den Bewohnern von Pfahlbauten am Bodensee und am Federsee andere Geräte als bei den „Höhlenmenschen", beispielsweise Knochen von Haustieren und Getreidekörner: Aus Jägern waren Bauern geworden. Im Moor fand man in den Siedlungsspuren Hinweise auf Flachsanbau und Fasergewinnung, also auf eine erste Textilproduktion. Mit neuen naturwissenschaftlichen Untersuchungsmethoden und mit Hilfe der Taucharchäologie wurden steinzeitliche Wirtschaftsformen und die nach Fundorten benannten Kulturabfolgen umfangreicher rekonstruiert und eindeutiger bestimmt. So wurde innerhalb von nur sechzig Forschungsjahren die bislang älteste Federseeufersiedlung bei Aichbühl 2000 Jahre „älter": In den zwanziger Jahren auf 2200 v. Chr. geschätzt, in den sechziger Jahren mit Hilfe der Radiokarbonmethode auf 3500 v. Chr. datiert, konnte man mittels Dendrochronologie (Bestimmung der Jahresringe an Hölzern) und botanischer Analysen die Siedlung auf 4200 v. Chr. datieren.

Freilegung eines jungsteinzeitlichen Hauses am Federseemoor.

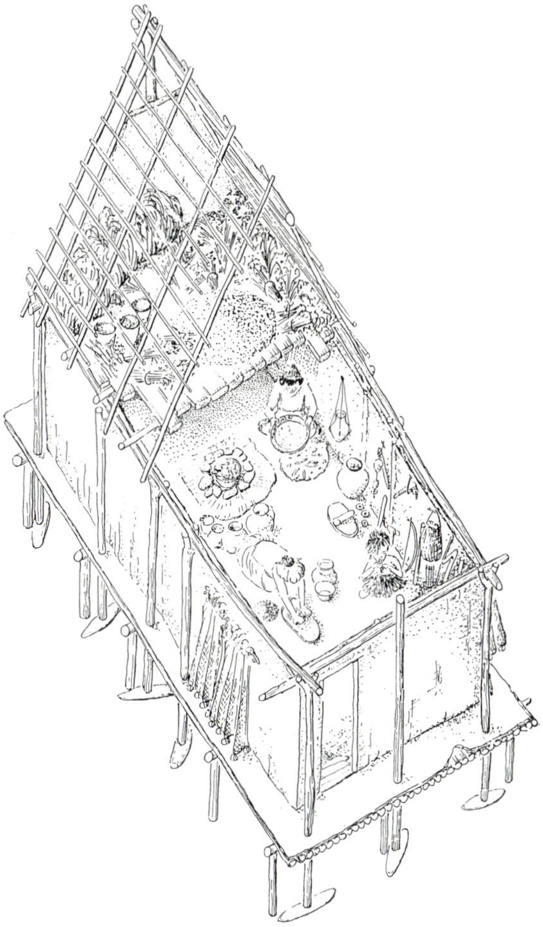

Rekonstruktion des jungsteinzeitlichen Pfahlhauses nach den Untersuchungsergebnissen von Hornstaad am Untersee. Neben tiefgreifenden Pfählungen gründet die Konstruktion auch auf Ständern, kurzen Querhölzern, die in „Pfahlschuhen" eingezapft sind, um ein Einsinken in den weichen Seegrund zu verhindern.

„Kaugummi" oder Klebemasse für die Werkzeugherstellung? Gekaute Birkenpechklumpen mit Zahnabdrücken aus Hornstaad.

Die Heuneburg, ein keltischer Fürstensitz 60 Meter über der Donau, liegt an einer uralten Handelsstraße.

Rekonstruktion des Handwerkerviertels auf der Heuneburg mit der großen Lehmziegelmauer.

KELTISCHE KULTUREN

Kulturimporte Auch wenn die antiken Schriftsteller manches über die Barbaren im Norden nur vom Hörensagen und sehr ungenau festhielten, so liegen für die letzten 700 Jahre vor Christi Geburt, also der älteren und jüngeren Eisenzeit, erstmals auch schriftliche Überlieferungen vor, die die archäologischen Zeugnisse besser oder überhaupt zum Sprechen bringen. In der Zeit der Hallstatt- und Latènekultur (benannt nach berühmten Fundorten) erstreckte sich das keltische Kerngebiet in Mitteleuropa von der Champagne bis zum Donaudurchbruch bei Preßburg, vom deutschen Mittelgebirge bis zum Alpenrand. Das heutige Baden-Württemberg ist da nur ein kleiner Ausschnitt. Die Bevölkerung im relativ dicht besiedelten Südwesten war sozial stark differenziert mit einer aristokratischen Schicht an der Spitze. Neben ländlichen Flachlandsiedlungen gab es hoch gelegene, gut befestigte Fürstensitze wie die Heuneburg bei Herbertingen-Hundersingen. Statt der bisherigen Mauertechnik aus Holz, Stein und Erde finden wir hier südländische Mauer- und Befestigungstechniken (mit ungebrannten Lehmziegeln), es gab ein Handwerkerviertel, in dem Spezialisten technische Neuerungen produzierten wie Fibeln (neue Gewandschließen), Stoffe, Schmuck, Möbel, Trinkgefäße. Es gab – die Transportamphoren zeigen es – einen schwunghaften Handel mit südländischen Waren und Luxusgütern, und es gab eine Entwicklung vom reinen Tauschhandel zum Geldverkehr.

In solchen Gefäßen wurden aus den Mittelmeerkulturen Handelsgüter (z. B. griechischer Wein) in den Norden transportiert.

„Bei meinen systematischen Begehungen der Markung Hochdorf (Kreis Ludwigsburg) fiel mir im Acker eine leichte Erhebung auf, die dort geologisch nicht ins Gelände paßte. Als dann beim Pflügen im tiefen Lößboden große Steine herauskamen, verstärkte sich in mir der Verdacht, daß hier eine archäologische Fundstelle war. Als Laie hatte ich allerdings erst zehn Jahre später den Mut, die Stelle einem Fachmann zu zeigen." (Renate Leibfried, ehrenamtliche Mitarbeiterin des Landesdenkmalamtes über ihren Jahrhundertfund, nachdem im Laufe der 2500jährigen Geschichte das ursprünglich sechs Meter hohe Grabmonument weitgehend eingeebnet worden war)

Rekonstruktion der Grabkammer des Hochdorfer Keltenfürsten mit wertvollen Grabbeigaben wie Bronzesofa, Bronzekessel und vierrädrigem Wagen.

Reicher Grabfund In der Nähe von Fürstensitzen wie der Heuneburg oder dem Hohenasperg finden sich zahlreiche Grabhügelfelder und Großgrabhügel. An den Grabbeigaben kann man nicht nur erkennen, was den Lebenden wichtig war für das Jenseits, sondern auch, wie sich darin die soziale Stammesdifferenzierung widerspiegelt. Leider wurden viele Gräber schon im Altertum beraubt oder im vorigen Jahrhundert unsachgemäß ausgegraben. Um so eindrucksvoller war das frühkeltische Fürstengrab in Hochdorf (10 km westlich vom Hohenasperg), das 1977 in einem intensiv beackerten Landstrich in 2,5 Meter Tiefe entdeckt wurde. Dessen beispielhaft und aufwendig restaurierte Funde stießen wegen des Umfangs, der Schönheit, Zeugnisdichte und günstigen Erhaltungsbedingungen bei Ausstellungen und in den Wissenschaften auf ungewöhnlich großes Interesse. Die 4,6×4,6 m große Grabkammer ist mit Gegenständen aus Eisen, Bronze, Knochen und Bernstein und mit Goldschmuck reich ausgestattet, zum Beispiel einem goldenen Halsring als Stammesabzeichen oder einem Schuhbesatz aus Goldblech. Von den Lederschuhen selbst waren keine Reste erhalten. Der mit vierzig Jahren verstorbene Fürst lag auf einer Art Sofa, getragen von acht in Bronze gegossenen Frauenfiguren auf Rädern. Die Rückenlehne schmücken eingepunzte Szenen wie Wagenfahrten und Schwerttänze. Der Bronzekessel, Zeugnis griechischer Kultureinflüsse, mit Rollenattaschen und Löwen am oberen Rand, enthielt 400 Liter Honigmet, wie botanische Untersuchungen gezeigt haben. Und den vierrädrigen Wagen schmücken fein verzierte Eisenbleche, die vom hohen technischen Können der frühkeltischen Eisenschmiede zeugen.

Goldene Schuhbeschläge, eine der vielen luxuriösen Grabbeigaben für den Hochdorfer Keltenfürsten.

Rekonstruiertes Westtor des Numeruskastells in Welzheim (Schwäbischer Wald) mit Wehrmauer, Wehrgang und Spitzgraben.

DIE RÖMER DRINGEN VOR

Entlang des Limes Kurz vor Christi Geburt drangen die Römer über die Alpen und den Hochrhein vor und besetzten die Provinzen Obergermanien mit Straßburg und Mainz und Rätien mit Augsburg. Um diese Eroberungen im Norden ihres riesigen Reiches gegen die gefürchteten Germanen abzusichern, errichteten die Römer in mehreren Ausbaustufen eine mehr oder weniger befestigte Grenzlinie, den im 2. Jahrhundert 548 km langen Limes vom Ostrand der Wetterau, am mittleren Neckar entlang, über die Schwäbische Alb bis an die Donau. Vom Rhein bis Lorch war der obergermanische Limes eher ein Weg mit hölzernen, später steinernen Wachttürmen in Sichtabstand, mit Wällen, Gräben und Palisaden. Ab Lorch bis zur Donau war der rätische Limes eine zwei bis drei Meter hohe und gut ein Meter breite Mauer mit steinernen Wachttürmen und Toren. Mit einem ausgeklügelten System der optischen und akustischen Nachrichtenübermittlung konnten bei feindlichen Angriffen Soldaten schnell aus den Truppenlagern, den sogenannten Kastellen, herbeigerufen werden. In allen besetzten Gebieten legten die Römer Kunststraßen auf neuen Trassen an, oft geschotterten und gewölbten Dämmen (damit das Wasser besser ablief), so daß Truppenbewegungen und Warentransporte und damit auch die Verwaltung der Provinzen möglichst reibungslos funktionierten.

Lagerdörfer und Gutshöfe Vor den Truppenlagern, den Kastellen, entstanden Siedlungen (vicus), in denen für den täglichen Bedarf der Soldaten gesorgt wurde: durch Handwerker, die neue Bautechniken ins Land brachten (Mörteltechnik, Tonziegel für Dach und Heizung, Glasfenster), Händler und Gastwirte. Lebensmittel wurden auf einer großen Anzahl von Gutshöfen (villa rustica) produziert, weitläufige „Aussiedlerhöfe“ mit bis zu 100 Hektar Land. Eine Hofmauer umgab ein stattliches Wohngebäude mit Säulenhalle und vorspringenden Eckbauten, Bad, Ställen, Scheunen, Gesindewohnungen, auch Werkstätten. Im Hof stand gelegentlich auch ein kleiner Tempel oder eine Kultsäule für Jupiter und für andere Götter. Die Wohngebäude waren meist mit Fußboden- und Wandheizung ausgestattet.

Mehr als tausend solcher Gutshöfe sind in Baden-Württemberg nachgewiesen. Die Römer erschlossen mit diesen Höfen das Land, sorgten für Wachstum und brachten Neues mit, unter anderem Reben, Kirschen, Pfirsiche, Pflaumen und Melonen und eine Art Betoniertechnik: Zwischen zwei Mauerschalen aus Naturstein wurden Bruchsteine, vermengt mit Kalkmörtel, gefüllt und festgestampft. Diese Mauern wurden außen und innen verputzt, gelegentlich bemalt oder mit Mosaiken verziert wie zum Beispiel bei der villa rustica in Laufenburg am Hochrhein. In Oberriexingen bei Vaihingen a. d. Enz fand man unter dem Säulengang sogar einen Weinkeller. Wie ausgeklügelt das System war, mit dessen Hilfe die römischen Soldaten entlang des Limes versorgt wurden, zeigt ein interessanter Indizienbeweis: In einem Welzheimer Brunnen wurden Kletten gefunden, die nicht in der unmittelbaren Umgebung, sondern nur auf Kalkböden gedeihen. Man nimmt an, daß sie im Fell von Schafen aus 30 km Entfernung herbeitransportiert wurden.

Mit dieser Jupitergigantensäule, 1964 in Hausen a. d. Zaber bei Bau- und Erdarbeiten entdeckt, zollten die Bewohner einer villa rustica der wichtigsten römischen Gottheit Respekt – auch eine religiöse Demonstration gegenüber den besetzten Germanen.

Teilweise rekonstruierte villa rustica in Stein bei Hechingen. Um einen Innenhof gruppieren sich die vier Flügel des Gebäudes, über einen Korridor gelangt man ins Badgebäude.

Unterschiedliche Bewuchsmerkmale zeichnen die Umrisse einer römischen villa rustica in einem Getreidefeld bei Sontheim a. d. Brenz deutlich ab.

Vor der porta principalis dextra des Köngener Kastells wurde 129 n. Chr. dieser Meilenstein aufgestellt. Er gibt die Entfernung von Rottenburg – a Sumel(ocenna) – mit 29 Meilen = 42,862 km an.

Gedächtnis im Boden Als die Römer im 1. Jahrhundert n. Chr. vom Rhein nach Osten vordrangen, um so besser und direkter nach Rätien mit dem Hauptort Augsburg zu gelangen, legten sie mehrere Grenzsysteme mit kleineren Militärlagern an: den Donaulimes mit Hüfingen, den Neckar-Alb-Limes mit Rottweil, Sulz, Urspring, Heidenheim, den Neckar-Limes mit Wimpfen, Walheim, Cannstatt, Köngen. Für den Handel oder für Truppenbewegungen waren die Entfernungsangaben zwischen den Orten wichtig. Meilensteine gaben dafür die notwendige Orientierung: Eine römische Meile (milia passuum) entspricht 1 478 Metern. Die vielen Kastelle, Lagerdörfer und Gutshöfe entlang dieser Grenzen und Straßen müssen heute, um sie zu erkennen, nicht mehr unbedingt ausgegraben werden: Seit einiger Zeit kann man mit Hilfe von Luftbildern oder Luftbildarchäologie unter entsprechenden Bedingungen, zum Beispiel bei einer leichten Schneedecke und günstigem Sonnenstand, Farb-, Bewuchs-, Feuchtigkeits- und Temperaturunterschiede erkennen. Und geophysikalische Prospektionsmethoden zeichnen Magnetfelder oder unterschiedliche Erdwiderstände auf und machen auf farbigen Fotografien Häuser- oder Siedlungsgrundrisse deutlich sichtbar. Der Boden hat ein langes Gedächtnis. So wächst zum Beispiel das Korn über römischen Mauerresten in einem Getreidefeld weniger hoch. Erhebungen und Senkungen lassen sich eher aus der Vogelperspektive als bei Begehungen im Gelände ausmachen. „Tau und leichte Schneedecken vermitteln beispielsweise die Struktur einer römischen Grenzbefestigung oder den Verlauf einer antiken Straßenterrasse mit oft frappierender Genauigkeit" (so der Präsident des Landesdenkmalamtes Baden-Württemberg, Dieter Planck). So können wichtige Fundorte rechtzeitig vor Überbauung und Zerstörung gesichert werden.

Im Erlebnisbad Kein Truppenlager ohne Kastellbad, keine städtische Siedlung ohne Thermalanlage, selbst Straßenstationen und Gutshöfe verfügten über ein beheizbares Bad. Die Römer gingen auch hierzulande ins Bad, um Körper und Geist zu entspannen und zu pflegen, man traf sich, tauschte sich aus, aß etwas. Das Bad bestand in der Regel aus dem Auskleideraum, einem Warmbad mit Wannen für mehr oder weniger heißes Wasser, einem leicht erwärmten Ruheraum, einem Kaltbad zur Erfrischung, gelegentlich noch einem Schwitzbad. Unter dem Fußboden der Bade- und Aufenthaltsräume lag ein Hohlraum, durch den Heizluft strömte (Hypokausten). Bäder lagen neben Kastellen oft etwas tiefer, um die Wasserzuleitung zu vereinfachen. In Sumelocenna (Rottenburg am Neckar) baute man die längste gemauerte Wasserleitung im rechtsrheinischen Gebiet von einer sieben Kilometer entfernten Quelle zu einem Sammelbehälter oberhalb des Stadtzentrums. In Badenweiler und Rottweil sind besonders eindrucksvolle, bestens erhaltene und sorgfältig rekonstruierte Badanlagen zu besichtigen. In Rottweil fand man 1950 in einem Brunnen eine Schreibtafel von 186 n. Chr. mit der Aufschrift „… actum municipio Aris …" – sie war also ausgestellt in der Stadt Arae Flaviae. Das heißt, Rottweil besaß – als einzige rechtsrheinische römische Stadt – volle Stadtrechte. Die Rottweil zugedachte wichtige Rolle erfüllte sich dann aber nicht, als sich der Verkehr auf die Straße Mainz–Cannstatt–Augsburg verlagerte.

Die besterhaltene Römertherme Deutschlands im Kurpark Badenweiler, ein Warmbad von 75 n. Chr. mit Hypokaustenheizung und heilenden Thermalquellen.

Fußbodenmosaik eines römischen Hauses in Rottweil (2. Hälfte des 2. Jahrhunderts), aus etwa 570 000 farbigen Steinen zusammengesetzt. Dargestellt ist der musizierende Gott Orpheus, dem Tiere zuhören.

MITTELALTER

Der obergermanische und rätische Limes, den die Römer als Grenzbefestigung quer durch Süddeutschland gezogen hatten, erfüllte die Hoffnungen der Verteidiger seit dem 3. Jahrhundert nicht mehr. Immer öfter und immer zahlreicher stürmten germanische Kriegerhorden die Wälle und plünderten die wohlhabenden römischen Siedlungen. Um das Jahr 260 zogen sich die Römer deshalb an den „nassen" Limes als neue Reichsgrenze zurück: Rhein, Iller und Donau sollten die Germanen aufhalten. Die Römer nannten die Angreifer, die ursprünglich aus Gebieten an der unteren Elbe kamen, seit dem Ende des 3. Jahrhunderts „Alamanni". Dieser Name taucht erst seit dem Jahr 289 auf, also zu einem Zeitpunkt, als die Alamannen längst rechtsrheinische Nachbarn des römischen Reiches geworden waren. „Alamanni", das sind „alle Männer", ein zusammengewürfelter Haufen aus verschiedenen Völkern: Die germanischen Stämme der Juthungen, Sueben und Semnonen dürften unter ihnen gewesen sein. Die folgenden 200 Jahre waren alles andere als friedlich. Die Römer bekämpften die Alamannen, die ihrerseits Raubzüge bis nach Oberitalien und ins heutige Frankreich unternahmen, weiterhin. Dabei waren die Stämme keineswegs straff organisiert. Eine Vielzahl von Kleinkönigen, die Römer nannten sie „reguli", übte mehr oder weniger großen Einfluß aus.

Seit der Mitte des 5. Jahrhunderts ließen sich die Alamannen in dauerhaften Siedlungen nieder. Ihre Toten, die in Reihen nebeneinander mit Grabbeigaben bestattet wurden, geben heute bei Ausgrabungen wichtige Hinweise auf Siedlungsgröße und soziale Struktur dieser Zeit, in der die Alamannen verstärkt mit den Franken in Kontakt kamen. Die Franken beherrschten Ende des 5. Jahrhunderts das ehemals römische Nordgallien und sahen die alamannischen Kriegszüge als Gefährdung ihrer Macht. In mehreren Kämpfen unterwarfen sie ihre Gegner, die sich der fränkischen Oberherrschaft zu fügen hatten und nun mit dem Christentum in Berührung kamen.

Nur sehr langsam breitete sich der neue Glaube, den die Franken schon um 500 angenommen hatten, bei den heidnischen Alamannen aus. Frühe Klöster, wandernde Mönche und tatkräftige Bischöfe waren die Träger der Mission im 6. und 7. Jahrhundert. Besonders das um 655 gegründete Kloster Weißenau im Elsaß und die Bistümer Worms, Straßburg, Augsburg und Konstanz taten sich hier hervor und durchdrangen nach und nach die alamannisch besiedelten Gebiete. Aber erst gegen Ende des 7. Jahrhunderts und im Laufe des 8. Jahrhunderts, nachdem die Franken die Alamannen im Jahr 746 endgültig unterworfen und das alamannische Herzogtum beseitigt hatten,

Germanische Stämme überwinden den Limes
seit 259/260

Raubzüge der von Römern bekämpften Alamannen in Gallien und Italien
3.–5. Jh.

Die Franken besiegen und unterwerfen die Alamannen; das Christentum beginnt sich bei den Franken zu verbreiten
496/497

Das Christentum faßt auch bei den Alamannen Fuß
7. Jh.

Die Alamannenherzöge erheben sich mehrfach gegen die Franken
709–746

Der Alamanne Otmar gründet am Grab des Hl. Gallus ein Kloster (St. Gallen)
719

Pirmin gründet unter fränkischem Schutz das Kloster Reichenau
724

Die Franken unterwerfen die Alamannen endgültig und gliedern Alamannien in ihr Reich ein
746

setzte sich der christliche Glaube durch. Die Mächtigen gründeten eigene Klöster und richteten Kirchen ein, die Keimzellen der späteren Kirchenorganisation waren. Das christliche Mittelalter begann nun auch für die Alamannen.

Durch die von den Franken geförderte Gründung des Klosters Reichenau im Bodensee, das bald reichen Besitz in ganz Alamannien sein eigen nennen konnte, und das Bistum Konstanz entstand südlich des Bodensees ein Zentrum karolingischer Macht. Die alamannischen Gebiete wurden in Grafschaften eingeteilt, die oft von fränkischen Grafen verwaltet wurden. Erst nach dem Ende der Karolingerherrschaft, zu Beginn des 10. Jahrhunderts, setzten sich für kurze Zeit alamannische Adlige wieder als Herzöge durch. Aber König Heinrich I. (919–936) und Kaiser Otto dem Großen (936–973) gelang es, diese Herzogswürde an das Königtum zu binden: Der Herzog von Schwaben wurde nun in der Regel vom König eingesetzt und war ein Vasall des Herrschers. Von den Alpen bis zum Mittleren Neckar und von den Vogesen bis zum Lech agierte der Herzog als Stellvertreter des Königs.

Dabei stützten sich die ottonischen Könige und Kaiser und ihre Nachfolger, die Salier, nicht nur auf die ihre eigenen Ziele verfolgenden Herzöge. Die kirchlichen Würdenträger, Äbte und Bischöfe, waren zugleich weltliche Herrscher, die, vom König eingesetzt, zuverlässige Pfeiler der Reichsgewalt waren: So hatte beispielsweise Bischof Ulrich von Augsburg großen Anteil am Sieg über die Ungarn, die im 10. Jahrhundert Schwaben verwüsteten.

Schon bald führte die enge Verbindung von Kirche und weltlicher Macht zu Konflikten. Zwischen König Heinrich IV. (er regierte von 1056 bis 1106) und Papst Gregor VII. brach ein offener Streit über die Einsetzung der Bischöfe und Äbte aus – der Investiturstreit. Die Kirche lehnte die Investitur durch den König ab, seit die vom burgundischen Kloster Cluny ausgehende Reformbewegung in Rom Einfluß gewonnen hatte.

Der schwäbische Adel, der zum großen Teil auf der Seite des Papstes stand, wurde von König Heinrich entschieden bekämpft. Die Fürsten wählten Rudolf von Rheinfelden, Herzog von Schwaben, zum Gegenkönig. Mit militärischer Gewalt versuchte König Heinrich, den schwäbischen Adel niederzuringen. Er konnte aber nicht verhindern, daß mächtige Grafen Klöster gründeten, die nach der in Cluny geprägten Reformregel geführt wurden. Ausgehend von Hirsau, dem bedeutendsten Reformkloster mit Abt Wilhelm an der Spitze, entstanden im letzten Drittel des 11. Jahrhunderts weitere Klöster wie St. Georgen, St. Peter, Zwiefalten oder Blaubeuren.

Erst unter Heinrichs Sohn Heinrich V. (1106–1125) fand der Investiturstreit mit dem „Wormser Konkordat“, einer Einigung zwischen König und Papst, 1122 ein vorläufiges Ende. Zu dieser Zeit begann schon ein neuer Mönchsorden seinen Einfluß in Südwestdeutschland auszudehnen: die Zisterzienser.

771–814
Herrschaft Karls des Großen; das Frankenreich wird zum europäischen Großreich

843
Teilung des karolingischen Frankenreichs; Alamannien gehört zum ostfränkischen Reich

Ende 9./Anfang 10. Jh.
Zerfall des Karolingerreichs, das Herzogtum Schwaben entsteht

936–973
Herrschaft Ottos I. des Großen; Schwaben ist Teil des deutschen Reiches

Mitte 11. Jh.
Die Reformbewegung in der Kirche gewinnt an Boden; Zuspitzung des Gegensatzes zwischen Kaiser und Papst im Investiturstreit (seit 1075)

1077
Rudolf von Rheinfelden, Herzog von Schwaben, wird von den Reformanhängern zum Gegenkönig Heinrichs IV. gewählt

Ende 11. Jh.
Der Hochadel errichtet Höhenburgen; Gründung von Reformklöstern

Der Kegel des Runden Berges bei Urach ragt 250 Meter über die Sohle des Ermstales hinaus.

DIE ALAMANNEN

Der Runde Berg Er war ein frühmittelalterliches Oberzentrum: Neben Flachlandsiedlungen gab es alamannische Höhensiedlungen als schützende Wehranlagen und herrschaftliche Machtbereiche. Der Gipfel des Runden Berges bei Bad Urach (711 Meter ü. N. N.) war nur über einen schmalen Grat von der Albhochfläche her erreichbar und deshalb gut zu verteidigen. Auf der im 3. Jahrhundert angelegten Burg ließ sich im 4. Jahrhundert ein Alamannenfürst mit seiner Sippe nieder. Auf dem 120×40 Meter messenden Oval war das Areal des Burgherrn und seiner adligen Gefolgsleute von den übrigen Räumen, den Bastionen und Grubenhäusern, abgetrennt. Neben Kriegern lebten hier auch Händler und Handwerker, darunter Eisen- und Goldschmiede, Bronze- und Silbergießer, Knochenschnitzer, Keramiker, Weber und Gürtler. Bei den Ausgrabungen wurden Scherben von römischem Glas und Geschirr gefunden, die auf weitverzweigten Warenverkehr schließen lassen. Zu Beginn des 6. Jahrhunderts wurde die Siedlung aufgegeben. Vermutlich verließen die Bewohner sie nach dem gescheiterten Aufstand gegen die Franken in Panik: Brandschichten, Versteckfunde, zerschlagene Geräte und Waffen sprechen für ein gewaltsames Ende. Erst 150 Jahre später wurde der Runde Berg erneut besiedelt, und wieder waren es die Franken, die Mitte des 8. Jahrhunderts die alamannische Elite vernichteten. In der karolingisch-ottonischen Zeit vom 9.–11. Jahrhundert wurde schließlich ein spätmerowingischer Adelssitz als frühe befestigte Burg ausgebaut.

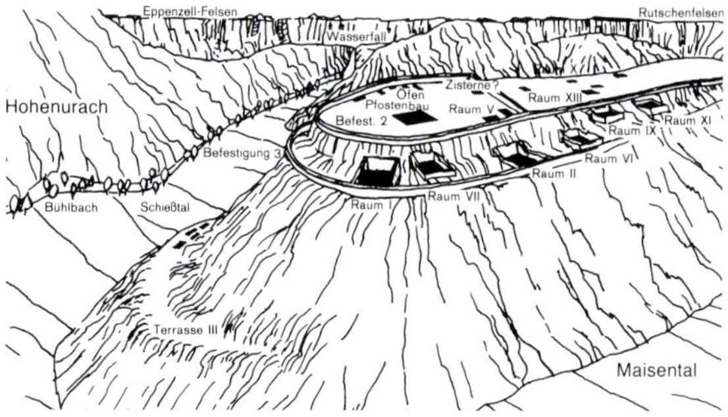

Die Rekonstruktionszeichnung der Höhensiedlung Runder Berg zeigt, daß Plateau und Terrasse durch Mauern und Palisaden geschützt waren.

Vom Zähringer Burgberg über dem Ort Zähringen bei Freiburg ließ sich fast die gesamte Region überblicken und kontrollieren.

Der Zähringer Burgberg Er war die „Akropolis des Alamannen-Reiches“ und eine weithin sichtbare Drohgebärde: Die Geschichte des Breisgaus ist auch geprägt durch die Grenzlage und daraus resultierenden Streitigkeiten. Anfänglich waren alamannische Söldner an der Sicherung des Limes beteiligt, später legten sie sich mit den Römern an. Etwa zur gleichen Zeit, als diese auf dem Breisacher Münsterberg ein Kastell errichteten, bauten die Alamannen als Gegengewicht bei Freiburg die befestigte Höhensiedlung des heutigen Zähringer Berges. Bei der Anlage der Hochterrasse wurden gewaltige Erdmassen bewegt und eine nahezu stadtähnliche Infrastruktur geschaffen, die zum Stammesmittelpunkt wurde. Der Fürst und sein Gefolge lebten auf dem höchsten Punkt des Berges. Und wie auf dem Runden Berg bei Bad Urach zeugen Importgüter wie Glas, Keramik und Waffen von der herausragenden Stellung der Oberschicht, die sich an der römischen Lebensweise orientierte. Ihre Privilegien wurden durch eine Unterschicht von Handwerkern abgesichert, die sich bei der Produktion ebenfalls römischer Abfallprodukte bediente: Sie fertigten Beschläge für Waffengürtel oder Kleiderfibeln teilweise aus Schrott und Perlen aus Scherben. Daneben bearbeiteten sie aber auch eigenständig Buntmetall in Guß- und Treibtechniken. Auf dem hoch aufragenden Felsrücken errichtete um 1100 Herzog Berthold II. (gestorben 1111) seinen Stammsitz, der dem Geschlecht der Zähringer den Namen gab und dessen reichsfürstliche Stellung begründete.

Eine Lanzenspitze und Kampfäxte der Völkerwanderungszeit erinnern an das blutige Handwerk der alamannischen Bewohner auf dem Zähringer Burgberg.

Grabbeigaben für eine alamannische Frau aus dem Gräberfeld Pleidelsheim.

Totenkult und Grabbeigabe Einst hatte das letzte Hemd viele Taschen: Die Alamannen siedelten in kleinen Gruppen, ihr Sippenbewußtsein schloß die Verstorbenen mit ein. Gräber lassen die Kontinuität der Generationen erkennen und geben Aufschluß über Anfang und Ende, Sozialstruktur und Wirtschaftsform einer Siedlung. Die Verstorbenen galten als im Jenseits fortlebende Individuen, das Grab war ihre Wohnstatt. Deshalb wurde ihnen die persönliche Habe mitgegeben, Männern die Waffen (Gewäte), Frauen der Schmuck (Gerade). An Grabbeigaben und Größe der Grablege können historische Spurensucher die soziale Stellung der Verstorbenen ablesen. In der frühalamannischen Zeit wurde in Einzel- oder kleineren Gruppengräbern beerdigt, neben der Körperbestattung war noch die Leichenverbrennung gängig. Im 5. Jahrhundert wurden dann Reihengräber auf Friedhöfen angelegt, die meist auf den Anhöhen der Siedlungen lagen. Die Toten wurden in verzierten Baumsärgen oder auf schlichten Totenbrettern, später auch in sarkophagähnlichen Steinkammern gebettet; sie lagen auf dem Rücken oder saßen in Hockstellung, den Blick nach Osten gewandt. Adlige, die sich in großen Totenhäusern oder noblen Nekropolen bestatten ließen, nahmen bisweilen ihr Lieblingspferd mit. Alle Toten trugen Tracht, bekamen Speis und Trank in Holz- und Tongefäßen mit auf den Weg. In Pleidelsheim am Neckar siedelten Alamannen vom 5. bis ins 7. Jahrhundert und wurden auf einem gemeinsamen Friedhof beerdigt. Von 1969 bis 1994 legte das Landesdenkmalamt 264 Gräber frei, gerade mal ein Viertel des gesamten Feldes. Gefunden wurden kostbare Beigaben aus Gold und Silber, Schmuck fränkischer und römischer Herkunft, Geschirr aus Holz, Glas und Keramik. Die Fundstücke wirken ebenso prachtvoll wie zeitlos schön, sie besitzen gleichermaßen ornamentale Raffinesse wie schlichten Gebrauchswert. Die links abgebildeten Gegenstände aus dem Grab 81 gehörten einer Frau, die das Ende des alamannischen Königreiches erlebt hat. Wissenschaftler meinen, sie sei möglicherweise nach der verlorenen Schlacht von 496 vom Mittelrhein gekommen. Denn von dort stammen die kleinen bronzenen Vogelfibeln mit segmentartigen Flügeln und trapezförmigem Schwanz. Im Neckarland erhielt die Frau die fünfknopfigen silbernen Bügelfibeln mit Kopfplattenmuster aus eckigen Haken und W-Muster auf dem Mittelstreifen, eine der letzten Arbeiten alamannischer Goldschmiede; typisch sind zudem Glasperlen und Gürtelschnalle. Oft kam es innerhalb der Siedlungsgemeinschaft bald nach der Bestattung zu Grabplünderungen. Häufiges Motiv war der Mangel an Edelmetall, aber auch schlichte Bereicherung, die dann spätere Grabräuber antrieb. In Pleidelsheim hatten es die Archäologen mit neuzeitlichen Grabschändern zu tun: Das Gelände wurde seit den fünfziger Jahren überbaut, viele Fundorte wurden unwiederbringlich zerstört.

Zum Lebensstil der alamannischen Elite gehörten Gelage. Man trank aus kostbaren Gläsern, z. B. konischen Schliffbechern wie diesem aus Praunheim.

Der Missionar Pirmin (hier im Boot ankommend) gründete um 724 auf der Insel Reichenau im Bodensee ein Kloster nach den Regeln des Benedikt von Nursia.

Bischof Konrad von Konstanz, hier auf einer vergoldeten Kupferscheibe im Konstanzer Münster, war auch Patron der Stadt und späteren Erzdiözese Freiburg, in der das Bistum

FRÄNKISCHE HERRSCHAFT UND HERZOGTUM SCHWABEN

Christianisierung Wandermönche wurden zu Glaubensboten und festigten die Herrschaft der Franken: Nach dem Sieg über die Alamannen nahmen die Franken den christlichen Glauben an, die Germanenstämme blieben zunächst noch „heidnisch". Es waren dann vor allem iro-schottische Mönche wie Kolumban, Gallus oder Kilian, die das Volk in Massentaufen bekehrten und im 6./7. Jahrhundert erste Klöster wie St. Gallen gründeten. Um 724 landete der Missionar Pirmin, vermutlich ein aus Spanien vertriebener Westgote, auf der Insel Reichenau und gründete mit Billigung des fränkischen Hausmeiers Karl Martell ein Kloster nach den Ordensregeln des Benedikt von Nursia. Aber schon 727 mußte Pirmin nach Streitigkeiten mit den Alamannen das Land wieder verlassen. Zurück ließ er eine kleine einschiffige Kirche und ein Kloster für 40 Mönche. Deren Äbte, häufig zugleich Bischöfe von Konstanz, waren ebenfalls Stützen der fränkischen Politik gegen das partikularistische Machtstreben des Hochadels. Der Bodensee mit Reichenau und Konstanz wurde zu einem der wichtigsten Zentren des Herzogtums Schwaben. In der Mitte des 6. Jahrhunderts wurde der oberrheinische Bischofssitz von Windisch nach Konstanz verlegt. Unter Bischof Konrad (934–975) erlebte Konstanz im 10. Jahrhundert seine glanzvollste Zeit: Der aus dem Welfen-Geschlecht stammende Reichsfürst wollte aus Konstanz ein zweites Rom und Jerusalem zugleich machen. Er baute drei weitere Kirchen, stiftete ein Spital, dem er wertvolle Kreuzreliquien aus Jerusalem schenkte (das spätere Kreuzlingen), und sorgte für die Armen. Bald nach seinem Tod wurde Konrad als Heiliger verehrt.

Reichenaus Blüte Die Klöster schrieben europäische Geistesgeschichte: Nach Abschluß der Missionierung wurden sie zu kulturellen Zentren, sie bildeten Mönche und Priester aus, erzogen Adlige, hier gediehen Malerei und Buchmalerei, Theologie und Dichtung, Musik und Mathematik. Im 8./9. Jahrhundert erlebte Reichenau unter den Äbten Waldo (786–806), Heito I. (806–823) und Walahfrid Strabo (842–849) seine erste Blüte. Gefördert von den Kaisern Karl dem Großen und Karl III., dehnte es seine Besitzungen bis zum Comer See und nach Nordbaden aus.

100 Mönche lebten und arbeiteten in Reichenau, das mit 450 Handschriften über eine der größten Bibliotheken Europas verfügte. Hier entstand der „St. Gallener Klosterplan“ als Mustervorlage für den Klosterbau, hier wurden die Benediktinerregeln schriftlich fixiert. Waldo war zugleich Bischof von Pavia und Regent Pippins, Heito Gesandter am Hof zu Konstantinopel und Berater der Aachener Reichssynode, Walahfrid verfaßte das erste deutsche Buch über Pflanzenkunde.

Um die Jahrtausendwende gab es die zweite Blüte: Unter Abt Wittigowo (985–997) erreichten Buchmalerei und Goldschmiedekunst ihren Höhepunkt. Hermann „der Lahme“ wurde zum bedeutenden Lehrer, ein Universalgenie als Dichter, Astronom, Mathematiker, Musiker und Geschichtsschreiber. Insbesondere aber sind es die Kirchen in Mittel-, Ober- und Niederzell, Paradebeispiele der Romanik, die mit ihren Fresken den Ruhm der Reichenauer Malschule begründeten: flächig gemalte Gestalten mit klaren Konturen, die tiefempfundene Religiosität ausstrahlen, kalkulierte Raumwirkung durch dichtes Ineinandergreifen von Architektur und Figur – ein eigenständiger Stil, entstanden aus der Auseinandersetzung mit der byzantinischen und römischen Tradition.

Aus der Klarheit des Basilika-Baustils in Reichenau-Oberzell spricht der mönchische Geist der spätkarolingischen Zeit kurz vor 900. Die um 980 entstandenen Wandbilder der Wundertaten Christi gehören zu den Höhepunkten ottonischer Malerei.

Ein Beispiel für die Buchmalerei im Kloster Reichenau ist diese Darstellung Ottos III. im Evangeliar des Kaisers

„Reichenau, grünendes Eiland, wie bist du vor andern gesegnet. Reich an Schätzen des Wissens und heiligem Sinn der Bewohner.“
(Der Ellwangener Mönch Ermenrich um 860 über das Kloster Reichenau)

Von der ehemaligen Hirsauer Abteikirche St. Peter und Paul sind heute nur noch Teile, so der sechsgeschossige Nordturm, der „Eulenturm", erhalten.

„Zu Hirsau in den Trümmern,
Da wiegt ein Ulmenbaum
Frischgrünend seine Krone
Hoch über'm Giebelsaum.
Er wurzelt tief im Grunde
Vom alten Klosterbau,
Er wölbt sich statt des Daches
hinaus ins Himmelsblau."
(Ludwig Uhland, „Die Ulme zu Hirsau")

INVESTITURSTREIT UND KLOSTERREFORM

Hirsauer Klosterreform Die Erneuerer des Klosterlebens wollten Gott und nicht der Welt dienen: Die Profanisierung geistlicher Würden und Ämter führte zum Machtkampf zwischen Papst- und Kaisertum, zum Investiturstreit. Zugleich kam es zu einer klösterlichen Reformbewegung, die vom burgundischen Cluny ausging und auf eine strengere, weltabgewandte Lebensführung nach dem benediktinischen Ideal „ora et labora" zielte. Außerdem wollten die Reformklöster die Eigentumsrechte von König und Adel über Klöster und Kirchen außer Kraft setzen, Abt und Vogt frei wählen können. Der Vogt sollte dann nur noch das Kloster schützen und Gerichtsurteile durchsetzen. Führende Reformabteien waren St. Blasien im Süd- und Hirsau im Nordschwarzwald. Hirsau wurde 1049 von Papst Leo IX. neu begründet, unter Abt Wilhelm (1069–1091) übernahm es den Codex von Cluny. Unter dem Einfluß Hirsaus standen zwischen 1080 und 1223 rund 130 Klöster in Deutschland, der Schweiz, Österreich und Ostfrankreich, darunter Schaffhausen, St. Georgen, Zwiefalten, Blaubeuren, Neresheim oder Wiblingen. Und über 50 Hirsauer Mönche wurden als Äbte in andere Klöster berufen. Auch die Hirsauer Bauschule, die im Geist der Romanik mit stilistischer Klarheit und maßvoller Zier, etwa der „Hirsauer Nase" am Würfelkapitell, den altchristlichen Basiliskenstil vollendete, strahlte in die Umgebung aus. Ein nahezu unverändert erhaltenes Beispiel dafür ist die Benediktinerklosterkirche in Alpirsbach. Die kranzförmige, um das Jahr 1125 vollendete Anlage läßt erahnen, wie das Vorbild in Hirsau einmal ausgesehen haben muß. Die monumentale dreischiffige Abteikirche St. Peter und Paul (erbaut 1082–1091) ließ Herzog Ludwig von Württemberg nach der Säkularisation 1590 durch ein Jagdschloß erweitern. 1692 wurde die Anlage im Orléanschen Krieg zerstört. Heute künden noch die Grundmauern der 97 Meter langen Kirche, Überreste des Kreuzgangs oder der sechsgeschossige Eulenturm mit romanischen Skulpturen am Fries im dritten Stock von der einstigen Größe – und die von Uhland besungene Ulme von der Vergänglichkeit des Glanzes.

Der Bau der Klosterkirche Maulbronn durch die Zisterzienser in der Mitte des 12. Jahrhunderts (Flügelaltar um 1450).

„Wer das Kloster besuchen will, tritt durch ein malerisches, die hohe Mauer öffnendes Tor auf einen weiten und sehr stillen Platz. Ein Brunnen läuft dort, und es stehen alte ernste Bäume da und zu beiden Seiten alte steinerne und feste Häuser und im Hintergrunde die Stirnseite der Hauptkirche mit einer spätromanischen Vorhalle, Paradies genannt, von einer graziösen, entzückenden Schönheit sondergleichen." (Hermann Hesse in der Erzählung „Unterm Rad" über das Kloster Maulbronn)

Bei allem ornamentalen Zierat war die von den Kreuzzügen befeuerte christliche Kunst auch kämpferischer Natur, hier David-Szenen auf einem geschnitzten Elfenbeinrelief.

Weltkulturerbe Maulbronn Die Zisterzienser predigten Askese, Arbeit, Frömmigkeit und Ordnung: Für Bernhard von Clairvaux (1090–1153), den Gründer des Zisterzienser-Ordens, war schon der Baustil von Cluny Zeichen von überflüssigem Luxus und erlahmtem Reformwillen, die Gotik wurde zum architektonischen Ausdruck zisterziensisch-geistiger Strenge. In Maulbronn entstand zwischen 1147 und 1178 eine der größten und noch nahezu vollständig erhaltenen Klosteranlagen Europas, ein geschlossenes Ensemble, das die UNESCO zum „Weltkulturerbe" erklärt hat. Begehrt waren früher nicht nur der Wein vom nahen „Eilfinger Berg", sondern auch die reichen Klosterpfründe. So kam es immer wieder zum Streit zwischen den Pfalzgrafen als Schutzvögten und den Württembergern. Im bayerisch-pfälzischen Erbfolgekrieg eroberte 1504 Herzog Ulrich von Württemberg das Kloster nach siebentägiger Belagerung, nach der Reformation vertrieb Herzog Christoph 1557 die Mönche, die Klosterschule wurde in ein evangelisch-theologisches Seminar umgewandelt. Prominentester Besucher war einst der Doktor und Schwarzkünstler Faust, der 1516 auf Bitten des Abtes Entenfuß versucht haben soll, die Finanznot des Klosters durch Zauberei zu beheben. Später wurden kommende Geistesgrößen wie Kepler, Hölderlin und Schelling ins rationale Wissen eingeführt. Der Seminarist Hermann Hesse malte zwar die Klosteranlage in schönsten Farben, an die „qualvolle" Schulzeit hinter Klostermauern erinnerte er sich indes nur ungern.

SPÄTMITTELALTER

Mit dem ausgehenden Mittelalter begann eine Zeit des Umbruchs. Aus sozialen, politischen und wirtschaftlichen Veränderungen entstanden neue Machtverhältnisse, neue gesellschaftliche Schichten und neue Herrschaftsstrukturen. Die schwäbische Herzogswürde wurde seit Ende des 11. Jahrhunderts mehr und mehr ausgehöhlt. Die konkurrierenden Adelsfamilien der Zähringer, Staufer und Welfen hatten durch ihre Einflußbereiche in Schwaben das Herzogtum faktisch aufgespalten.

Allerdings gelang es den Staufern, die seit 1138 auch deutsche Könige und Kaiser waren, die eigentliche Herzogswürde auf Dauer an ihre Familie zu binden und auch in der späteren Pfalz ihre Macht zu festigen. Die Kontrolle über Schwaben war für die staufischen Könige wichtig, um die Alpenübergänge nach Italien zu sichern und ihr umfangreiches Hausgut unter Kontrolle zu halten.

Zahlreiche Stadtgründungen der Stauferkönige wie zum Beispiel Schwäbisch Hall, Schwäbisch Gmünd oder Überlingen am Bodensee zeigen die Bedeutung des Gebietes für das Königtum.

Die Zähringer gründeten zur gleichen Zeit eigene Städte wie Freiburg, Villingen oder Offenburg. Das Aussterben der Zähringer in männlicher Linie stärkte zunächst die Staufer: Kaiser Friedrich II. versuchte nach dem Tod des letzten Zähringerherzogs, sich einen Großteil des reichen Erbes zu sichern. Als die Staufer ihrerseits seit 1246 ihren Rückhalt verloren und 1250 Friedrich II. gestorben war, wurde der Weg frei für andere Adelsgeschlechter: Vor allem die Grafen von Württemberg ergriffen die Gelegenheit und dehnten ihre Machtstellung entscheidend aus. Das Herzogtum Schwaben aber war mit den Staufern untergegangen.

Mit Rudolf von Habsburg, König seit 1273, zählte nun auch ein Vertreter der Familie zu den Gewinnern, die jahrhundertelang die Geschichte Südwestdeutschlands entscheidend mitprägen sollte: die Habsburger. Als König versuchte Rudolf vergeblich, das Herzogtum Schwaben wiederzuerrichten. Jetzt war die Zeit einzelner Adelsherrschaften gekommen: Die Markgrafen von Baden, die Grafen von Württemberg und andere dehnten ihre Herrschaftsrechte in den folgenden Jahrhunderten auf Kosten anderer Adliger immer weiter aus – meist durch Kauf oder Heirat.

So entstanden mehr und mehr nahezu geschlossene Herrschaftsgebiete. Für den Adel bedeutete diese Entwicklung einen sozialen Umbruch. Einerseits hatte sich inzwischen die Schicht des Niederadels etabliert,

seit 12. Jh.
Adlige und Könige gründen Städte, um ihre Macht zu sichern und das Wirtschaftsleben zu fördern

1138
Mit Konrad III. wird erstmals ein Staufer deutscher König

1152–1180
Friedrich Barbarossa ist deutscher König und Kaiser

1218
Mit Berthold V. stirbt der letzte Herzog von Zähringen

1215–1250
Herrschaft des staufischen Kaisers Friedrich II.

1246
Schlacht von Frankfurt: Graf Ulrich von Württemberg verläßt das staufische Heer und leitet damit den Untergang der Staufer ein

1268
Konradin von Hohenstaufen, der letzte Herzog von Schwaben, wird in Neapel enthauptet

1273–1291
Rudolf von Habsburg ist deutscher König

um 1274
Mit der Errichtung von Reichslandvogteien versucht König Rudolf das einst staufische Reichsgut und seine Macht in Südwestdeutschland zu sichern

andererseits verloren viele Hochadlige ihre gesellschaftliche Stellung nach dem Verlust ihrer Herrschaftsgebiete.
Aber nicht nur das Ende der Staufer und seine Folgen bedeutete damals für Schwaben eine Wende. Andere, zwar langsamere, aber um so umwälzendere Prozesse sind seit dem 13. Jahrhundert erkennbar. Die Bürger in den Städten mehrten ihren Wohlstand durch Handwerk und Handel und entwickelten sich zu einer selbstbewußten Gesellschaftsschicht. Vor allem die größeren Reichsstädte Esslingen, Heilbronn, Schwäbisch Hall, Schwäbisch Gmünd, Reutlingen, Rottweil, Ravensburg und Ulm wurden zu wirtschaftlichen Zentren mit großer Ausstrahlung. Bürgerliches Selbstbewußtsein zeigte sich auch in den gotischen, zum Himmel strebenden Kirchenbauten des Ulmer oder Freiburger Münsters und der Reutlinger Marienkirche.
Nicht zuletzt zur Ausbildung fähiger Beamten gründeten die Herrscher Universitäten: im pfälzischen Heidelberg 1386, in der habsburgischen Stadt Freiburg 1457 und im württembergischen Tübingen 1477. Damit war Südwestdeutschland eingebunden in das Netz der europäischen Hochschulen und Gelehrten.

Die Enthauptung Konradins von Hohenstaufen 1268 in Neapel bedeutete nicht nur das Ende der Staufer: Konradin war auch der letzte Herzog von Schwaben.

seit Mitte 13. Jh.
Die Reichsstädte schließen untereinander Bündnisse, um ihre Unabhängigkeit gegenüber den Fürsten zu verteidigen

1348/1349
Pestepidemien in Südwestdeutschland

1356
In der „Goldenen Bulle", die die Wahl des deutschen Königs regelt, wird der Pfalz die Kurwürde bestätigt; Ansprüche Bayerns darauf werden abgewiesen

1386
Gründung der Universität Heidelberg

Ende 14. Jh.
Die niederadligen Ritter gründen Gesellschaften, um sich gegen Städte und Fürsten zu organisieren. In Ravensburg entsteht die „Große Ravensburger Handelsgesellschaft"

1414–1418
Konzil von Konstanz: Das Kirchenschisma wird beendet

1442–1482
Die Grafschaft Württemberg wird zwischen Ludwig I. und Ulrich V. geteilt und 1482 im Münsinger Vertrag wiedervereint

1488
Der Schwäbische Bund, ein Bündnis der Reichsstädte mit dem niederen Adel, dem Grafen von Württemberg und dem habsburgischen Erzherzog von Tirol, soll den Südwesten stabilisieren und gegen die Schweiz absichern

1495
Wormser Reichstag: Württemberg wird von Kaiser Maximilian zum Herzogtum erhoben

Die Burgruine Hohenstaufen auf einem um 1815 entstandenen Bild von August Seyffer.

STAUFER UND ZÄHRINGER

Die Staufer Als „aller Berge schönster“ besang ihn Ludwig Uhland: den Hohenstaufen zwischen Göppingen und Schwäbisch Gmünd. Um 1079 erbaute Friedrich von Büren, den Kaiser Heinrich IV. mit dem Herzogtum Schwaben belehnte, auf dem Vorberg der Schwäbischen Alb eine Burg. Auf dem 684 Meter hohen Kegel begann der strahlende Aufstieg der Staufer. Von Kaiser Friedrich I. Barbarossa ist bezeugt, daß er 1181 auf dem „Stoufen“ weilte, aber als die Staufer in Deutschland und Italien zu Macht und Ansehen gelangt waren, interessierte sie ihr Stammsitz nicht mehr. Mit ihrem Untergang wurde die Burg herrenlos und 1288 vom Reich requiriert, 1319 eroberte sie Graf Eberhard I. „der Erlauchte“ von Württemberg (1279–1325), 1525 brannten aufständische Bauern die adlige Bastion nieder. Herzog Christoph und Herzog Karl Alexander vollendeten das Zerstörungswerk, sie schleiften die Mauern und verwendeten die Steine zum Bau neuer Schlösser.

Pläne, auf dem Hohenstaufen ein Nationaldenkmal zu errichten, wurden nie verwirklicht. Erhalten sind dagegen viele Baudenkmäler aus staufischer Zeit, Städte, Burgen, Kirchen, Klöster, Gesamtkunstwerke, in denen sich Urbanität und Wehrhaftigkeit, Sakralität und Raumwirkung, Architektur und Skulptur verbinden.

So etwa in der um 1162 gegründeten ältesten Stauferstadt Schwäbisch Gmünd. Die hier um 1220 errichtete St. Johanniskirche ist eine dreischiffige Pfeilerbasilika mit eher schmucklos gestaltetem Innenraum, aber überbordender Steinplastik am Außenbau. Die Phantasiewesen und Tier- und Menschenfiguren in den Blendarkaden der Westfassade lassen viele Deutungen zu: Stehen sie in einem ikonographischen Zusammenhang oder veranschaulichen sie ohne Bezug aufeinander einzelne Aspekte der Heilslehre? Handelt es sich beim gehörnten Tier um einen Hirsch oder um eine Ziege, bei geflügelten Wesen um Greif oder Adler, beim großhufigen Tier mit langen Ohren um einen Esel?

Der Kunsthistoriker Ehrenfried Kluckert vermutet, daß die Figuren auf die Bibel bezogene Lebensweisheiten verkörpern und daß die christliche Lehre durch solche volkstümliche Motive, die uns heute weitgehend fremd sind, vermittelt wurde.

Die um 1220 errichtete St. Johanniskirche in Schwäbisch Gmünd ist ein Musterbeispiel staufisch-spätromanischer Baukunst.

Die Zähringer Viele trugen das „Zähringer-Kreuz“ ohne Beschwernis: Die Herzöge von Zähringen waren Konkurrenten der Staufer, wie diese gründeten sie bedeutende Städte und Klöster: Freiburg, Bern, St. Blasien oder St. Peter. Sie schufen den Vorläufer eines modernen Staates und erschlossen den unwegsamen Schwarzwald. Ihre Stadtplanung beruhte auf klarem Grundriß und funktionaler Ordnung. Um ein zentrales Achsenkreuz von Hauptstraßen („Zähringer Kreuz“) gruppierten sich Wege, Plätze und Häuser. Die Grundstücke waren auf eine Fläche von 16×32 Meter normiert, für die Kirche war ein großes Areal reserviert. Der Markt erstreckte sich entlang der Hauptstraße, ein kunstvolles Kanalsystem sorgte für die Be- und Entwässerung. Die Stadtherren garantierten den Bewohnern damals ungewöhnliche Rechte: Sie konnten über ihr Eigentum verfügen, mußten geringe Abgaben bezahlen und durften ihr Regiment selber wählen.

An der Anlage von Villingen (um 1119 gegründet) läßt sich bis heute der ovale Grundriß mit dem charakteristischen Achsenkreuz der Hauptstraßen („Zähringer Kreuz“) ablesen.

Die Zisterzienser Sie waren Teil der „Binnenkolonisation“ des Landes: Im 12./13. Jahrhundert siedelten die Zisterzienser in unwegsamen Gebieten, sie kultivierten Land und Leute. In Maulbronn, Schöntal, Bebenhausen, Schönau, Salem oder Gutenzell lebten Mönche und Nonnen zurückgezogen von der Welt, aber von ihrer Hände Arbeit. Und doch wirkten sie in vielfältiger Weise in die Welt hinein, betrieben Gutshöfe (Grangien), Fisch- und Viehzucht, errichteten Brauereien, Mühlen und Schmieden, handelten wie in Bebenhausen mit Fliesen, produzierten Glas, waren im Pfand- und Bankgeschäft tätig. Diese Anfänge organisierter Massenproduktion und wirtschaftlicher Expansion standen nicht unbedingt im Einklang mit den Ordensregeln, die Einkünfte aus Pfründen oder Zehnten als unvereinbar mit dem dem „lautern Mönchsberuf“ einstuften. Bald aber wurden die auf Benedikt zurückgehenden Regeln (die Zisterzienser waren eine Abspaltung von dessen Orden) umgangen. Anfangs hatten sie gespottet: „Der Zins ist Clunys liebstes Kind“, nun wurden die zentralistisch organisierten Zisterzienser selber geschäftstüchtig und ließen Laienmönche für sich arbeiten. Sie waren aber auch Kulturträger: Ihre Kirchen mit dem schmucklosen Dachreiter anstelle des Turms oder ihre Bibliotheken und Handschriften sprechen Bände für die geistige Kraft des Ordens.

Das Zisterzienserkloster Bebenhausen wurde urkundlich erstmals 1187 als Gründung des Pfalzgrafen Rudolf von Tübingen erwähnt.

„Es ist gute Luft in dieser Stadt, durch alle Gassen laufen lauter Bäche. Man kann durch alle vier Tore hinaussehen, nicht weil die Stadt so klein ist, sondern weil die Gassen gerade und kreuzweise zu den Toren gerichtet sind. Man kann gut kaufen in der Stadt: Brot, Fleisch, Fisch, Wildbret.“ (Der Cosmograph Sebastian Münster im 16. Jahrhundert über Villingen)

Die Burg Hohenrechberg, neben Staufen und Stuifen einer der drei „Kaiserberge" am Rande der Ostalb, war im 13. Jahrhundert Sitz staufischer Ministerialer.

„Auf diesen Gipfeln eines langen Gebirgsrückens erkennt das Auge Schlösser und Burgen ohne Zahl, die wie Wächter auf diesen Höhen lagern und über das Land hinschauen."
(Wilhelm Hauff 1826 über die Burgenlandschaft der Schwäbischen Alb)

„Gleichgültig, ob eine Burg auf einem Berg oder in der Ebene steht, so ist sie auf jeden Fall doch nicht für die Behaglichkeit, sondern zur Wehr erbaut, mit Gräben und Wall umgeben, innen von bedrückender Enge, zusammengepfercht mit Vieh- und Pferdeställen, Dunkelkammern vollgepfropft mit schweren Büchsen, Pech, Schwefel und allen übrigen Waffen und Kriegsgerät. Überall stinkt das Schießpulver, und der Duft der Hunde und ihres Unrates ist auch nicht lieblicher."
(Der Ritter Ulrich von Hutten Anfang des 16. Jahrhunderts über das Leben auf einer Burg)

Die Burg Hornberg am Neckar, einst Sitz Götz von Berlichingens, zeigt deutlich die Funktionsteilung mit Türmen, Mauern, Bergfried, Palas sowie Nebengebäuden.

ADEL UND RITTERTUM

Leben auf der Burg Sie sind feudale Machtsignale und Sinnbild ritterlicher Lebensform: Mittelalterliche Burgen stehen für ein Staatswesen, das seine Grundlage in Personenverbänden Adliger und ihrer Abhängigen hatte. So vielfältig wie die politische Landkarte war die Burgenlandschaft, für die der kleinkammerige Südwesten gute Voraussetzungen bot: Zwischen dem 10. und 14. Jahrhundert entstanden im deutschsprachigen Raum 19 000 Burganlagen, über 400 Festungen sollen es auf der Schwäbischen Alb gewesen sein. Gebaut wurden Höhenburgen auf Felsvorsprüngen und Kuppen, Hang- und Ringburgen an Bergrändern, Erdhügel- und Wasserburgen in Tälern. Die Burgen der Salier waren eher Wohntürme mit großflächigen Anlagen und schwacher Befestigung, die Staufer bevorzugten stark umwehrte Anlagen auf kleiner Fläche mit hohen Mauern, tiefen Gräben, Zugbrücken und Vorburgen. Der Hohenrechberg etwa wurde auf einem steilen Bergsporn mit polygonalem Grundriß und Mauern aus mächtigen Buckelquadern erbaut. Anfangs waren Wehr- und Wohnfunktion vereint, später wurden das Hauptgebäude des Palas (Herrenhaus mit Rittersaal) und die Kemenaten (Gemächer für Frauen und Kinder) vom Bergfried getrennt. Burgen boten Zuflucht in Kriegszeiten, waren Orte der Kunst und Religion, der Rechtsprechung und des Strafvollzugs. Das Burgleben war freilich weniger lustig, als spätere Ritterromantik glauben machen wollte: Der Bau war eine elende Plackerei, die Versorgung mit Wasser, Brennholz und Nahrung harte tägliche Arbeit, das Wohnen in engen, feuchten Räumen nicht gesundheitsförderlich, durch ständige Fehden drohte gar Todesgefahr. Und mit dem Aufkommen von Geschützen wurde aus der alten Ritterherrlichkeit bald eine Ruinenlandschaft.

Ritterliche Tugenden Mit ihm beginnt eine neuzeitliche Lebensweise: Das Rittertum, das seine Grundlage im Lehenswesen hatte, war Rückgrat der mittelalterlichen Ordnung. Daneben legte es verbindliche Verhaltensregeln fest: Die „Ritterlichkeit" mit Tugenden wie christliche Gesittung, Mäßigung, Mut, Höflichkeit, Dienstbarkeit, Minne und Anmut wurden zum Idealbild erhoben. Zugleich aber weitete die höfische Kultur den bisher von den Klöstern geprägten Blickwinkel. Durch die Kreuzzüge, die Begegnung mit der byzantinischen und islamischen Kultur oder durch umherziehende Minnesänger wie Friedrich von Hausen und Gottfried von Neuffen wurde ein neues Weltbild vermittelt. Die Freude am Abenteuer und Kräftemessen zeigte sich beim Turnier und musischen Wettbewerb, im Ritterepos und Minnelied kam das schöpferische Gedankengut zum Ausdruck. Die Ausbildung des Knappen zum Ritter oder die Erziehung des Mädchens zur Burgfrau folgte ebenso den Regeln höfischen Benimms wie das Essen; Schmatzen, Speisen mit Fingern oder Zahnstochern mit dem Messer waren nun verpönt – der Beginn unserer Tischsitten.

„Die ganze Vollkommenheit des Edelmanns besteht nicht nur darin, daß er sich gut in seinem Harnisch hält und auf alle Waffen versteht, und auch nicht darin, daß er sich gerade noch zur Not beherrscht, wenn er unter Frauen ist (...); da ist der Dienst an der Tafel der Könige und Prinzen, die Art, seine Sprache abzumessen, genau nach Rang und Stand der Personen, mit denen man spricht, die Haltung der Augen, der Gesten, alles, bis zur geringsten Bewegung, bis zum Zwinkern des Auges."
(Der Soziologe Norbert Elias „Über den Prozeß der Zivilisation" und die „Affektmodellierung" mittelalterlicher Ritter und Bürger)

Auch adlige Mädchen bekamen eine umfassende Ausbildung etwa im Hanfschlagen, Haushalten und Schreiben (Manessische Handschrift 14. Jahrhundert).

Mit dem Ritterschlag und der Verleihung des Schwerts („Schwertleite") endete die Erziehung des Knappen, durch die er etwa Turnierkampf, Tanz und Spiel erlernte (Buchmalerei 14. Jahrhundert).

Das Ulmer Rathaus entstand um 1370, der Fischkastenbrunnen im Vordergrund 1482 nach einem Entwurf Jörg Syrlins d. Ä.

„Aus vollem Herzen erneuere ich für die restliche Zeit meines Mandats im Vertrauen auf den Beistand Gottes, stellvertretend für Gemeinderat und Verwaltung, das Gelöbnis: Reichen und Armen ein gemeiner Mann zu sein in allen gleichen, gemeinsamen und redlichen Dingen ohne allen Vorbehalt."
(An die historische Schwörmontags-Formel anknüpfende Rede, gehalten vom Ulmer Bürgermeister Dr. Hans Lorenser 1983)

STÄDTE UND BÜRGER

Der Aufstieg der Städte „Stadtluft macht frei": Unfreie, die sich in Städte flüchteten, genossen Bürgerrecht, in den Städten wurde der Grundstein der Demokratie gelegt. Beginnend im 12. Jahrhundert, entstanden aus Marktflecken ummauerte Kommunen. Mit dem Übergang von der Natural- zur Geldwirtschaft brachten Handwerk und Handel Wohlstand, die Bürger forderten Selbständigkeit. In Auseinandersetzungen mit den Territorialherren errangen die Städte äußere Unabhängigkeit, oft um den Preis hoher Abgaben.

Im Innern kam es nach Kämpfen mit dem Stadtadel zu einer Machtbalance zwischen Patriziern und Handwerkern, abgesichert durch Ratsverfassungen, bekräftigt bei Zeremonien wie dem Ulmer „Schwörmontag". Die Unterschichten, Taglöhner, Mägde, Knechte sowie Entwurzelte wie Bettler, hatten kein Bürgerrecht, sie wurden lediglich geduldet und beschützt. Auch Juden wurden als Minderheit toleriert und durften in „Judengassen" Haus- und Grundbesitz erwerben. Vor Pogromen wie in den Pestjahren 1348/49 waren sie aber in Städten so wenig sicher wie vor Ausweisungen, so etwa in Ulm 1499.

Steuerhoheit und Gerichtsbarkeit symbolisierten einst die Selbstverwaltung der Stadtrepubliken, Rathäuser und Stadtkirchen stehen noch heute für ihr Selbstbewußtsein.

Mit der Beteiligung der Zunftbürger am Stadtregiment und der Einrichtung eines Großen Rats entstand auch das Bedürfnis nach einem städtischen Versammlungsort.

Ulm, im 12. Jahrhundert gegründet und um 1450 mit 13 000 Einwohnern die größte Stadt im Südwesten, errichtete von 1370 an eines der größten Rathäuser, bestehend aus „Altem und Neuem Kaufhaus". Der Komplex wurde mehrfach umgebaut. Fensterbänder und Staffelgiebel erinnern an einen Burgpalas, die Standbilder der Kurfürsten, Kaiser und Könige im Ratssaal künden von der reichsstädtischen Sonderstellung. Renaissance-Dekor und Fassadenmalerei zeugen noch heute vom Reichtum der Reichsstädter. Diese dachten aber auch ganz praktisch: So wurde das Rathaus für den Handel mit Kaufmannsware und zur Versorgung der Bevölkerung mit Lebensmitteln genutzt, im Keller waren Gefängniszellen eingebaut, über den Verkaufsgewölben befand sich die Gerichtsstube.

Zunftwesen Selbst der Misthaufen hatte seinen festen Platz: Freiheit und Fürsorge war die eine, Enge und Kontrolle die andere Seite städtischen Lebens. Die Stadt gewährte ihren Bürgern Schutz und Gerechtigkeit, ließ Alten und Armen, Kranken und Waisen Hilfe und Pflege in Siechenhäusern und Spitälern angedeihen, sorgte für Schul- und Berufsausbildung. Dafür erwartete sie aber die Ableistung von Diensten und die Einhaltung von Vorschriften. Insbesondere die im 13. Jahrhundert aufkommenden Zünfte beeinflußten das öffentliche und private Leben. Auch sie betrieben Sozialpolitik, unterstützten in Not geratene Mitglieder, deren Witwen und Waisen. Die Zunft legte aber genauso fest, daß nur ein Meister mit „eigenem Rauch" (eigenem Haus) eine Werkstatt betreiben durfte. Sie bestimmte, wieviel Rohstoff ein Handwerker einkaufen und verarbeiten konnte, begutachtete Qualität und Preis der Waren, schrieb die Zahl der Gesellen und Lehrlinge vor, überwachte Arbeitszeit und Lebenswandel der Zunftgenossen. Über Ratsverordnungen und gegen entsprechende Strafen konnte sie zudem mitbestimmen, daß es bei Festen keinen „Überfluß im Ausschank von Wein" gab oder Frauen keine Schleife am Kleid trugen, „die über fünfviertel Ellen lang ist". Und so gab es für den Misthaufen zwar einen festen Platz in der Stadt, aber zünftig-züchtig war zugleich festgelegt: „Lotterbuben jeder Art, fahrende Schüler mit langen Haaren halten wir fern."

Die „Achtzehnermeisterschaft" von Rottweil (hier 1604 beim Zunftmahl), in die jede der neun Zünfte zwei Mitglieder entsandte, vertrat gegenüber dem Rat deren Interessen.

Der Weber als ehrbarer Handwerker am Trittwebstuhl (Hausbuch der Mendelschen Zwölfbrüderstiftung um 1425).

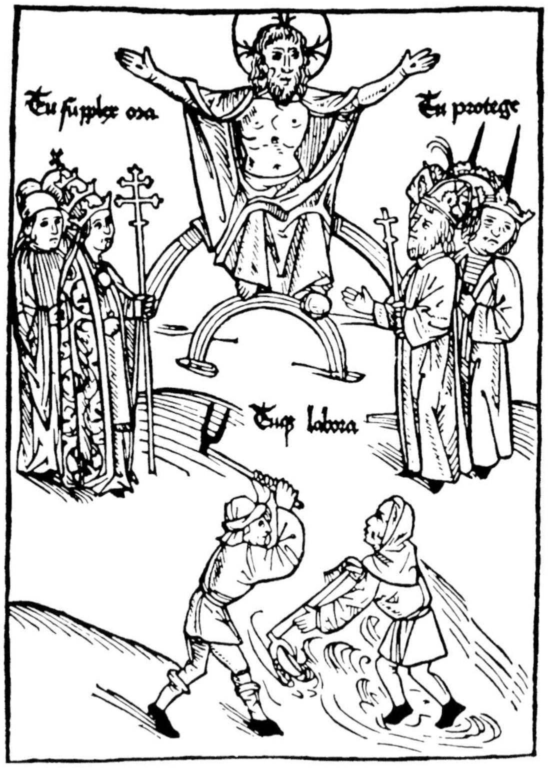

Die Rangordnung der Stände in Adlige, Geistliche und Bauern (später kamen Bürger hinzu) galt ebenso als gottgegeben wie ihre Aufgabenstellung: „Du schütze! Du bete demütig! Du arbeite!" (Holzschnitt von 1492 aus Lichtenbergers „Prognosticatio")

BAUERN UND GRUNDHERRSCHAFT

Herren und Knechte Neben der „Verstädterung" erlebte der Südwesten auch eine „Verdorfung": In der Zeit der Karolinger und Ottonen gab es aufgrund kriegerischer Bedrohung von außen und anwachsender Organisation durch Adel und Kirche im Innern eine Agglomeration von Gehöften oder Weilern zu Dörfern. Haufendörfer oder langgestreckte Talschaften bildeten nun das Zentrum des Lebens, nur in einsamen Höhenlagen des Schwarzwaldes blieben Einzelgehöfte weitgehend isoliert von der dörflichen Gemeinschaft. Mit zunehmendem Bevölkerungswachstum zwischen 800 und 1200 von drei auf acht Millionen Menschen wurde weitere Siedlungsfläche benötigt, wurden unwirtliche Gegenden erschlossen. Noch heute lassen sich an Namen mit Endungen wie -greut (reuten gleich roden) oder -hardt (gleich Wald) die Art der Landnahme und die Lage der Orte ablesen. Da die Grundherren immer mehr auf Eigenwirtschaft verzichteten, wuchs ihr Bedarf an Naturalabgaben und Geldleistungen. Hatte es in der Alamannenzeit noch das einfache System von Freien, Halbfreien und Unfreien gegeben, so entwickelten sich nun komplizierte Formen der Abhängigkeit und des dafür gewährten Schutzes: Höfe wurden als Lehen vergeben, Hörige mußten Abgaben wie den Zehnten oder Frondienste mit Gespannen leisten, Leibeigene waren völlig ausgeliefert. Durch Vererbung, Teilung, Kauf, Tausch oder Verpfändung der Grundherrschaft änderten sich die Rechtsverhältnisse für einzelne Höfe und Hörige ständig. Im neuen Rodungsgebiet lebten die Bauern oft freier als im alten Siedlungsland. Auch das soziale Gefälle innerhalb der Dörfer war groß, die Fronpflichten waren höchst ungleich verteilt. Erst allmählich räumten die Grundherren den Bauern die Möglichkeit der Vererbung oder Teilung und das Recht der Gemeindeversammlung und Schultheißenwahl ein.

Bäuerliche Arbeit Die Genrebilder täuschen: Pralle Hochzeitsgesellschaften oder fröhlich erntende Landleute beschönigen die ärmlichen, oft erbärmlichen Verhältnisse. Die Bauern wohnten in rußgeschwärzten Stuben, konnten weder schreiben noch lesen, ihr Alltag war durch harte Arbeit bestimmt. Im Laufe der Zeit verlor die alamannische Praxis der extensiven Vieh- und Weidewirtschaft ihre Bedeutung, mit dem Bevölkerungswachstum ging die Ausdehnung der Äcker und die Intensivierung des Getreideanbaus einher; wichtigstes Brotkorn war der Dinkel. Die Einführung der eisernen Pflugschar anstelle hölzerner Haken, der Sense anstelle der Sichel, das Aufkommen wassergetriebener Mühlen und der Einsatz von Pferde- anstelle von Ochsengespannen brachten höhere Erträge. Vor allem aber war es die schon im 8. Jahrhundert einsetzende Dreifelderwirtschaft, die eine bessere Verteilung der Feldarbeiten übers Jahr und eine Schonung des Bodens ermöglichte. Gab es zuvor nur zwei Felder für Anbau und Brache, so konnte das Land (neben der allgemeingenutzten „Allmende") nun in drei Teilen („Zelgen") mit Winter- und Sommergetreide bestellt werden, eine Parzelle blieb brach liegen.

Neben den drückenden Grundlasten und der festgeschriebenen Ständeordnung trugen Unwetter und Mißernten, Viehseuchen und Hungersnöte, Krankheiten und Unfälle, Krieg und Plünderungen zur schlechten sozialen Lage der Bauern bei. Was Wunder, daß Heiligenverehrung oder Aberglaube helfen sollten, das unberechenbare Schicksal zu meistern. Erst später begannen die Bauern, das Joch der Obrigkeit abzuschütteln.

Dieser Kalender zeigt die Fälligkeitstermine für die Abgaben der Bauern. Das Bild in der Mitte mit den drei Lämmern erinnert z.B. an den Lämmerzehnt, der zu Walpurgis fällig wird (aus der Heidelberger Bilderhandschrift des Sachsenspiegels im 14. Jahrhundert).

Mit einem fahrbaren Backofen machten frühe „Fast-Food-Händler" beim Konstanzer Konzil Geschäfte (aus der Richental-Chronik).

Wie eine Glucke thront das Freiburger Münster über der Altstadt (Aufnahme von 1896).

KIRCHE, KETZER UND KUNST

Konstanzer Konzil Das Heraufziehen der Neuzeit stürzte die Kirche in eine Krise: Zunehmende Verweltlichung der Geistlichkeit und Kirchenspaltung („Schisma") mit bis zu drei Päpsten verunsicherten das Volk. Religiöse Schwarmgeister und Flagellanten suchten Halt im Dunkel des Mittelalters, Theologen an der Universität Heidelberg oder sogenannte Ketzer wie Johannes Hus (1370–1415) wollten das Kirchensystem reformieren. Um die Anarchie zu überwinden, wurde das Konzil von Konstanz einberufen, von 1414 bis 1418 war die alte Bischofs- und Reichsstadt Mittelpunkt der bis dahin bekannten Welt. Sie zog neben Bischöfen und Äbten auch Ritter und Fürsten, Bankiers und Händler, Gauner und Spielleute, Handwerker und Prostituierte aus aller Herren Länder an. Die Stadt zählte höchstens 8000 Einwohner und hatte an die 20000 Gäste zu beherbergen. In seiner Chronik machte Ulrich von Richental das pulsierende Treiben anschaulich, der Dichter Oswald von Wolkenstein beklagte das teure Lotterleben: „Gedenk ich an den Bodensee, so tut mir gleich der Beutel weh." Zwar wurde das Schisma durch den in Konstanz gewählten Papst Martin V. überwunden, aber Johannes Hus wurde 1415 trotz der Zusage freien Geleits durch König Sigismund als Ketzer vor der Stadtmauer verbrannt. Das grausame Hinrichtungsritual, das Hus nach zeitgenössischen Darstellungen als gefaßter Märtyrer ertrug, sollte Gleichgesinnte abschrecken. In Hus' böhmischer Heimat löste das Urteil die blutigen Hussitenkriege aus und ließ das tschechische Nationalgefühl erwachen. Die Kirche verhinderte damals die Reform, die Reformation ein Jahrhundert später war die Folge.

Weil Johannes Hus dem angeblichen Irrglauben nicht abschwor, wurde er 1415 beim Konstanzer Konzil verbrannt.

Blick in den Chor des Heilig-Kreuz-Münsters von Schwäbisch Gmünd, mit dessen Bau Heinrich Parler um 1300 begann.

Jahrhundertelang blieb der Turm des Ulmer Münsters ein Torso, erst im 19. Jahrhundert wurde er mit 161 Metern als höchster Kirchturm der Welt vollendet (Stahlstich von William Woolnoth nach einer Reiseskizze von Robert Batty, 1822).

Hohe Zeit der Gotik Im „Herbst des Mittelalters" (Jan Huizinga) kam Licht ins kirchliche Dunkel: Das Volk verlangte nach Anschaulichkeit des Glaubens, und mit dem aus Frankreich übernommenen gotischen Baustil wurde die Romanik überwunden. Aufwärtsstrebende Pfeiler und gegliederte Netzgewölbe, filigranes Maßwerk und wucherndes Steingeflecht, lichtdurchflutete Glasfenster, dekorative Rosetten, gewaltige Frontfassaden und hohe Türme sind Stein gewordener Ausdruck himmelwärts gewendeter Klarheit.

Insbesondere die Baumeisterfamilie um Heinrich und Peter Parler aus Schwäbisch Gmünd hat die südwestdeutsche Gotik geprägt. Die Parler waren Baumeister und Steinmetze in einem, an Planung und Ausführung der Münster in Ulm (Baubeginn 1377, endgültiger Ausbau 19. Jahrhundert) und Freiburg (erbaut zwischen 1200 und 1513), an den Bauhütten der Dome in Köln und Prag gleichermaßen beteiligt. Mit dem Heilig-Kreuz-Münster in ihrer Heimatstadt (Baubeginn um 1300, 1410 Weihe des Hochaltars) schufen die Parler den Prototyp der dreischiffigen Hallenkirche.

Auch das Ulmer Münster war ursprünglich so konzipiert, aber reichsstädtisches Selbstbewußtsein steigerte sich bald zum Größenwahn: Der Rat wollte nun eine Kirche, die aufgrund ihrer Größe ein „Futteral für das Straßburger Münster", das große Vorbild, abgeben könnte. Der neue Kirchenmeister Ulrich Ensinger verwarf den ursprünglichen Parler-Plan und wandelte die Halle in eine Basilika um. Aber auch er und nachfolgende Baumeister konnten das Vorhaben nicht verwirklichen, die Fundamente waren zu schwach für die Belastung. 1492, zwei Jahre bevor der Bau des Turmes vorläufig eingestellt wurde, bestieg ihn Kaiser Maximilian I. Der Tübinger Gräzist Martin Crusius berichtete im 16. Jahrhundert in seinen „Schwäbischen Annalen", daß der Herrscher mit einem Fuß am Rand der freien Plattform stand und den anderen Fuß in der Luft kreisen ließ. 1534 verfügte der Rat dann vollends die Einstellung der Arbeiten.

Erst drei Jahrhunderte später, 1844, nahm sie die wiedergegründete Münsterbauhütte erneut auf. Und im Jahr 1890 setzte August Bayer die Kreuzblume auf den Helm des mit 161 Metern höchsten Kirchturms der Welt.

„Wie ein schauerlicher Block vor Augen, dieser Koloß, der so tyrannisch alles um sich herum verkleinert." (Eduard Mörike 1831 über das Ulmer Münster)

DAS HERZOGTUM WÜRTTEMBERG

Eberhard im Bart Er war ein wagemutiger und weitsichtiger Landesherr: Graf Eberhard V. „im Bart" (er regierte von 1459 bis 1496) war für seine Zeit ungewöhnlich gebildet. Und wie ein bodenständiger Schwabe wirkte er nicht, er war klein und grazil, seine Züge zeigten auch die italienischen und französischen Vorfahren. „Wild" sei er in seiner Jugend gewesen, schrieben frühe Biographen. Eine Wallfahrt nach Jerusalem 1468 wurde zum Schlüsselerlebnis und führte zur großen „Kehr" in seinem Leben. Eberhard kam geläutert zurück, brachte einen Palmbaum als persönliches Zeichen mit und gab sich den Wahlspruch: „Attempto" – „Ich wag's". Unter dem Einfluß seiner verwitweten Mutter Mechthild (1419–1482) und der humanistischen Gelehrten Johannes Vergenhans und Johannes Reuchlin wandte er sich neben der Politik den Wissenschaften und Künsten zu. 1477 gründete er die Universität Tübingen. Zur wirtschaftlichen Fundierung der Alma mater zog Eberhard Kirchengut heran und verlegte das Chorherrenstift Sindelfingen nach Tübingen. 1482 reiste er zu Sixtus V. nach Rom, um die Universität durch eine päpstliche Bulle absichern zu lassen.
Bezeichnend für die moderne Wissenschaftsauffassung des jungen Herrschers war auch, daß er neben den üblichen kirchlichen, juristischen und philosphischen Fächern eigens die Erforschung der Natur als Aufgabe der Hochschule betonte. Im Kloster Blaubeuren förderte er 1493/94 die Errichtung des Hochaltars, dort ist er auf einem Holzrelief des Altarflügels gegenüber von Abt Heinrich Fabri (1475–1495) abgebildet, der päpstlicher Kommissar bei der Universitätsgründung war. Im Residenzschloß Urach ließ Eberhard 1474 zu seiner Hochzeit mit Barbara Gonzaga von Mantua (1455–1503) den Goldenen Saal ausbauen und mit den Wappenpalmen und seiner Losung verzieren. Aber der nüchterne Herrscher verstand es auch, das Fest rauschend zu feiern: 13000 Gäste vertilgten in drei Tagen angeblich 165000 Laibe Brot und becherten 155000 Liter Wein. Justinus Kerner verklärte Eberhard im Gedicht „Der reichste Fürst", das zur Nationalhymne Alt-Württembergs wurde. Seine Schattenseiten indes werden gerne unter den Teppich gekehrt, etwa die von seinem antijudaistischen Testament ausgehende „Regimentsordnung" von 1498, aufgrund derer die Juden („nagende Würm") des Landes verwiesen wurden.

Der „blaue Eberhard" wird dieses Aquarell wegen der stahlblauen Rüstung des Fürsten genannt: Es zeigt den wie einen Schutzheiligen knienden Eberhard im Bart 1492 und gilt als eines seiner wirklichkeitsnahsten Bildnisse.

Der zur Zeit Eberhards im Bart 1493/94 von Gregor Erhart zusammen mit Jörg Syrlin d. J. und Bartholomäus Zeitblom geschaffene Blaubeurer Hochaltar ist das Hauptwerk der „Ulmer Schule".

Ende der Landesteilung Eberhard im Bart einigte Württemberg und machte es zum Herzogtum: Nach der äußeren Ausdehnung des Landes war der innere Ausbau durch Erbschaftsquerelen gestört worden. 1442 hatte der Nürtinger Vertrag zur Landesteilung zwischen Graf Ludwig I. (1419–1450) und seinem Bruder Ulrich V. (1433–1480) in eine nördliche Stuttgarter und eine südliche Uracher Hälfte geführt. Eberhard wurde nach dem frühen Tod seines Vaters Ludwig unter die Vormundschaft seines Stuttgarter Onkels Ulrich gestellt. Im Unterschied zu dem bis ins 18. Jahrhundert geteilten Baden gelang es ihm, mit dem Münsinger Vertrag von 1482 die Landeseinheit wiederherzustellen. Dabei wurde er von den wiedererstarkten Landständen unterstützt, die sich aus 14 Prälaten und Äbten, 30 Rittern und 120 Delegierten der Ämter und Städte („Landschaft") zusammensetzten. Mit der landständischen Verfassung und einer staatsrechtlich geregelten Erbfolge war Württemberg nun fast allen Ländern voraus. Mit 8000 Quadratkilometern gehörte es zu den mittleren Fürstentümern, aber Eberhard machte das einst zerrissene, verschuldete und politisch bedeutungslose Württemberg zur einflußreichsten deutschen Grafschaft. Von Kaiser Maximilian wurde er 1495 auf dem Reichstag zu Worms in den Herzogsstand erhoben – Lohn für sein Einigungswerk und seine Verdienste um die Reichsreform. Auf Eberhard folgte sein Vetter, der vermindert zurechnungsfähige Eberhard II. (1496–98). Ihn setzten die Stände wegen Mißwirtschaft ab.

Mit dem Münsinger Vertrag vom 14. Dezember 1482, einer zwölfseitigen Pergament-Schrift mit den Siegeln der württembergischen Grafen und mehrerer Städte, wurde die Landesteilung beendet.

„Preisend mit viel schönen Reden
Ihrer Länder Wert und Zahl,
Saßen viele deutsche Fürsten
Einst zu Worms im Kaisersaal
(…)
Eberhard, der mit dem Barte,
Württembergs geliebter Herr,
Sprach: „Mein Land hat kleine Städte,
Trägt nicht Berge silberschwer;
doch ein Kleinod hält's verborgen:
Daß in Wäldern, noch so groß,
Ich mein Haupt kann kühnlich legen
Jedem Untertan in Schoß."
(…)
(Justinus Kerner über Graf Eberhard im Bart,
„Der reichste Fürst")

Der Goldene Saal im Bad Uracher Schloß, der im 17. Jahrhundert sein heutiges Aussehen erhielt, mit den Wappenpalmen und dem „Attempto"-Wahlspruch des Grafen Eberhard im Bart.

REFORMATION UND GROSSE KRIEGE

Der Humanismus blühte im deutschen Südwesten: Die Universitäten Basel, Freiburg, Heidelberg und Tübingen waren seit Ende des 15. Jahrhunderts Zentren der humanistischen Gelehrten, und der württembergische Graf Eberhard im Bart (1450–1496) förderte an seinem Hof schon früh die Männer, von denen die Antike neu entdeckt wurde. Die Umsetzung des Römischen Rechts ermöglichte es den Landesfürsten, ihre Herrschaft mit einheitlichen Bestimmungen besser zu organisieren. Bald bereitete der Humanismus der Reformation den Weg, die Martin Luther seit 1517 ins Rollen brachte. Große Gelehrte wie Ulrich Zasius, Erasmus von Rotterdam, Conrad Celtis, Gregor Reisch, Johannes Reuchlin und andere beteiligten sich zwischen Basel und Heidelberg an der Diskussion um den Zustand der Kirche. Pfründenhäufung der Geistlichen und Sittenverfall waren Zielscheibe ihres dichterischen Spotts und ihrer wissenschaftlichen Kritik. Die Glaubensspaltung, die mit dem von Philipp Melanchthon formulierten Augsburger Bekenntnis der evangelischen Reichsfürsten 1530 faktisch eingetreten war, hatte aber kaum jemand wirklich beabsichtigt. Die folgenden anderthalb Jahrhunderte sollten dem territorial zersplitterten Südwesten große Veränderungen und tiefe Zäsuren bringen.

In Württemberg regierte seit 1503 Herzog Ulrich (1503–1520 und 1534–1550), der Sohn eines Vetters Graf Eberhards im Bart. Seine akute Finanznot zwang ihn 1514 zur Einführung einer neuen Steuer, gegen die sich die Bauern in Württemberg erhoben. Es gelang dem Herzog mit Hilfe der Oberschicht, den Aufstand blutig niederzuschlagen und viele der Anführer des „Armen Konrad", eines regelrechten Geheimbunds, hinzurichten. Im Tübinger Vertrag machte Ulrich der Führungsschicht des Landes, der Ehrbarkeit, politische Zugeständnisse und sicherte so seine Regierung ab. Nach einem Überfall auf die Reichsstadt Reutlingen 1519 ging der Schwäbische Bund im Auftrag des Kaisers gegen den unberechenbaren Fürsten vor und verjagte ihn. Für 14 Jahre stand Württemberg danach unter österreichischer Regierung.

Der „Arme Konrad" war aber nicht die erste Bauernerhebung und sollte auch nicht die letzte bleiben. Schon wenige Jahre später, 1524, gaben aufständische Bauern in Stühlingen das Signal für eine überregionale Erhebung, die zum deutschen Bauernkrieg wurde. Südwestdeutschland war ein Schwerpunkt des Aufstands, mit dem die von Leibeigenschaft und Frondiensten beschwerten Bauern das „alte gute Recht" wiederherstellen wollten. Söldnertruppen des Schwäbischen Bundes unter Georg von Waldburg („Bauernjörg") besiegten die Bauernheere und beendeten den Revolutionsversuch mit viel Blutvergießen.

Die Bauern waren in ihren Forderungen auch von der Reformation beeinflußt worden, die seit Ende der 1520er Jahre zunächst in den Reichsstädten Fuß faß-

1514
Bauernaufstand des „Armen Konrad" in Württemberg; Herzog Ulrich schlägt ihn nieder und sichert seine Herrschaft mit dem Tübinger Vertrag

1524–1525
Großer Bauernkrieg: Südwestdeutschland, vor allem Württemberg, Vorderösterreich und die Klostergebiete, sind Schwerpunkte des Aufstands, der blutig niedergeschlagen wird

1520–1534
Württemberg unter österreichischer Verwaltung

1530
Protestantische Fürsten und Städte schließen sich im Schmalkaldischen Bund zusammen; mit dem Augsburger Bekenntnis wird die Glaubensspaltung Wirklichkeit

1534
Rückkehr Herzog Ulrichs von Württemberg mit hessischer Hilfe: Beginn der Reformation in Württemberg

1535
Teilung der Markgrafschaft Baden: die Territorien Baden-Baden und Baden-Durlach entstehen

te. Als Herzog Ulrich 1534 mit militärischer Hilfe des protestantischen Landgrafen von Hessen die Rückkehr glückte, setzte er auch in Württemberg die neue Lehre durch. Die Beschlagnahme geistlicher und klösterlicher Besitzungen beschleunigte den Weg des Landes zum geschlossenen Staatsgebilde.

Der Markgrafschaft Baden, die nach der langen Herrschaft Markgraf Christophs (1475–1527) 1535 endgültig unter seinen Söhnen Ernst und Bernhard aufgeteilt wurde, brachte die Reformation nach der territorialen auch eine konfessionelle Trennung. Nach dem Ende des Schmalkaldischen Krieges zwischen Kaiser und evangelischen Reichsständen beschleunigte der Augsburger Religionsfriede durch seinen Grundsatz „Wessen Herrschaft, dessen Religion“ die Aufspaltung in protestantische und katholische Territorien. Baden-Durlach wurde seit 1556 unter württembergischem Einfluß reformiert, während die Markgrafschaft Baden-Baden unter habsburgischem und bayerischem Druck – nach mehreren Konfessionswechseln – wie die habsburgischen Gebiete im Südschwarzwald und in Oberschwaben nach 1622 katholisch blieb. Auch in der Pfalz setzte sich seit 1556 die Reformation durch, die 1563 mit einer calvinistischen Kirchenordnung einen weiteren Konfessionswechsel nach sich zog.

Mit der Konfessionsbildung brach die Zeit der verheerenden Kriege an. Die Gegenreformation war seit Mitte des 16. Jahrhunderts in vollem Gang, und die Gegensätze im Reich vertieften sich immer mehr. Die Politik der Kurpfalz war daran nicht schuldlos. Unter pfälzischer Führung entstand 1608 die Union protestantischer Fürsten, der seit 1609 die katholische Liga gegenüberstand. Als Kurfürst Friedrich V. von der Pfalz (1610–1623) 1618 von den Böhmen nach dem „Prager Fenstersturz“ zu ihrem König gewählt wurde, eskalierte die Situation. Die militärisch überlegene katholische Liga marschierte in die Pfalz ein, besetzte Heidelberg und besiegte auch das Heer des Markgrafen von Baden-Durlach. Der Dreißigjährige Krieg hatte damit als Feldzug gegen die Pfalz und konfessionelle Auseinandersetzung begonnen. Der Eintritt Schwedens und später Frankreichs in den Krieg zeigte, daß er zu einem Ringen der europäischen Mächte geworden war. Südwestdeutschland, vor allem die Gebiete am Oberrhein, später auch Württemberg, wurde zum Schlachtfeld zwischen Franzosen und Schweden einerseits und den Truppen des Kaisers und der Liga andererseits. Unvorstellbare Verwüstungen richteten die Söldner und in ihrem Gefolge Hunger und Seuchen an.

Als 1648 mit dem Westfälischen Frieden der Krieg endete und für das Deutsche Reich eine neue Ordnung geschaffen wurde, waren zahllose Städte und Dörfer zerstört und menschenleer; wenn noch die Hälfte der Bevölkerung lebte, war das schon viel. Einwanderer aus der Schweiz und Tirol, aber auch Glaubensflüchtlinge wie Waldenser und Mennoniten (Täufer) kamen damals nach Südwestdeutschland. Die Zeit der Kriege war für sie aber nicht vorbei. Im pfälzischen und im spanischen Erbfolgekrieg waren erneut das Land am Oberrhein und die Pfalz Schlachtfeld. Mehr als einhundert Jahre dauert es mancherorts, bis sich die Bevölkerung von den verheerenden Kriegen erholt hatte, und erst gegen Mitte des 18. Jahrhunderts lebten wieder so viele Menschen im Südwesten wie vor dem Dreißigjährigen Krieg.

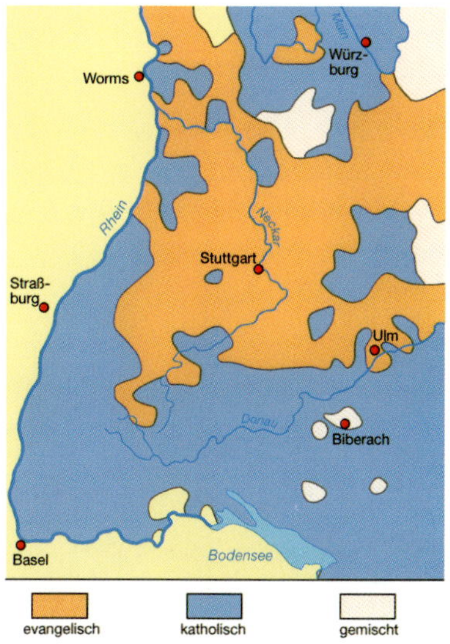

Konfessionen in Südwestdeutschland um 1580

1546–1547 Schmalkaldischer Krieg: Der Kaiser besiegt die Heere des Schmalkaldischen Bundes und kann daraufhin 1548 das „Interim“ durchsetzen, eine Art religiöser Kompromiß mit gegenreformatorischen Zügen

1555 Augsburger Religionsfriede: Der Territorialherr bestimmt die Religion seiner Untertanen

1556 Reformation in der Kurpfalz und Baden-Durlach

1618–1648 Dreißigjähriger Krieg: Ein Aufstand in Böhmen ist Auslöser für den Krieg zwischen den Konfessionen, der zu einem europäischen Konflikt wird

1634 Schlacht bei Nördlingen: Feindliche Truppen strömen nach der schwedischen Niederlage auch nach Württemberg

1688–1697 Pfälzischer Erbfolgekrieg: Frankreich beansprucht rechtsrheinische Gebiete, Oberrheingebiet und Kraichgau werden verwüstet

1701–1714 Spanischer Erbfolgekrieg: Am Oberrhein stehen sich Frankreich und das Haus Habsburg gegenüber

REFORMATION UND GEGENREFORMATION

Herzog Christoph brachte Württemberg Frieden in reformatorisch-unruhigen Zeiten.

Ulrich und Christoph Verschiedener können Vater und Sohn nicht sein: Herzog Ulrich von Württemberg (Regierungszeit 1503–1550) war ungeschlacht und jähzornig, er führte das Land mit Krieg und Verschwendungssucht in den Ruin. Herzog Christoph (1550–1568) war milde und besonnen, ein diplomatisches Talent und ein Ordnungspolitker, der aus Württemberg ein frühes Musterländle machte. Ulrich, mit 16 von Kaiser Maximilian für volljährig erklärt und in eine Zwangsehe mit dessen Nichte Sabine von Bayern gezwungen, wandte sich bald vom Kaiser ab und trat 1512 aus dem Schwäbischen Bund aus. Seine ungeheuren Schulden von 900 000 Gulden suchte er durch höhere Abgaben zu finanzieren. Den daraufhin 1514 im Remstal ausgebrochenen Bauernaufstand des „Armen Konrad“ überstand er mühsam, mit dem Tübinger Vertrag schien er das Prinzip der Gewaltenteilung anzuerkennen. Aber dann reihte er Gewalttat an Gewalttat: 1515 floh seine Frau vor den Wutausbrüchen des Fürsten, der selbst im Schlafgemach einen Dolch getragen haben soll, zurück nach Bayern. Im selben Jahr erstach Ulrich seinen Stallmeister Hans von Hutten, um dessen Frau er vergebens geworben hatte; der Humanist und Dichter Ulrich von Hutten, ein Verwandter des Ermordeten, brandmarkte die Tat in Flugschriften. Nach dem Überfall auf die Reichsstadt Reutlingen 1519 verhängte der Kaiser die Reichsacht über Ulrich, der Schwäbische Bund verjagte den Herzog nach Mömpelgard. Von 1520 an bekam Württemberg eine österreichische Zwischenregierung. Erst 1534 konnte Ulrich mit Hilfe lutherischer Fürsten das Land zurückerobern. Er führte die Reformation ein, die Christoph, der in Österreich im Gefolge Kaiser Karls V. aufgewachsen war, vollendete. Der Sohn kehrte den Scherbenhaufen, den der Vater angerichtet hatte, zusammen und schuf die Grundzüge der württembergischen Verfassung: Mit der Landesordnung von 1552 wurde der bürgerliche Charakter der Landstände betont, mit der Großen Kirchenordnung von 1559 die evangelisch-lutherische Konfession festgeschrieben. Daneben baute Christoph das Schulwesen aus, stärkte die Zünfte, führte ein einheitliches Maßsystem und eine neue Prozeßordnung ein, reformierte das Verwaltungs- und Steuerwesen. Außenpolitisch setzte er die Selbständigkeit Württembergs gegen Habsburg durch. Unter ihm erlebte das Land eine friedliche Zeit – nach Eberhard war Christoph der tüchtigste Herzog.

Am 8. Mai 1515 erstach der jähzornige Herzog Ulrich seinen Freund und Stallmeister Hans von Hutten, um dessen Frau er vergebens gebuhlt hatte.

Glaubensspaltung Württemberg wurde zur evangelischen Bastion im deutschen Süden: Der Protestantismus fand hier als religiöse und soziale Volksbewegung früh Resonanz. Während das Herzogtum unter Habsburg beim alten Glauben blieb, gingen die Reichsstädte mutig im neuen Bekenntnis voran, Reutlingen unterzeichnete schon 1530 das Augsburger Glaubensbekenntnis. Reformatoren wie Philipp Melanchthon, Herzog Christophs Ratgeber Johannes Brenz, Ambrosius Blarer, Eberhard Schnepf oder Matthäus Alber verbreiteten die Lehre. Neben Luther hatten Zwingli im südlichen Württemberg und Calvin in der Pfalz Anhänger. Die Habsburger unterdrückten Glaubensabweichler, besonders grausam die Minderheit der Täufer um den Waldshuter Pfarrer Balthasar Hubmaier. Er wurde 1528 in Wien als Ketzer verbrannt, seine Frau in der Donau ertränkt. Der Katholizismus hatte seine Stützen in der Grafschaft Fürstenberg, in Hohenzollern und in Reichsstädten wie Rottweil, Schwäbisch Gmünd und Weil der Stadt; 1548 zwangen habsburgische Truppen Konstanz zurück zum alten Glauben.

Im oberschwäbischen oder vorderösterreichischen Barock fand die Gegenreformation später ihren sinnbildlichen Ausdruck: Kirchen, Klöster und Schlösser demonstrieren religiöse Macht und Herrlichkeit, im Bibliothekssaal von Bad Schussenried wurden Glaubensabweichler mit Ketzerfiguren verspottet. Umgekehrt griffen auch die Protestanten zu propagandistischen Mitteln, um Gegner, etwa eine Gruppe Tübinger Theologen, mit Tierfratzen zu denunzieren. Die Reformation führte zudem zur Aufhebung der Klöster, ihrer teilweisen Umwandlung in evangelische Schulen oder zum Verbot katholischer Gottesdienste. Wer nicht zum neuen Glauben übertrat, mußte das Land verlassen. Nur in einigen Reichsstädten wie Biberach gab es ein friedliches Nebeneinander, oft ging der konfessionelle Riß, wie in den „Dörfern auf der Grenze", mitten durch die Bevölkerung.

In Oberschwaben und Vorderösterreich fand die Gegenreformation im Barock ihren Ausdruck, wie hier im 1739–1765 entstandenen Münster von Zwiefalten.

Mit Tierfratzen wurden Tübinger Theologieprofessoren als Gegner der Reformation verspottet (Holzschnitt um 1520).

Der „Bauernjörg" Georg von Waldburg schlug als militärischer Führer des Schwäbischen Bundes den Bauernaufstand blutig nieder und wurde dafür 1525 zum Reichserbtruchseß ernannt.

„Die Bewegung war auch nichts plötzlich Hereinbrechendes und nichts Zufälliges; sie hatte sich lange vorbereitet und hatte ihren Grund in den Verhältnissen des gemeinen Mannes und in der Zeit. Daher ihre reißend schnelle Ausbreitung, der über fast ganz Europa hinlaufende Anteil daran. Die Anlage des Volkes dazu war so alt wie die Unterdrückungen desselben. Auch an den Ketten schärft sich die Liebe zur Freiheit." (Der Historiker Wilhelm Zimmermann, „Der große deutsche Bauernkrieg")

1524 stürmten aufständische Bauern das Kloster Weißenau bei Ravensburg, nach ihrer Niederlage mußten sie dem Abt erneut Gehorsam schwören.

DER BAUERNKRIEG

Im Zeichen des Bundschuhs „Das größte Naturereignis unserer Geschichte" nannte ihn der Historiker Leopold von Ranke: Der Bauernkrieg war eine sozialrevolutionäre Bewegung, die das mittelalterliche Feudalsystem erschütterte. Der deklassierte und ausgebeutete „gemeine Mann" verstand Luthers Schrift „Von der Freiheit eines Christenmenschen" als Gleichheitsmaxime. Schon vor 1524/25 hatte es Unruhen gegeben: 1491 erstmals unter dem Zeichen des „Bundschuhs" im Allgäu, 1502 mit Jos Fritz in Baden, 1514 mit dem „Armen Konrad" in Württemberg. Nun erhoben sich die Bauern erneut gegen Leibeigenschaft, Abgaben und Fronarbeit: Im Oktober 1524 rotteten sich in Baden die Stühlinger Bauern zusammen, im April 1525 bildete sich der „Hegauer Haufen". In Schwaben gingen im Februar/März 1525 der „Baltringer Haufen", der „Allgäuer Haufen" und der „Bodenseer Haufen" voran. Sebastian Lotzer verfaßte die „zwölf Artikel", in denen die Aufhebung von Frondiensten und Leibeigenschaft, Freiheit von Jagd und Fischfang, Rückgabe der Allmenden an die Gemeinden, freie Wahl des Pfarrers, gerechte Gerichtsverfahren und politische Vertretungen gefordert wurden; dieses „Grundgesetz" wurde durch Flugschriften verbreitet. Im April schlugen die Württemberger los, kurz darauf der „Gaildorfer Haufe" in Hohenlohe.

Unter Führung von Huldrich Schmid, Jäcklein Rohrbach, Florian Geyer, Jos Fritz, Götz von Berlichingen oder Hans Bulgenbach zerstörten die Bauern Burgen wie den Hohenstaufen, plünderten Klöster wie Weißenau, zwangen Städte zum Eintritt in ihr Bündnis, ließen in Weinsberg Adlige durch die Spieße laufen. Die im Schwäbischen Bund vereinten Fürsten schlugen gnadenlos zurück: Unter dem Kommando von Georg Truchseß von Waldburg (1488–1531) zog ein Heer von 8000 Landsknechten und 2000 Reitern gegen die Aufständischen, denen nun auch Luther in den Rücken fiel. In blutigen Schlachten bei Leipheim und Böblingen oder durch geschickte Verhandlungen wie in Weingarten gelang es dem „Bauernjörg" im April/Mai 1525, die Aufständischen aufzureiben. Über 100 000 Menschen sollen bei den Kämpfen hingemetzelt worden sein, Führer wie Jäcklein Rohrbach wurden gefoltert und verbrannt. Die Geschlagenen sangen: „Die Enkel fechten's besser aus." Und folgenlos war ihr Aufstand tatsächlich nicht, auch wenn er zunächst die Territorialherrschaft stärkte. In der Ortenau und in Oberschwaben beispielsweise erreichten die Bauern weniger Abgaben, mehr Rechte und allmähliche Bodenreformen.

Der Bauernkanzler Die Passion seiner Bilder durchlitt er auch selber im Leben: Jerg Ratgeb (um 1470 bis 1526) war als Maler ein Revolutionär und ein Weggenosse Dürers, Grünewalds und Riemenschneiders an der Wende vom Mittelalter zur Neuzeit. Seine Kunst war religiös motiviert und noch ins mittelalterliche Weltbild eingebettet, aber sie hatte bereits eine expressive, formsprengende Kraft: Seine Figuren tragen drastisch-realistische Alltagszüge und sind befreit vom überkommenen Stilkorsett. Die strahlenden Farben zeigen die Unruhe der Zeit und leuchten visionär in die Zukunft. Sein Hauptwerk, der „Herrenberger Altar“, macht im „Simultanstil“ (einer von Niederländern und Flamen übernommenen Methode szenischen Erzählens) die Unterdrückung neuer Gedanken und die Willkür der Herrschaft sichtbar. Die geschundenen Menschen sind Menschen zu Ratgebs Zeit, ihre Peiniger von dieser Welt. Das Leiden Jesu einst steht für das Leiden des Volkes jetzt. Christus ist im nebenstehenden Ausschnitt an eine Marmorsäule gekettet, fettwanstige Schergen peitschen ihn aus. Nachdem die Ketten gelöst sind, drückt man dem Gepeinigten die Dornenkrone ins Fleisch und verspottet ihn. Der Hintergrund zeigt den vorausgegangenen Leidensweg. Und so ist es kein Wunder, daß sich Ratgeb 1525 auf die Seite der Bauern stellte, für drei Wochen ihr „Kanzler“ wurde und ihre Sache vor dem Stuttgarter Magistrat vertrat. Nach der Niederschlagung des Aufstandes konnte er zunächst fliehen. Seiner Parteinahme für den geächteten Herzog Ulrich und die aufständischen Bauern wegen wurde ihm wie Riemenschneider der Prozeß gemacht. Riemenschneider zerschlug man die Hände, Ratgeb wurde 1526 in Pforzheim hingerichtet: Vier an seinen Gliedern festgebundene Rosse zerrissen seinen Leib – den Leib eines Märtyrers, dessen Kunst Sprengkraft besaß, dessen Engagement über den ästhetischen Rahmen hinausreichte. Den Altar verkauften die Herrenberger 1890 für 5 000 Mark an die Stuttgarter Staatssammlung. Sie ersetzten Ratgebs Bilder, weil diese „vielfach ans Profane grenzen und gegen christliche Pietät verstoßen“, durch kommodere Kunst.

Auf seinem 1518/19 entstandenen „Herrenberger Altar“ (heute in der Stuttgarter Staatsgalerie) zeigt Jerg Ratgeb die Leidensgeschichte Jesu mit Bezügen zum Leiden des Volkes in seiner eigenen Zeit, hier der Ausschnitt „Die Geißelung“.

Das Universalgenie Johannes Stöffler konstruierte die Renaissance-Uhr am Tübinger Rathaus.

„Man schätzt die Priesterschaft gering,
Als ob sie sei ein leichtes Ding.
Drum gibt es jetzt viel junge Pfaffen,
Die so viel können wie die Affen,
Und Seelsorg sieht man treiben die,
Denen man vertraute kaum ein Vieh;
Sie wissen so viel vom Kirchenregieren,
Als Müllers Esel kann quintieren.
Die Bischöfe sind schuld daran,
Die sollten nehmen zum Ordensmann
Oder für die Seelsorg auslesen
Nur einen Mann von tüchtgem Wesen,
Daß einer sei ein weiser Hirt,
Der seine Schafe nicht verführt."
(Sebastian Brant, „Das Narrenschiff" von 1494, über das „Geistlichwerden")

RENAISSANCE UND HUMANISMUS

Mensch und Maß In unruhigen Zeiten entstand eine neues Menschen- und Weltbild: Reformation und Bauernkrieg waren wenig günstig für die von Italien ausgehenden Strömungen der Renaissance und des Humanismus. Dennoch kam es zu einer geistigen Erneuerung, vor allem der oberrheinische Humanismus um Erasmus von Rotterdam (1466–1536) zerriß die Scheuklappen der Scholastik und öffnete den Blick für plausible Erfahrungen religiöser Wahrheit und Ethik. Johannes Reuchlin (1455–1522), in Baden wie Württemberg wirkend, kritisierte Frömmelei und Geldgeilheit der Kirche, sein Großneffe Philipp Melanchthon (1497–1560), ebenfalls in beiden Ländern lernend und lehrend, wurde in Wittenberg der Vertraute Luthers.

Der Buchdruck half, die neuen Gedanken zu verbreiten. Dichter wie Sebastian Brant („Das Narrenschiff") trieben geistreichen Spott mit kirchlichen und weltlichen Mißständen. Weltoffener wurde auch die Baukunst, die Kirche trat als Auftraggeberin zurück, die feudale Repräsentation bekam menschliches Maß und architektonische Ausgewogenheit. Baumeister wie Aberlin Tretsch, Georg Beer, Heinrich Schickhardt, Balthasar Wolf oder Wolf Beringer brachten mittelalterlich-deutsche Tradition und antikisch-italienische Vorbilder in Einklang, hielten Bauelemente wie abgesetzte Gesimse oder geschwungene Volutengiebel, Tonnengewölbe oder Rundbogen in der Balance.

Zu den schönsten Beispielen ihrer Kunst zählen das Alte Schloß und das Lusthaus in Stuttgart, die Festung Hohenasperg und die Stadtanlage Freudenstadt, die Schlösser Hellenstein und Neuenstein, die Residenz Wolfegg und das Rathaus Esslingen, Rittersäle wie in Weikersheim oder Türme wie der der Kilianskirche Heilbronn, das Collegium illustre und die Rathausuhr von Johannes Stöffler in Tübingen.

Stöffler, ein Universalgelehrter, der erst mit 55 Jahren Professor in Tübingen wurde, konstruierte auch den heute im Germanischen Nationalmuseum Nürnberg stehenden Himmelsglobus, reformierte Kalender und berechnete die Stellung von Mond und Sonne. 1507 besuchte sogar Kaiser Maximilian den auf der Alb lebenden Tüftler, der 1524 den Weltuntergang voraussagte. Dieser trat zwar nicht ein, aber der Bauernkrieg begann. Nach dem Mathematiker, Astronomen, Astrologen und Mechanikus wurde auch die Stöffler-Ebene auf der Südhalbkugel des Mondes benannt.

Der „Hortus Palatinus" (Pfalzgarten) des Heidelberger Schlosses war eine in Deutschland einmalige Anlage im Geiste der italienischen Spätrenaissance.

Ordnung und Harmonie Heidelberg war Mittelpunkt des Humanismus und Vorbild der Renaissance in Deutschland: Die erste, 1386 gegründete und von Melanchthon reformierte Universität Deutschlands, hatte einen glänzenden Ruf, am Hof des Kurfürsten Philipp wurde Reuchlin Prinzenerzieher und Leiter der berühmten, von Johann von Dahlberg begründeten „Bibliotheca Palatina". Das heute in der Universitätsbibliothek gehütete Prunkstück ist die rund 700 Jahre alte „Manessische Liederhandschrift". Auf 423 Pergamentblättern, geschmückt mit 137 Bildern, enthält sie Werke von 140 Dichtern. Der prunkliebende Kurfürst Ottheinrich, der 1556 über die Linie Pfalz-Neuenburg an die Macht kam und zum Luthertum übertrat, ließ das Heidelberger Schloß erweitern: Der unter Kaspar Fischer 1556–1559 errichtete Ottheinrichsbau, dessen manieristisches Figurenprogramm die Bildhauer Anthoni und Alexander Colin aus Mecheln schufen, trat nun neben den Ruprechtsbau, den „Dicken Turm" und den „Gläsernen Saalbau". Selbst an Überresten des in den Pfälzer Erbfolgekriegen zerstörten Baus ist heute noch die fulminante Verschmelzung des italienischen, niederländischen und deutschen Formentypus ersichtlich. Zu ihrer Zeit fast noch berühmter als das Schloß war die Gartenanlage des „Hortus Palatinus", die Salomon de Caus von 1613 an entworfen hatte, ein in Deutschland einzigartiger Park im Geiste der italienischen Spätrenaissance mit Terrassen und Grotten, Pavillons und Statuen, Wasserspielen und Wegen, Treppen und Gängen, gezirkelten Beeten und getrimmten Bäumen. Alles verkörpert Ordnung und Harmonie, eine vom Menschen geplante und beherrschte Natur. Die märchenhafte Anlage wurde um 1770 weitgehend zerstört, das Material für den Garten von Schwetzingen verwendet; nur die Elisabethenpforte am Eingang zum Stückgarten sowie Grotten in den Ost- und Südterrassen erinnern noch an die ursprüngliche Pracht.

„Aber schwer in das Tal hing die gigantische, / Schicksalskundige Burg nieder bis auf den Grund, / Von den Wettern zerrissen; / Doch die ewige Sonne goß / Ihr verjüngendes Licht über das alternde / Riesenbild, und umher grünte lebendiger / Efeu; freundliche Wälder / Rauschten über die Burg herab. / Sträuche blühten herab, bis wo im heitern Tal, / An den Hügel gelehnt, oder dem Ufer hold, / Deine fröhlichen Gassen / Unter duftenden Gärten ruhn."
(Friedrich Hölderlin, „Heidelberg")

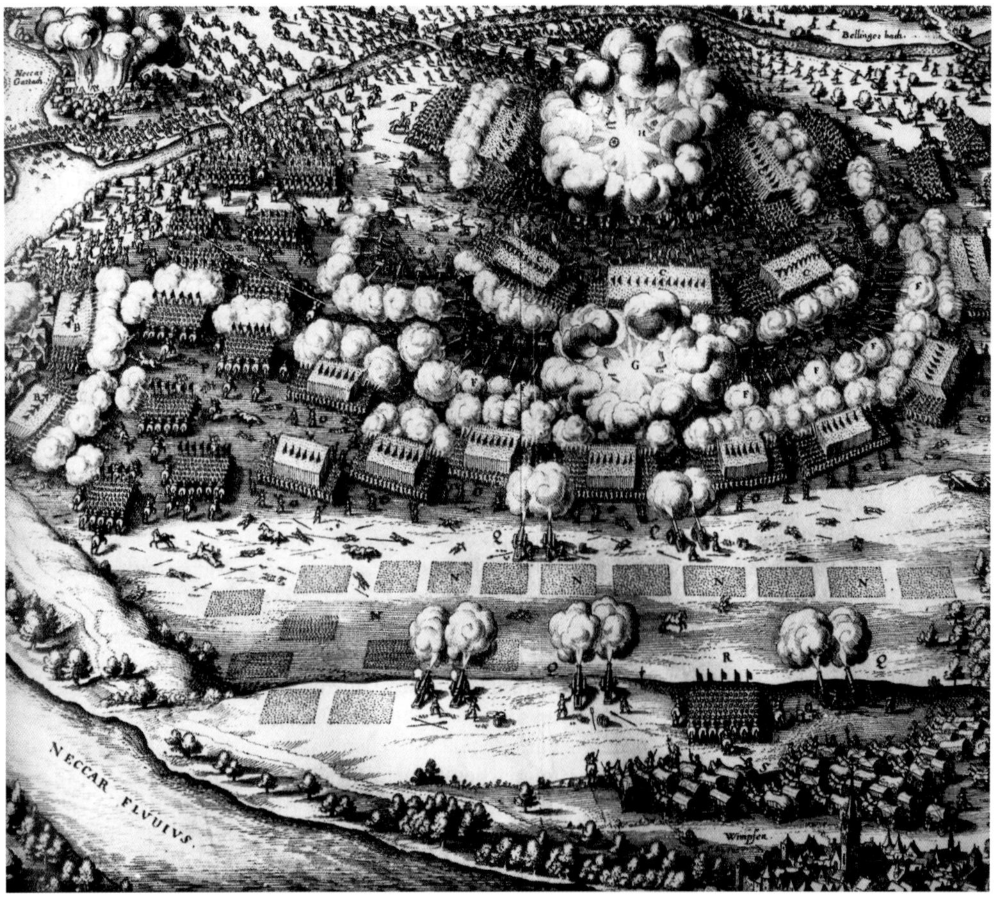

Ein explodierender Pulverwagen (Bildmitte) soll 1622 in der Schlacht bei Wimpfen zur Niederlage der Unionstruppen gegen die Heere der katholischen Liga beigetragen haben.

DER DREISSIGJÄHRIGE KRIEG

Der Winterkönig Es war ein politisch-religiöser Krieg, der auf dem Rücken der Bevölkerung ausgetragen wurde: Der Augsburger Religionsfriede 1555 konnte die Glaubensspaltung nicht überbrücken, mit der von den Habsburgern betriebenen Gegenreformation verschärften sich die Gegensätze. Zudem wollten Frankreich und Schweden zu Großmächten aufsteigen, und die Fürsten versuchten, die Stände auszuschalten und absolut zu regieren.

1608 schlossen sich die Protestanten unter dem jungen Kurfürsten Friedrich V. von der Pfalz (1610 bis 1623) zur Union zusammen, deren Kern aus den Fürstentümern Pfalz, Baden-Durlach und Württemberg bestand.

1609 verbündeten sich die Katholiken unter Herzog Maximilian von Bayern zur Liga, der unter anderem die Bistümer im Südwesten beitraten.

Der „Prager Fenstersturz" löste 1618 den Dreißigjährigen Krieg aus: Als der katholische Habsburgerkönig Ferdinand II. die verbriefte Glaubens- und Gewissensfreiheit aufzuheben suchte, wollten Vertreter der protestantischen Stände ein Protestschreiben auf der Prager Burg überreichen. Dabei eskalierte der Konflikt: Die Statthalter Martiniz und Slavata wurden in den Schloßgraben geworfen. Ein Chronist beschrieb den Fall so: „... stürzten ihn samt Rapier und Dolch mit dem Kopf voraus aus dem Fenster. (...) Aber er ist, nachdem er im Herabfliegen unaufhörlich den Namen ‚Jesus, Maria' gerufen, so leise auf die Erde gesunken, als wenn er sich setzen täte, so daß ihm durch die Fürbitte der Jungfrau Maria und den Schutz Gottes der schreckliche Fall an seiner Gesundheit trotz seines schweren Leibes nicht geschadet hat."

Nach diesem Eklat verschärften sich die Spannungen vollends, und mit der Wahl des „Winterkönigs", des pfälzischen Kurfürsten Friedrich V., zum Herrscher Böhmens hielt der Krieg jetzt auch Einzug im Südwesten.

Nach der Schlacht am Weißen Berg bei Prag 1620 mußte Friedrich fliehen, 1621 wurde die Reichsacht über ihn verhängt, er zog von Hof zu Hof und fand schließlich in England bei seinem Schwiegervater Jakob I. Zuflucht. Die Truppen der katholischen Liga unter Feldmarschall Tilly rückten in der Pfalz ein, spanische Einheiten stießen hinzu, Wallenstein bedrohte Württemberg.

Am 6. Mai 1622 wurden die Truppen des badischen Markgrafen Georg Friedrich und des Unionsheerführers Ernst von Mansfeld in der Schlacht bei Wimpfen von Tilly und Cordova besiegt. Bayerische Truppen besetzten Mannheim und Heidelberg, die berühmte Heidelberger „Bibliotheca Palatina" mit 3500 Handschriften wurde auf Mauleselfuhrwerken über die Alpen geschafft und dem Papst als Kriegsbeute vermacht. Erst 1816 kehrten Teile, darunter die Manesse-Handschrift, wieder zurück.

Der wechselvolle Kriegsverlauf mit dem Restitutionsedikt von 1629, dem Kriegseintritt König Gustav Adolfs von Schweden 1630, der Schlacht bei Nördlingen 1634 und dem Westfälischen Frieden von 1648 brachte den Südwesten an den Rand des Abgrunds: In Württemberg hatten von 350000 Einwohnern nur 120000 überlebt, 60 Prozent der Häuser waren zerstört, Rebflächen und Ackerland gerade noch zur Hälfte nutzbar. Auch am Oberrhein und in der Pfalz war die Bevölkerung teilweise auf unter ein Drittel des Vorkriegsstandes dezimiert worden.

Der Krieg und seine Opfer Der Krieg wurde auf dem Rücken der Bevölkerung ausgetragen: Söldner aus aller Herren Länder fielen im Südwesten ein. Der Spruch auf einer württembergischen Ofenwandplatte gibt ihre Einstellung wieder: „Ich bin ein vogel aller ding / daß brod ich iß / daß Lied ich sing." Die marodierende und mordende Soldateska kannte bald weder Freund noch Feind. Sie holte das Vieh aus dem Stall, brannte Dörfer und Städte nieder, erhob Kriegssteuern und erzwang Einquartierungen, vergewaltigte Frauen und preßte Männer zum Kriegsdienst. Der Hunger trieb die Menschen dazu, Ratten und Mäuse, Hunde und Katzen zu essen, sogar Fälle von Kannibalismus sind überliefert. Christoph von Grimmelshausen, Schultheiß im badischen Renchen, berichtet in seinem autobiographisch gefärbten Buch „Der Abenteuerliche Simplicissimus" von 1669 plastisch von der Not, derzufolge „zwischen Elz und Kinzig keine Katze mehr übrig war". Seuchen taten ein übriges: Allein in Württemberg gab es 1626 an die 26 000 Pesttote.

Schon im 15. und 16. Jahrhundert begannen die Hexenverfolgungen wie hier in Schiltach bei Rottweil 1533. Im 17. Jahrhundert erreichten sie ihren Höhepunkt.

Johann Valentin Andreä, damals protestantischer Seelsorger in Calw, schrieb in seinem Buch „Ein schwäbischer Pfarrer im Dreißigjährigen Krieg": „So sah man die Leute wegsterben wie Mücken, und täglich wurden sechs, sieben und mehr Personen zur Grabe getragen. (...) Es waren unserer 3832, und jetzt sind wir noch 1528." Die gemeinen Soldaten litten oft nicht weniger. Wer nicht in der Schlacht niedergemetzelt wurde oder an einer Seuche starb, der endete elend als Landstreicher, Bettler oder Krüppel.

Die Folter blieb bis ins 18. Jahrhundert hinein das gängige Mittel, um Geständnisse zu erpressen, und der Hexenwahn bekam in dieser Zeit des Schreckens und der Verrohung, der Seuchen und Mißernten neue Nahrung. Vor allem unschuldige Frauen wurden ermordet, religiöser Fanatismus und fatalistischer Aberglaube führten zu neuen Pogromen: Der Astronom Johannes Kepler mußte um das Leben seiner betagten Mutter kämpfen, 1629 wurden allein in Neresheim 24 Menschen als Hexen auf dem Scheiterhaufen verbrannt, zwischen 1628 und 1631 vollzog man in Mergentheim 122 Hinrichtungen, und die Tübinger Juristenfakultät segnete die Folter bei Hexenprozessen mit positiven Gutachten ab. Auch nach Kriegsende hatte die Verfolgung noch kein Ende: Im Herzogtum Württemberg wurden im 17. Jahrhundert bei 600 Hexenprozessen schätzungsweise 4 500 Menschen zum Tode verurteilt.

„Den Knecht legten sie gebunden auf die Erde, steckten ihm ein Sperrholz in den Mund und schütteten ihm einen Kübel voll garstigen Mistlachenwasser in den Leib. Das nannten sie einen schwedischen Trunk, durch den sie ihn zwangen, einen Teil der Soldaten an einen anderen Ort zu führen, wo sie Menschen und Vieh hinwegnahmen ..."
(Hans Jacob Christoffel von Grimmelshausen in seinem Buch „Der Abenteuerliche Simplicissimus" über damals gängige Foltermethoden)

Kriegsinvaliden wie dieser „Stelzfuß" zogen nach Kriegsende als Bettler durchs Land.

General Mélac schaut auf die verwüstete, brennende Stadt Heidelberg.

DIE ERBFOLGEKRIEGE

Pfälzischer Erbfolgekrieg Bald nach dem Westfälischen Frieden wurde Südwestdeutschland erneut zum Kriegsschauplatz: Die gegen Habsburg gerichtete Expansionspolitik führte zu mehreren Kriegen, so auch zum Pfälzischen Erbfolgekrieg 1688–1697. Der „Sonnenkönig" Ludwig XIV. betrieb die Wiedervereinigung des Elsaß mit Frankreich, 1677 besetzte er Freiburg, 1681 annektierte er Straßburg. Seine Schwägerin Elisabeth Charlotte, genannt „Liselotte" von der Pfalz (1652–1722), bot ihm den Vorwand, nach dem Aussterben der Rheinpfälzer Kurfürsten Erbansprüche in der Pfalz mit Gewalt einzuklagen – in Wirklichkeit wollte Frankreich seine Hegemonialansprüche durchsetzen und die Rheinlinie stabilisieren. Ohne Kriegserklärung drangen Truppen unter General Ezéchiel de Mélac in die Kurpfalz, nach Baden und Württemberg ein, zerstörten systematisch Dörfer, brannten Mannheim und Rastatt, Calw und Marbach, das Kloster Hirsau und den Speyerer Dom nieder – „daß kein Stein auf dem andern bleibt", hatte Kriegsminister Luvois gefordert. Vor allem aber legten sie 1689 Lunte an Heidelberg und sein Schloß, 1693 machten sie die Stadt vollends dem Erdboden gleich und sprengten die Residenz; in Württemberg nahmen sie den Administrator Herzog Friedrich Karl gefangen. In Tübingen schaffte es der Professor Johannes Osiander nur mit großem Verhandlungsgeschick, daß das Schloß nicht ebenfalls in die Luft gejagt wurde, die legendären „Weiber von Schorndorf" verhinderten mutig die Übergabe ihrer Stadt an die Franzosen. Es war der berühmte „Türkenlouis" Markgraf Ludwig Wilhelm von Baden-Baden (1677–1707), der von Kaiser Leopold an die Spitze des Reichsheeres berufen wurde und die Gegenwehr organisierte. Er baute am Oberrhein Festungsanlagen aus, und mit der französischen Taktik der verbrannten Erde wuchs der Widerstand. 1697 mußte Frankreich mit dem Frieden von Ryswijk dann die rechtsrheinischen Eroberungen wieder zurückgeben.

Auch diese 1689 geprägte Münze erinnert an die „Mordbrennerei Mélacs in Baden", das Schimpfwort „Lackl" wurde später als Verballhornung seines Namens populär.

Liselotte von der Pfalz Sie wurde unschuldig zur Schuldigen an der Zerstörung ihrer Heimat: Liselotte von der Pfalz, 1671 als 19jährige mit dem 12 Jahre älteren Herzog Philipp I. von Orléans verheiratet, hatte auf ihre Erbansprüche verzichtet. Ihr Schwager Ludwig XIV. aber pochte darauf mit militärischer Gewalt und schlug Liselotte seelische Wunden, die nie mehr vernarbten: „Ich kann mich noch nicht getrösten über was in der armen Pfalz vorgegangen; darf nicht dran denken, sonsten bin ich den ganzen tag traurig", schrieb sie 1695 in einem Brief. Briefe boten ihr die Möglichkeit, am Hof des Sonnenkönigs die Verbindung zu Deutschland zu bewahren. Der Herausgeber der deutschen Briefausgabe, Helmuth Kiesel, bemerkt dazu: „Das am Hof vielbespöttelte und für eine Herzogin in der Tat ungewöhnliche tagtägliche und lebenslängliche Schreiben dieser ausführlichen Briefe war nämlich das wichtigste Mittel Elisabeth Charlottes, sich gegenüber dem Hof ihrer Identität zu versichern und ihrem Leben Sinn abzugewinnen." Rund 50000 Briefe soll sie geschrieben haben, gerade mal ein Zehntel ist der Nachwelt erhalten. Teils französisch, aber überwiegend auf deutsch korrespondierte sie mit ihrer Tante Herzogin Sophie oder der befreundeten Gräfin Louise. Ihre Sprache war deftig und mitfühlend zugleich: „Ich schreibe, wie ich rede; den ich bin zu naturlich, umb anderst zu schreiben, als ich gedencke." So wurde sie zur Hofberichterstatterin von Versailles, sie schilderte maliziös bis melancholisch Liebe und Intrigen, Feste und Prunk, ihre Zurückweisung durch „Monsieur", den Gatten, dem sie drei Kinder geboren hatte, ihre Entfremdung zum König, der ihr zunächst gewogen war. In ihrer Wahrheitssuche machte sie auch nicht vor der eigenen Person halt: Frühe Bilder zeigen die Tochter des Kurfürsten Karl Ludwig von der Pfalz, die in ihrer Jugend unter der Trennung der Eltern litt und die aus Gründen der Staatsräson heiraten mußte, als hübsche resolute Prinzessin. Auf dem Porträt von Hyacinthe Rigaud sehen wir eine wohlbeleibte „Madame" mit Doppelkinn: „Mein Fett hat sich gar übel placirt", bekannte sie. Vom Schicksal gebeutelt, als ihr Mann und ein Sohn starben, blieb sie doch ungebrochen bis zu ihrem Tod am 8. Dezember 1722. Liselottes Briefe, die sie selbst als belanglose „bagatellen" bezeichnete, sind heute historische Quellen von hohem Rang.

Liselotte von der Pfalz (1652–1722) auf einem Porträt des französischen Hofmalers Hyacinthe Rigaud von 1713.

Österreichs Doppeladler, hier an der Rottenburger Zehntscheuer, versinnbildlicht den Einfluß Habsburgs im Südwesten.

VORDERÖSTERREICH

Habsburger Hausmacht Die Habsburger regierten scheinbar am langen Zügel, aber mit strategischer Weitsicht: Nach dem Untergang des Stauferreichs richtete Rudolf von Habsburg 1274 die oberschwäbische Landvogtei ein. Er wollte ein Bollwerk gegen Württemberg und eine Landbrücke zu den habsburgischen Besitzungen im Elsaß (Sundgau) und der Nordschweiz (Aargau) schaffen. Durch gezielte Politik, durch Kauf und Kampf, arrondierten die Habsburger ihren Einflußbereich: Sie erwarben unter anderem die „Donaustädte" Mengen, Munderkingen, Riedlingen, Saulgau, Waldsee, die Grafschaft Berg mit Ehingen und Schelklingen, die Grafschaft Hohenberg mit Rottenburg und Horb, den Breisgau mit Freiburg, die Landvogtei Ortenau und die Grafschaft Montfort mit Tettnang. Sie gaben den Städten Schutz und den Klöstern Schirm, richteten Ständevertretungen ein, in Augsburg erhielten sie Kredit von den Fuggern, in den Reichsstädten kauften sie moderne Rüstungsgüter. In den Vorlanden rekrutierten sie Führungspersonal für die Höfe in Wien und Innsbruck sowie Soldaten für ihre Heere. In Freiburg errichteten die Habsburger 1457 die Universität, und der spätere Kaiser Maximilian hegte als Landesherr am Oberrhein eine besondere Liebe zu Freiburg. Hier hatten sie zeitweilig auch ihre Regierung. Das Ziel, über Oberschwaben das alte Herzogtum Schwaben wiederherzustellen, erreichten die Habsburger trotz der vorübergehenden Regentschaft in Württemberg 1520–1534 nicht. Aber ihre fast 600jährige Herrschaft hat sich bis heute in Glauben und Lebensart niedergeschlagen. Noch immer ist der oberschwäbische Adel eher Wien als Stuttgart zugewandt. Und in der Fasnacht zeigen sich Glaubensgrenzen auch als Mentalitätsunterschiede: hier katholische Sinnlichkeit, dort pietistische Lustfeindlichkeit. Im großen Landeswappen von Baden-Württemberg erinnert der rot-weiß-rot geteilte Schild an Vorderösterreich, das 1805, nach Napoleons Sieg über Österreich, unter den Verbündeten Baden, Württemberg und Bayern aufgeteilt wurde.

Der spätere Kaiser Maximilian (1459–1519) besichtigte eine Edelsteinschleiferei in Freiburg und wäre fast zu Tode gekommen, als seine Schnabelschuhe vom Schleifrad erfaßt wurden (Maximilians „Teuerdank" von 1517).

Der Schwäbische Reichskreis, dem geistliche und weltliche Herren angehörten, bei einer Sitzung im Ulmer Ratssaal.

Territoriale Zersplitterung Die Landkarte des Südwestens glich nach dem Westfälischen Frieden einem Flickenteppich: Die Herrschaftsformen waren vielfältig, auch die Habsburger schufen mit ihrer Verwaltung kein in sich geschlossenes Territorium. Kaiser und König regierten unmittelbar in den vorderösterreichischen Landen, der Kurfürst von der Pfalz beherrschte den Rhein-Neckar-Raum, die Markgrafen von Baden Gebiete am Oberrhein, das Herzogtum Württemberg das schwäbische Kernland. Hinzu kamen Fürstentümer und Grafschaften wie Fürstenberg und Hohenzollern, geistliche Gebiete wie die Bistümer Speyer und Konstanz, Fürstpropsteien wie Ellwangen oder Reichsabteien wie Weingarten, dazu 25 Reichsstädte, zwei Ritterorden und unzählige kleine Ritterschaften. Habsburg versuchte, in seinem Bereich ein territoriales Bewußtsein zu schaffen: für Baden mit der Regierung im elsässischen Ensisheim, von 1650 an in Freiburg, für die Landesteile zwischen Schwarzwald und Lech mit dem Hof in Innsbruck. Vor Ort räumte es den „Landständen" gewisse Mitspracherechte ein: In Weingarten-Altdorf wurde eine Landvogtei, in Ehingen ein Ständehaus eingerichtet. Auch die sogenannten Reichskreise sind ein Versuch, die Schwäche der Reichsgewalt zu überwinden, die Vielfalt unter einen Verwaltungshut zu bekommen: Sie regelten Verkehrs- und Münzwesen, Steuern und Abgaben, innere Sicherheit und (wie in den Franzosenkriegen) Verteidigung nach außen. Der Schwäbische Kreis hatte 97 Mitglieder, geistliche und adlige Herren, Reichsstädte und Ritter, die 1370 Kleinstterritorien mit gerade mal 360 000 Untertanen repräsentierten. Erst mit der großen napoleonischen Flurbereinigung endete die territoriale Zersplitterung.

Das Ehinger Ständehaus wurde 1749 als Sitz des Landtags und des Direktoriums der schwäbisch-österreichischen Landstände erbaut.

ABSOLUTISMUS UND AUFKLÄRUNG

Barocke Lebenslust an den Fürstenhöfen, barocke Frömmigkeit bei den Untertanen der katholischen Gebiete: Die atemberaubende Prachtentfaltung in Schlössern und Kirchen, die noch heute von großer gestalterischer Kraft zeugt, ist nur eine Seite dieser Zeit, in der die Fürsten unendliche Machtfülle für sich beanspruchten. Die prächtigen Schlösser nach französischem Vorbild in Rastatt, Mannheim, Ludwigsburg, Karlsruhe, Bruchsal oder Schwetzingen – um die zum Teil neue Städte gebaut wurden – kosteten wie auch die verschwenderische Hofhaltung ihrer Bauherren viel Geld. Darunter hatten vor allem die Untertanen zu leiden, für die absolutistische Herrscher-Willkür eine neue Erfahrung war.

In Württemberg standen dem absolutistischen Anspruch des Herrschers aber die seit dem 16. Jahrhundert verankerten Mitspracherechte der Landstände, in denen die bürgerliche Oberschicht der Ehrbarkeit dominierte, entgegen. Schon Herzog Eberhard Ludwig (1693–1733) strebte wie seine Nachfolger immer wieder danach, diese Schicht zu entmachten. Das nach seiner verschwenderischen Regierung völlig verschuldete Württemberg stand seit 1733 unter der Herrschaft des katholischen Herzogs Karl Alexander (1733–1737) – zum Entsetzen der evangelischen Ehrbarkeit. Ihre Privilegien gerieten nicht nur durch landesfremde Beamte in Gefahr, die der Herzog rekrutiert hatte, sondern auch durch neue, indirekte Steuern, von denen die Oberschicht nicht ausgenommen wurde und auf deren Festsetzung die Landstände keinen Einfluß hatten.

So versuchten die Fürsten, mit neuen, aber nicht grundlegend revolutionären Methoden zu Geld zu kommen. Karl Alexander gelang dies vor allem durch eine Straffung und Rationalisierung der Finanzverwaltung, die nach wenigen Jahren rund 50 Prozent mehr Ertrag abwarf.

Die den Absolutismus später mildernde Aufklärung, diese Toleranz, Bildung und Reformen vertretende Geistesbewegung, war nach Baden und in die Pfalz früher gekommen als nach Württemberg. In Baden aber war der Markgraf auch nicht durch Mitsprache von Landständen in seiner Souveränität eingeschränkt. Deshalb dürfte es Markgraf Karl Friedrich (1728 bis 1811), seit 1771 Herrscher der wiedervereinigten badischen Länder, auch nicht allzu schwer gefallen sein, moderne Reformen in seinem Land umzusetzen, die ihn beim Volk beliebt machten. Folter und Leibeigen-

- 1715 – Karlsruhe wird gegründet
- 1733–1735 – Polnischer Erbfolgekrieg: Württemberg unterstützt Kaiser Karl VI.
- 1738–1811 – Regierungszeit Karl Friedrichs von Baden
- 1768 – Einrichtung des Lehrerseminars Karlsruhe
- 1770–1794 – Hohe Karlsschule in Stuttgart
- 1771 – Baden-Durlach und Baden-Baden werden unter der Regierung Markgraf Karl Friedrichs wiedervereint
- 1777 – Die Kurpfalz wird mit Bayern vereint

schaft wurden abgeschafft, Verbesserungen und neue Verfahren in der Landwirtschaft gefördert und nicht zuletzt eine funktionierende Bürokratie im positiven Sinne aufgebaut. Karl Friedrich sah sich als Diener seines Staates, der aber keineswegs von der Dynastie des Hauses Baden losgelöst war. Mit seiner elanvollen Reformpolitik schuf er auch im Bildungsbereich mit Winterschulen und dem Karlsruher Lehrerseminar eine Basis für die Zukunft.

In diese Zeit des geistigen Aufbruchs hinein brach 1789 die französische Revolution, mit der man gerade in Südwestdeutschland die unterschiedlichsten Hoffnungen – auch republikanische – verknüpfte. Vom Elsaß aus griff der Aufruhr in die vorderösterreichische Ortenau und in den Breisgau über, blieb jedoch ohne große Wirkung. Aber durch das Vordringen der französischen Revolutionstruppen über den Rhein und durch die Schar der Emigranten aus Frankreich, die sich vor allem in der Pfalz, in Baden und Vorderösterreich aufhielten, war der Südwesten unmittelbar von den Auswirkungen des großen Umsturzes betroffen. 1796 gelang es den Österreichern nochmals, die Rheingrenze gegen die Franzosen zu sichern, bevor ein Mann die historische Bühne betrat, der das Gesicht Südwestdeutschlands entscheidend verändern sollte, indem er der in Jahrhunderten gewachsenen „Kleinstaaterei" ein Ende machte: Napoleon Bonaparte.

Rund 300 eigenständige Territorien gab es Ende des 18. Jahrhunderts im Südwesten. Fürstentümer, Reichsstädte, Reichsritter, Klostergebiete und andere geistliche Herrschaften sorgten für eine rechtliche und religiöse Zersplitterung, bei der Baden, die Pfalz, Vorderösterreich und Württemberg nur die größten und bedeutendsten unter vielen waren. Nach den militärischen Niederlagen der antifranzösischen Koalitionen, denen sich auch Baden unter Markgraf Karl Friedrich und Württemberg unter Herzog Friedrich angeschlossen hatten, legte der Friede von Lunéville 1801 den Rhein endgültig als deutsche Grenze fest. Als Entschädigung für ihre linksrheinischen Besitzungen erhielten die süddeutschen Fürsten 1803 die Besitzungen der Bistümer, Klöster und Reichsstädte. Gleichzeitig wurden Baden und Württemberg zu Kurfürstentümern erhoben.

Damit aber nicht genug: Napoleon stützte sein außenpolitisches Konzept auf mittelgroße Staaten, die er erst schaffen mußte. 1806 bekamen Baden und Württemberg mit der Großherzogs- und Königswürde auch einen weiteren, enormen Gebietszuwachs. Nach Städten und geistlichen Territorien wurden den beiden größten Ländern nun auch ritterschaftliche und andere adlige Besitzungen, Fürstenberg, Teile der Kurpfalz und Vorderösterreich einverleibt. Nur die hohenzollerischen Fürstentümer Hechingen und Sigmaringen überlebten als kleinere Staaten diese umwälzende Reform, die zugleich das Ende des Heiligen Römischen Reiches Deutscher Nation bedeutete (vgl. Karten S. 87).

1782/83 – Aufhebung der Leibeigenschaft in Baden und Vorderösterreich

1789 – Die Französische Revolution beginnt

1796 – Französische Revolutionstruppen überschreiten den Rhein; Baden schließt einen Sonderfrieden mit Frankreich

1801 – Friede von Lunéville: Die siegreichen Franzosen unter Napoleon annektieren das linke Rheinufer

1803 – Reichsdeputationshauptschluß: Baden und Württemberg werden Kurfürstentümer und bekommen als Ausgleich für rechtsrheinische Gebiete geistliche Territorien und Reichsstädte

1806 – Württemberg wird Königreich, Baden wird Großherzogtum; bis auf Hohenzollern werden fast alle weltlichen Herrschaften den beiden Ländern einverleibt. Das Deutsche Reich existiert nicht mehr

Die „Schmelzofenvorstadt" in Heidenheim mit dem Gebäude der „Leinwandhandlungskompagnie" ist ein Beispiel für frühe Manufaktur-Produktion.

Ein typisches Erzeugnis aus der 1758 durch Herzog Karl Eugen gegründeten „Porcelaine-Fabrique" Ludwigsburg: eine zierlich-zylindrische Tasse mit stilisiertem Vogelhenkel, drei Löwenfüßen und dem Bildnis König Friedrichs I.

WIRTSCHAFTLICHE UND SOZIALE SITUATION IM 18. JAHRHUNDERT

Wirtschaftlicher Wandel Mit dem Absolutismus kam der Aufschwung: Die Landwirtschaft war zwar weiter von Mißernten und Teuerungen bedroht und das Handwerk blieb in den Fesseln des Zunftwesens gefangen, aber nach den großen Kriegen begann eine maßvolle Modernisierung. Gebiete mit Anerbenrecht im Schwarzwald oder in Oberschwaben hatten dabei günstigere Bedingungen als die durch Realteilung zerstückelten Lagen am Oberrhein oder in Alt-Württemberg. Mit dem Anbau von Klee stieg der Viehbestand, die Kartoffel wurde zum neuen Grundnahrungsmittel, die Dreifelderwirtschaft allmählich aufgegeben; Obst- und Weinbau sowie Schafzucht nahmen zu. Der Silberbergbau in Christophstal, die Salzgewinnung in Rippoldsau oder die Eisenerzverhüttung in Wasseralfingen wurden forciert. Daneben vollzog sich ein Prozeß der „Protoindustrialisierung" mit ersten Manufakturen und Fabriken. Der „Kameralismus" wurde zur wirtschaftstheoretischen Lehre des Absolutismus. Das größte Unternehmen Württembergs, die 1650 gegründete Calwer Zeughandelskompagnie, beschäftigte 1783 tausend Weber und viertausend Spinner und Kämmer. Daneben gab es kleine Betriebe, die Uhren wie in Pforzheim oder Schmuck wie in Schwäbisch Gmünd herstellten. Landesherrliche Prestigeobjekte waren die Seidenspinnerei in Stuttgart oder die Porzellanmanufakturen in Frankenthal und Ludwigsburg. Die Feinmechanik wurde durch Tüftler wie Philipp Matthäus Hahn (1739–1790) angekurbelt, der Handel bekam mit dem Ausbau des Straßennetzes (1787 verfügte Württemberg über 286 Kilometer befestigte Chausseen) und der Wasserwege (etwa des Neckars oberhalb von Heilbronn) bessere Bedingungen. Aber die Wirtschaft hatte auch mit Ein- und Ausfuhrbeschränkungen zu kämpfen und war nicht frei von merkantilistischen Eingriffen der Obrigkeit: Diese waren zum Teil produktiv, wie der von Markgraf Karl Friedrich veranlaßte Tabakanbau in der Rheinebene oder die Verbesserung des Viehbestands durch Herzog Karl Eugen von Württemberg, der von seinen Reisen Zuchttiere mitbrachte. Daneben aber gab es unsinnige Anpflanzungen wie die von Maulbeerbäumen in Baden oder eigennützige Methoden der Geldvermehrung wie die von Karl Eugen eingeführte Lotterie.

Das 1714 von Markgraf Karl Wilhelm gegründete Pforzheimer „Waisen-, Toll-, Zucht- und Arbeitshaus" diente der Resozialisierung von Gestrauchelten und der Ausbildung von Arbeitskräften (Abbildung von 1767).

Soziale Lage Wohlstand für alle hatte der Ständestaat nicht parat: Soziale Unterschiede und Abhängigkeiten blieben trotz einiger Neuerungen bestehen, der Adel, wiewohl er nur zwei Prozent der Bevölkerung ausmachte, spielte weiter die beherrschende Rolle. In der zweiten Hälfte des 18. Jahrhunderts stieg die Bevölkerung in Baden und Württemberg um rund 40 Prozent an, Glaubensflüchtlinge wie französische Hugenotten, italienische Waldenser oder Schweizer Calvinisten sorgten für ökonomische Innovation und soziale Dynamik. Die Ernährungslage hatte sich zwar stabilisiert, aber die Kindersterblichkeit blieb vor allem nach Mißernten hoch. Auch Fron und Leibeigenschaft sowie Formen der sozialen Kontrolle (wie die zur Denunziation „unordentlicher" Nachbarn verleitende „Übelhauser"-Verordnung Karl Eugens) waren noch nicht verschwunden. Im Südschwarzwald führten unter anderem hohe Abgaben zwischen 1728 und 1755 zu den Aufständen der „Salpeterer".
Zugleich kam es zu ersten Auswanderungen, bedingt durch wirtschaftliche Not und religiöse Unterdrükkung. Schätzungsweise eine Million Menschen verließen im 18. Jahrhundert ihre Heimat: Die Hälfte davon ging nach Osteuropa, etwa mit den drei großen „Schwabenzügen" zwischen 1716 und 1788. Bereits um 1709 setzte die große Auswanderungswelle in die USA ein: So machten sich allein aus der Pfalz 100 000 Menschen in die Neuengland-Staaten auf. Es gab aber auch Bestrebungen, soziale Mißstände, Arbeitslosigkeit, Armut und Krankheit zu bekämpfen. Es wurden „Waisen-, Toll-, Kranken-, Zucht- und Arbeitshäuser" geschaffen (1710 in Stuttgart und 1714 in Pforzheim) und Grundlagen für einen Armenfonds und das Gesundheitswesen gelegt. Vom Fürsorgegedanken zeugen schließlich die württembergische „Feuer-Cassa" von 1754 und die badische Gebäudebrandversicherung von 1758.

Die Strohflechterei war neben der Textilherstellung und dem Uhrmacherhandwerk das wichtigste Heimgewerbe im Schwarzwald.

Die Konzeption zur Gründung der Residenz und Stadt Karlsruhe im Jahr 1715 wurde vom Markgrafen Karl Wilhelm von Baden-Durlach (1709–1738) höchstselbst entworfen.

ADEL UND ABSOLUTISMUS

Residenzen vom Reißbrett Sie waren architektonisches Abbild des absolutistischen Staates. Der Dreißigjährige Krieg hatte Städte, Dörfer und Schlösser zerstört, aber die Herrschaft der Fürsten nicht geschwächt. Für sie war der „Sonnenkönig" Ludwig XIV. mit seiner absolutistischen Politik und höfischen Selbstbespiegelung der große Maßstab. Noch jeder deutsche Duodezfürst wie der „Malefizschenk" Graf Franz Ludwig Schenk von Castell in Oberdischingen wollte sein Klein-Versailles, um seinen Untertanen mit der Pracht die Macht zu demonstrieren.

Im barocken Stil der Zeit wurden neue Schlösser mit weitläufigen Parks und um sie herum Städte entworfen. In Baden gab der „Türkenlouis" Markgraf Ludwig Wilhelm seinen Sitz in Baden-Baden auf und begann um 1698 mit der Planung des monumentalen Schlosses im kleinen Marktflecken Rastatt. Seinen Vetter Markgraf Karl Wilhelm (1709–1738) zog es von Durlach ebenfalls in die Rheinebene, 1715 legte er im Hardtwald den Grundstein für „Carols-Ruhe", das heutige Karlsruhe. Nach der Überlieferung soll Karl Wilhelm der Enge seiner zerstörten Altresidenz und der Strenge seiner Gemahlin entflohen sein. Seiner fürstlichen Laune und Phantasie entsprang dann die Reißbrettschöpfung eines tortenähnlichen Gebildes. Mit einem „Gnadenbrief" lockte er Siedler aller Glaubensbekenntnisse aus Deutschland, Holland, Frankreich und Österreich in die Stadt, die zwar zunächst einheitlich gestaltet war, aber zugleich international-buntes Flair ausstrahlte. Kurfürst Karl III. Philipp von der Pfalz (1716–1742) verlegte 1720 seinen Sitz von Heidelberg nach Mannheim. Und der Fürstbischof von Speyer, Damian Hugo von Schönborn (1719–1743), errichtete in Bruchsal eine riesige Residenz. In Württemberg verließ Herzog Eberhard Ludwig (1677 bis 1733) Stuttgart und ließ in Ludwigsburg eine mehrachsige Anlage samt Lustschloß „Favorite" bauen. Es waren deutsche, französische und italienische Architekten wie Ignaz Krohmer, Johann Georg Seitz, Johann Friedrich Nette, Nikolaus Friedrich Thouret, Louis Remy de la Fosse, Philippe de la Guêpière, Nicolaus Paolo Retti oder Donato Guiseppe Frisoni, welche die Pläne nach symmetrischen Ordnungssystemen verwirklichten: Gitterstrukturen in Rastatt und Mannheim, Radialform in Karlsruhe. Und wie in Karlsruhe stand das Schloß mit seinem Turm, steht der alles überragende Fürst im Zentrum.

Die herrschaftliche Jagd, hier das Dianenfest bei Bebenhausen (bei dem 850 Stück Wildbret durch 350 Rüden gehetzt und zu den Klängen einer Militärkapelle niedergestreckt wurden), war der Hofgesellschaft ein blutiges Vergnügen; die Untertanen klagten über verwüstete Felder, entleerte Wälder und die Fron der Treibjagd (Bild von Johann Baptist Seele, 1813/14).

Höfischer Prunk Zum barocken Gesamtkunstwerk gehörte die Repräsentationssucht nach französischem Vorbild: An den südwestdeutschen Residenzen wurde französisch gesprochen (davon zeugen noch Lehnwörter wie Maniküre und Medaille, Parfüm und Praline), die französische Kleiderordnung mit Allongeperücke und Reifrock, geschnürtem Körper und prächtigem Haaraufbau wurde streng nach Rangklassen gehandhabt. Es gab rauschende Maskenfeste und wilde Jagden, aufwendige Opernaufführungen und gleißende Feuerwerke. In Karlsruhe hielt sich Karl Wilhelm zahlreiche „Tulpenmädchen", Gärtnerinnen aus Holland. In Ludwigsburg waren 452 Räume und Säle zu unterhalten, mußten Tausende von Günstlingen und Lakaien bezahlt werden: 1726 gab die Hofkasse allein 10000 Gulden für Kerzen aus, sieben Prozent des fürstlichen Budgets. Herzog Karl Eugen (1737–1793) verteilte bei einem Fest an die Damen Preziosen im Wert von 75000 Gulden. Bei Tisch wurden die Speisen auf „vergoldetem service zusammen mit den porzellanern" aus der fürstlichen „Fayancerie" gereicht. Austern und Artischocken, Fische und Krebse, Wildbret und Geflügel, Konfiserie und Marzipan gehörten zu den mehrgängigen und mehrstündigen Essen. Der jährliche Pro-Kopf-Verbrauch am Hof des Kurfürsten Karl Ludwig von der Pfalz (1649 bis 1680) betrug durchschnittlich 885 Pfund Fleisch, 102 Pfund Fisch, 132 Stück Geflügel, 255 Eier, 125 Pfund Schmalz und Butter, zwei Hasen, ein halbes Reh. Für Nachschub sorgten Treibjagden, die oft 14 Tage dauerten, bei denen Hunderte von Jagdhunden Hatz machten und bis zu 5000 Stück Wild erlegt wurden. Die Kehrseite der verschwenderischen Hofhaltung waren gewaltige Schulden und wachsende Steuerlasten.

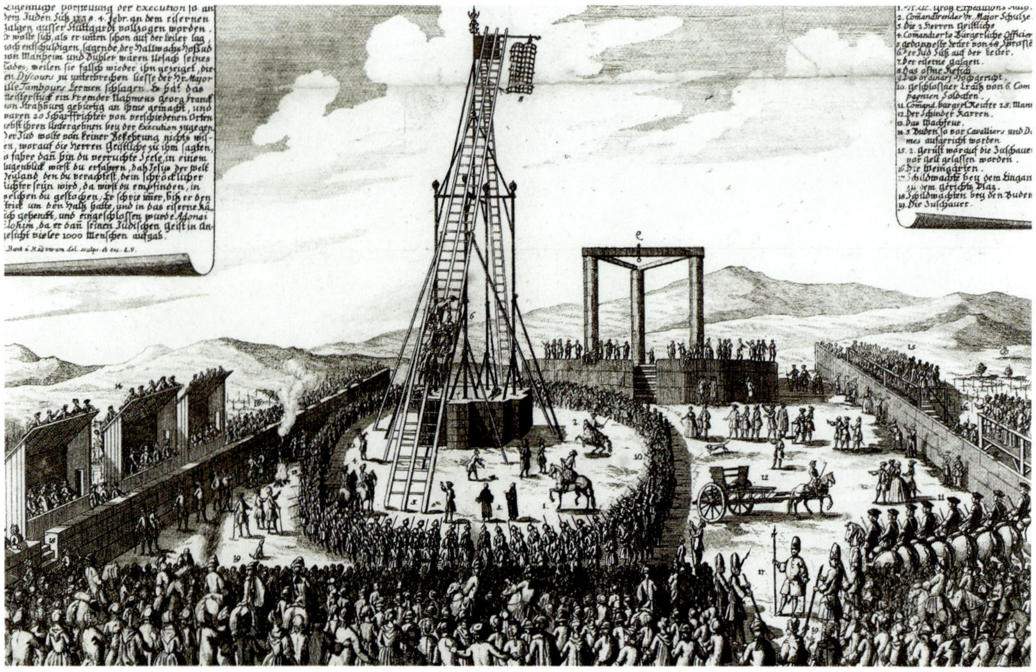

1738 wurde Joseph Süß Oppenheimer in Stuttgart der Prozeß gemacht. Der Justizmord wurde vollstreckt, indem man ihn in einen Eisenkäfig fesselte und an die Spitze des Galgens zog.

„Das Barett des Juden fiel auf die nasse Erde, wurde in Kot gestampft. Die Henker packten ihn hart an, rissen den Rock auf, sperrten ihn in den Käfig, legten ihm die Schlinge um den Hals. Da stand er. Hörte leisen Wind, den Atem der Menge, die scharrenden Hufe der Pferde, das Keifen des Geistlichen. War dies das Letzte, was er auf Erden hören wird? Er dürstete nach anderem, er tat Herz und Ohr weit auf, er wollte anderes hören. Doch er hörte nur dies, dazu den eigenen Atem und das Surren des eigenen Blutes. Schon schwankte der Käfig, hob sich. Da, durch die leeren, grausamen Geräusche ein anderer Ton, gellende gurgelnde Stimmen, schreiende: „Eins und ewig ist das Seiende, das Überwirkliche, der Gott Israels, Jahve, Adonai." (Lion Feuchtwanger, „Jud Süß")

Geben Sie Gedankenfreiheit! Höfisches Luderleben und politische Pression gingen Hand in Hand: Um seine Schulden zu bezahlen, verkaufte Herzog Eberhard Ludwig zum Beispiel 4000 Landeskinder als Soldaten nach Holland und strich dafür 375 000 Gulden ein. Das Volk sprach vom Schloß als einer „Lumpenburg", Eberhard Ludwigs Mätresse Wilhelmine von Grävenitz (1686–1744) wurde als „Landverderberin" geschmäht, weil sie bei Staatsgeschäften mitmischte und am Ämterhandel verdiente. Herzog Karl Alexander (1733–1737) leistete sich ein stehendes Heer von 12 000 Mann und baute die Landesfestungen aus. Die dafür nötigen Gelder sollte ihm der jüdische Finanzmann und „Hoffaktor" Joseph Süß Oppenheimer (um 1698–1738) beschaffen. Das agrarisch geprägte Land war heruntergekommen, die evangelischen Patrizier zeigten sich gegenüber dem katholischen Herzog zahlungsunwillig. Der monetarisch denkende Süß baute ein modernes Finanzwesen auf, dazu gehörten auch der Handel mit Gratialerweisen und Monopolrechten sowie die inflationäre Prägung von Münzen. Dies war eine damals gängige Praxis, aber nach dem Tode Karl Alexanders mußte Süß Oppenheimer als Sündenbock herhalten. 1738 ließen ihm die Landstände einen antijüdisch geprägten Prozeß in Stuttgart machen. Wegen „sittlicher Verdorbenheit" und Verstoßes gegen Landesgesetze wurde er zum Tod verurteilt und öffentlich hingerichtet – ein Justizmord. Der Staatsrechtler und Konsulent der Landstände, Johann Jakob Moser (1701–1785), kommentierte: „Nur den Süßen ließ man's büßen." Moser wurde von Karl Eugen wegen seiner Kritik an „Wollust, Pracht

Friedrich Schiller deklamiert im Stuttgarter Bopserwald die „Räuber" (Aquarell von Karl von Heideloff nach einer Zeichnung seines Vaters Victor Heideloff).

und Vanitäten" eingekerkert. Den Nazis diente „Jud Süß" als antijudaistisches Zerrbild in Veit Harlans Film, auch Lion Feuchtwanger ließ ihm 1925 in seinem gleichnamigen Roman wenig historische Gerechtigkeit widerfahren. Für Karl Eugen waren Untertanen reine Verfügungsmasse, der absolutistische Kraftprotz beutete Frauen sexuell durch das „ius primae noctis" aus, das Leben von 6000 Männern verpfändete er für den Kriegsfall an Frankreich. Den unbotmäßigen Dichter Christian Friedrich Daniel Schubart (1739–1791), Herausgeber der „Deutschen Chronik", ließ er zehn Jahre lang auf dem „Demokratenbuckel", dem Hohenasperg, einkerkern, Friedrich Schiller (1759–1805), vom Herzog in der Hohen Karlsschule kaserniert, mußte seine rebellischen „Räuber" heimlich im Wald deklamieren, später floh er ins liberalere Mannheim. Was der Dichter seinen Marquis Posa im „Don Carlos" fordern läßt: „Geben Sie Gedankenfreiheit, Sire!", erfüllte sich erst allmählich in Karl Eugens milder Spätzeit unter dem mäßigenden Einfluß seiner Geliebten Franziska von Hohenheim (1748–1811).

Aufklärung von oben Wie Württemberg war auch Baden absolutistisch, aber in vielem aufgeklärter: Markgraf Karl Friedrich von Baden-Durlach (1728 bis 1811) verstand sich bereits als „Diener des Staates", und im Unterschied zu Frankreich, wo philosophische Ideen und politischer Druck zur Aufklärung führten, war er selber der Aufklärer, der mit seinem „Reformabsolutismus" manchen Zopf abschnitt. Karl August von Hardenberg schrieb über ihn 1772: „Der Markgraf ist ganz ungemein beliebt in seinem Lande und ein rechter Vater seiner Untertanen." Herder bekannte, daß er ihn, „unter allem, was ich als Fürst gekannt, am höchsten schätze". 1767 ließ Karl Friedrich die Folter verbieten, 1783 hob er die Leibeigenschaft auf – Württemberg folgte erst 1817. De facto wurde diese Untertänigkeit zwar seit längerem nicht mehr eingeklagt und war nur noch eine besondere Form der Besteuerung, aber symbolisch bedeutete ihre Abschaffung die Wiederherstellung der „Rechte der Menschheit" – so steht es auf einem zur Erinnerung an den Erlaß errichteten Obelisken. Karl Friedrich schrieb seinen Landsleuten: „Will jemand Freiheit haben, so muß er jedem andern den Genuß der Freiheit lassen." Ohne Standesunterschied sollten die Kräfte zum Allgemeinwohl vereint werden. Karl Friedrich war um religiöse Toleranz und und die Emanzipation der Juden, um liberale Rechtsprechung und Wiedereingliederung von Gestrauchelten bemüht, er schaffte unterirdische Verliese ab und schuf Grundlagen einer allgemeinen Volksbildung. Als Anhänger der Physiokraten widmete er sich auch dem Fortschritt in der Land- und Forstwirtschaft. Im Gegensatz zum Merkantilsmus sah diese nationalökonomische Theorie in wirtschaftlicher Freiheit, Verbesserung der Böden und damit Steigerung der landwirtschaftlichen Erträge die Quelle von Fortschritt und Reichtum. So soll der Markgraf mit Stulpenstiefeln durch die Sümpfe gestapft sein, um den Bauern die Entwässerung vorzuführen. Und um für die Seideproduktion zu werben, trug er selber seidene Strümpfe. Am Karlsruher Hof lebte er bescheiden, Goethe und Klopstock zählten zu seinen Gästen, mit Mirabeau unterhielt der spätere Großherzog einen Briefwechsel.

Karl Friedrich (1728–1811), Herrscher beider badischen Markgrafschaften und späterer Großherzog, regierte sein Land im Sinne des „Reformabsolutismus".

Aus einem kleinen Bauern- und Fischerdorf wurde eine Stadt: Mannheim im Planquadrat

„Türkenlouis" Markgraf Ludwig Wilhelm von Baden (1677–1707) begann als einer der ersten mit der Neuanlage einer Residenz und zog von Baden-Baden nach Rasttatt.

BAROCKES BAUEN

Stadt im Planquadrat Städte wie Mannheim sind Ausdruck von rationaler Planbarkeit und politischem Zentralismus: Der Staat war das Schachbrett, der Untertan die Figur, der Herrscher am Zug. Und während Heidelberg im romantischen Dornröschenschlaf versank, machte Karl III. Philipp von der Pfalz (1716–1742) aus dem Fischer- und Bauerndorf Mannheim eine moderne Metropole. Der Grundriß der Innenstadt ist in Karrees aufgeteilt, die rechtwinklig verlaufenden Straßen tragen keine Namen, sondern bis heute eine Kombination aus Buchstabe und Zahl. Das um 1720 erbaute Schloß ist mit seiner 600 Meter langen Stadtfront eines der größten in Europa. Der Fürst siedelte systematisch Handwerksbetriebe und Manufakturen zur Herstellung von Porzellan und Textilien an. Und während der autokratische Katholik zu Heidelberger Zeiten noch einen Religionsstreit angezettelt, den reformierten Katechismus verboten und Jesuiten als Berater geholt hatte, hieß er nun Siedlungswillige aus dem ganzen Land und Glaubensflüchtige aus dem Ausland willkommen, die Bevölkerung wuchs von 8600 Einwohnern im Jahr 1721 auf 24190 im Jahr 1766.

Und wie der markgräfliche Hof in Karlsruhe unter Karl Friedrich, erlebte Mannheim dann unter Kurfürst Karl Theodor (1742–1799) eine kulturelle Blüte. Das „pfälzische Florenz" zog Wissenschaftler und Künstler an, hier gab es für beide Zweige Akademien, 1777 entstand die Gesellschaft zur Förderung der Sprachpflege. Am Mannheimer Nationaltheater wurden 1782 Schillers „Räuber" aufgeführt, hier trat der große Schauspieler August Wilhelm Iffland auf. Die „Mannheimer Schule" mit Musikern wie Johann Stamitz wurde zur Vorläuferin der Wiener Klassik, Mozart konzertierte mehrfach in Mannheim. Erst mit der Verlegung der Residenz durch Karl Theodor 1778 nach München, wo er das Erbe der Wittelsbacher antrat, und dem Übergang der Kurpfalz an Baden als Folge der napoleonischen Kriege, verlor Mannheim an Glanz und Bedeutung. Später gewann die Stadt dafür an Bedeutung als Rheinhafen und Industriestandort.

Gezähmte Natur Auch Gärten sind Spiegel gesellschaftlichen Wandels: Die Parks des Barock und Rokoko waren geschlossene, nur dem Hof offenstehende Anlagen, Kulisse für adlige Selbstinszenierung und Zeichen einer absolutistisch beherrschten Natur mit modelliertem Gelände, künstlichen Gewässern, gezirkelten Rabatten, schnurgeraden Promenaden, getrimmten Hecken und gestutzen Bäumen.
Heute sind Parks wie das Ludwigsburger „Blühende Barock" allgemein zugänglich, denn mit dem Erstarken des Bürgertums wurden sie für das Volk geöffnet und die Natur aus ihrer Zurichtung befreit. Vor dem englischen Stil, der den Blick für den Wildwuchs der Landschaft öffnete, war der französische Stil dominant.
Paradebeispiel dafür ist Schwetzingen: Karl III. Philipp ließ von 1721 bis 1734 Schloß und Garten herrichten, Karl Theodor nutzte den beschaulichen Ort von 1742 an als Sommerresidenz. Nicolas de Pigage betonte die Symmetrie mit Zirkelform und Schnittachsen, Allessandro Galli da Bibiena schuf Erweiterungsbauten, die „Zirkelhäuser". Diverse Tempel und ein noch heute für die Festspiele genutztes Theater trugen den Flaneuren Rechnung und zur Unterhaltung bei. Die strenge Geometrie aus Alleen, Laubengängen, Orangerien, Bassins und Fontänen wurde bei der zweiten Erweiterung im englischen Landschaftsstil durch Friedrich Ludwig von Schkell und Johann Michael Zeyher aufgelockert. Vegetation und Wasserfluß kehrten in einstige Bahnen zurück, hinzu kamen ein türkischer Garten, exotische Spielereien wie chinesische Pagoden, antike Ruinen und eine Moschee, Plastiken mit Tiergruppen und Götterfiguren. 1763 gastierte im festlichen Rokokosaal das siebenjährige Wunderkind Wolfgang Amadeus Mozart. Und Eichendorff war 1807 in dem verwunschenen Park fasziniert vom Gesang der Erbgroßherzogin Stephanie, „begleitet von Lautenklängen, bald stärker, bald wieder in dem Rauschen der Springbrunnen verhallend". Schuf Karl Theodor in Schwetzingen ein Mustergärtlein des Rokoko, so machte er dann nach dem Umzug nach Bayern aus dem Münchner Englischen Garten den ersten kontinentalen Volkspark, den er 1789 dem Publikum „zur allgemeinen Ergötzung" widmete.

Schwetzingen wurde von den Kurfürsten Karl III. Philipp (1716–1742) und Karl Theodor (1742–1799) zum Mustergärtlein des Rokoko gestaltet.

Das um 1758/59 von Philippe de la Guêpière eingerichtete Ludwigsburger Schloßtheater wurde 1811/12 durch Nikolaus Friedrich Thouret umgestaltet: Die auf lyraförmigem Grundriß basierenden barocken Ränge wurden beibehalten, im klassizistischen Sinne neu dekoriert, dazu ein Bühnenportal eingefügt.

Ein Hof der Musen Es wurde „großes Welttheater" gespielt, so der Kulturhistoriker Richard Alewyn: Der fürstliche Hof war die Bühne, Treppen dienten dem Auftritt der Darsteller, bei Empfängen wurden die Rollen nach Ranglisten besetzt, die Schlösser mit ihren Gärten boten dazu die passende Kulisse. Die Fürsten waren Verschwender, aber auch Förderer der Musen.

Herzog Eberhard Ludwig von Württemberg unterhielt bereits ein eigenes Hoforchester mit 60 Musikern. Unter dem italienischen Kapellmeister und Kompositeur Niccolò Jommelli erwarb es sich europäischen Ruf. Jommellis Jahressalär war mit mehr als 6000 Gulden durchaus fürstlich, nur der Hofkanzler verdiente mit 8000 Gulden mehr; eine Magd brachte es damals auf 16 Gulden, ein Handwerksmeister auf höchstens 300 Gulden im Jahr.

Karl Eugen ließ 1764 nach dem Umzug von Stuttgart nach Ludwigsburg ein hölzernes Opernhaus, das größte Europas, aus dem Boden stampfen, „Serenissimus" überwachte bei Aufführungen persönlich die Einhaltung der Tempi. In Ludwigsburg entstand neben dem Stuttgarter Hoftheater eine weitere Bühne: Räumlich wie stilistisch ist der von Frisoni entworfene Theatertrakt ein eigenständiger Baukörper innerhalb der im Pavillonsystem errichteten Residenz. Er stellt eine historisch gewachsene Einheit dreier Epochen dar: Außen 1728 vollendet, wurde das Theater 1758/1759 durch de la Guêpière eingerichtet und 1812 durch Thouret klassizistisch umgestaltet. Nach aufwendigen Restaurierungsarbeiten können jetzt wieder die über 100 Kulissen und die barocke Bühnenmaschinerie von Christian Keim bewundert werden. Der Theatervorhang mit Apoll und den Musen stammt von dem Maler Lucca Antonio Colomba. Daneben verpflichtete Karl Eugen weitere Künstler von hohem Rang, so für sein Ballett den großen Erneuerer des Tanzes, Jean Georges Noverre, und er setzte Bildhauer wie Johann Friedrich Dannecker ins Brot. Und rastlos überwachte der Herzog daneben noch den Bau neuer Refugien wie der Schlösser Solitude, Monrepos oder Hohenheim.

Er war ebenso kunstsinnig wie baufreudig, ein Musenförderer und Geldverschwender: Herzog Karl Eugen von Württemberg.

Der Rokoko-Bibliothekssaal im ehemaligen Benediktinerkloster Wiblingen, dessen Bücherschränke, allegorischen Figuren, Galerien, Balkone und Pfeiler sich unter einem Muldengewölbe mit dem 1744 von Franz Martin Kuen geschaffenen Deckenfresko zum Gesamtkunstwerk verbinden.

Räume der Illusion Sie waren Vorhöfe des Himmels: Diente am Hof der Barock der Inszenierung eines vom Leben abgehobenen „Illusionsraumes" (so der Kunsthistoriker Ehrenfried Kluckert), so gehörte er in katholischen Gebieten wie Oberschwaben zum Alltag. Kirchen und Klöster waren weithin sichtbarer Ausdruck glaubensbewußten Daseins und verkörperten zugleich die göttliche Ordnung auf Erden. In ihren Variationen der Vorarlberger Wandpfeilerbasilika schufen Baumeister wie Peter Thumb und Johann Michael Fischer, Maler wie Cosmas Damian Asam und Franz Josef Spiegler, Stukkateure wie Johann Michael Feuchtmayer und Francesco Pozzi, Bildhauer wie Johann Georg Weckenmann und Johann Georg Prestel Gesamtkunstwerke, bei denen Architektur, Bauplastik und Malerei nahtlos ineinander übergehen. Da gibt es geschlossene Anlagen mit Parks wie die ehemalige Prämonstratenserabtei Obermarchtal. Die „deutsche Peterskirche", die ehemalige Benediktinerabtei Weingarten, besticht durch ihren gewaltigen Kuppelbau, dem Pfeiler und Kuppeln einen rasanten Rhythmus geben. Wuchernde Rocailleornamente und Stukkaturmodellierungen wie in Zwiefalten zeugen von überbordender Phantasie. In Steinhausen, der „schönsten Dorfkirche der Welt", geben die transparenten Fresken Dominikus Zimmermanns einen Vorschein des Paradieses. In der Marienwallfahrtskirche Birnau, dem „Festsaal Gottes", vereinen sich Raumschöpfung, Ausstattung und Lichtspiele zu einer himmelwärts stürzenden Perspektive. Und sie ist vielleicht die vollendetste von allen: die von Balthasar Neumann geschaffene ehemalige Benediktinerabtei Neresheim.

Prächtige Bibliotheken wie in der ehemaligen Prämonstratenserabtei Bad Schussenried und in der ehemaligen Benediktinerabtei Wiblingen waren zudem „Kornkammern des Geistes", wie es sich ein Abt wünschte. In Schussenried standen einst 20000 Bände, die im Zuge der Säkularisation, der Umwandlung in weltliche Herrschaften, verschleudert wurden; heute vermitteln aufgemalte Buchrücken davon nur noch eine Illusion. In Wiblingen zeigen allegorische Fresken auch den geistlichen Bildungsauftrag: So vermessen im Auftrag Ferdinands von Kastilien zwei Mönche die Neue Welt – Barock als Missionsprogramm.

„Zu jener Zeit war der Hof des Herzogs von Württemberg der glänzendste von ganz Europa. Seine Kosten trug Frankreich, das ihm bedeutende Zuschüsse bezahlte, um über zehntausend Mann zu verfügen. (...) Die großen Ausgaben des Herzogs bestanden in großzügigen Gehältern, prachtvollen Gebäuden, Jagdzügen und Verrücktheiten aller Art; ein Vermögen kostete ihn jedoch das Theater. (...) Schon nach wenigen Tagen erkannte ich klar, daß der Fürst das alles nur tat, um von sich reden zu machen. Sein Wunsch war, man sollte von ihm sagen, kein Fürst seiner Zeit habe mehr Verstand oder mehr Geistesgaben als er, keiner verstehe es besser, Vergnügungen zu ersinnen und sie zu genießen ..." (Giacomo Casanova, „Geschichte meines Lebens", Bd. VI)

Es sollte eine „Pflanzschule für junge Leute" sein und ihnen per Stipendium das evangelische Theologiestudium ermöglichen: das Tübinger Stift um 1860.

Friedrich Hölderlin, hier auf einer Bleistiftzeichnung von Johann Georg Schreiner und Rudolf Lohbauer aus dem Jahr 1823, litt unter der geistigen Enge des Stifts.

AUFKLÄRUNG

Tanz um den Freiheitsbaum Die Aufklärung im Südwesten kam spät: Der große Impetus der französischen Philosophie und Revolution fand wenig Widerhall, es waren vor allem Studenten, Wissenschaftler, Schriftsteller, die den Ruf nach Freiheit, Gleichheit, Brüderlichkeit aufnahmen. Im Tübinger Stift träumten die Stubengenossen Friedrich Hölderlin (1770–1843), Georg Wilhelm Friedrich Hegel (1770–1831) und Friedrich Wilhelm Josef Schelling (1775–1854) den Jakobiner-Traum. Das Stift, in der zweiten Hälfte des 16. Jahrhunderts als „Pflanzschule für junge Leute" gegründet, sollte Begabten durch Stipendien das Theologiestudium ermöglichen. Viele empfanden diesen Hort des Pietismus wie ein Gefängnis, im politischen Club wurden aufrührerische Reden gehalten. 1793 soll das berühmte Dreigestirn mit Gleichgesinnten auf einer Wiese bei Tübingen einen „Freiheitsbaum" aufgestellt, Revoutionslieder angestimmt und die Carmagnole getanzt haben. Als Herzog Karl Eugen zu Ohren kam, „daß die Stimmung zu Tübingen äußerst democratisch seyn solle und besonders die Stipendiaten keine Scheu trügen, die französische Anarchie und den Königs-Mord öffentlich zu verteidigen", führte er selber die Untersuchung durch. Hölderlin, Hegel und Schelling kamen mit „gütlichen" Ermahnungen davon, andere Rädelsführer flohen ins Ausland, einer beging Selbstmord. Ein weiterer „Stiftskopf" jener Zeit, Karl Friedrich Reinhard, schloß sich der französischen Revolution an und wurde 1799 Außenminister von Frankreich. Auf breiter Grundlage versuchten Christian Friedrich Schubart mit seiner „Deutsche Chronik" und Johann Friedrich Cotta (1764–1832) mit dem „Morgenblatt für die gebildeten Stände", den „Horen" und der „Allgemeinen Zeitung" das „Licht der Erkenntnis" insbesondere im städtischen Bildungsbürgertum leuchten zu lassen. Cotta, der Verleger und Freund Goethes und Schillers, war ein hochgebildeter Unternehmer und politischer Aufklärer, ein unermüdlicher Kämpfer gegen Zensur und für „Preßfreiheit". Was Wunder, daß der württembergische Herzog Friedrich II. (1797–1816) in Cottas Tübinger Verlagshaus ein „Foyer der Revolution" vermutete.

Pflanzschule des Geistes Er verkörperte in seinem Lebenslauf den Zwiespalt zwischen Absolutismus und Aufklärung: Herzog Karl Eugen war ein zügelloser Potentat und gütiger Landesvater, ein zynischer Verschwender und pädagogischer Rationalist. Er gründete 1746 in Ludwigsburg ein „Tollhaus" aus der Einsicht heraus, daß Geisteskranke behandelt werden können. 1765 öffnete er seine umfangreiche Bücher- und Kunstsammlung „für jedermann ohne Unterschied des Ranges" oder Standes – die heutige württembergische Landesbibliothek.

Sein ehrgeizigstes Projekt war die Hohe Karlsschule. 1770 als „Militärisches Waisenhaus" zur sozialen Fürsorge von Soldatenkindern auf Schloß Solitude gegründet, machte Karl Eugen 1771 daraus eine „Militärische Pflanzschule", später eine „Militärakademie" für begabte Kavaliers- und Offizierssöhne, die zu Staatsdienern erzogen werden sollten. Die Zöglinge waren kaserniert und trugen Uniform, die Anforderungen in Unterrichtsfächern wie Philosophie und Geschichte, Sprachen und Naturwissenschaften waren hoch.

Schiller, neben Dannecker, Thouret und dem Maler Gottlieb Schick berühmtester Schüler, mußte seine „Räuber" klammheimlich im Krankensaal schreiben, wo die Lampe länger brennen durfte. 1781 verließ er die Akademie, und als ihm der Herzog das „Komödienschreiben" verbot, flüchtete der junge Militärarzt nach Mannheim.

Die Stuttgarter Hohe Karlsschule war Internat und Universität, Militärakademie und Technische Hochschule zugleich (Darstellung von C. Lauffer).

Mit dem Umzug der Schule nach Stuttgart kamen 1775 Rechtswissenschaften und Medizin im Lehrplan hinzu, 1781 verlieh Kaiser Joseph II. der Anstalt den Universitätsrang. Ihr moderner, nahezu interdisziplinärer Ansatz vereinte Universität, Kunst- und Militärakademie, Handels- und Technische Hochschule. Nach dem Tod Karl Eugens löste sein Bruder Ludwig Eugen 1794 die Schule aus Angst vor allzu aufmüpfigem Denken auf.

Aber auch abseits der Metropole entwickelte sich neues gesellschaftliches Bewußtsein. In Biberach, dem „oberschwäbischen Athen", wurde Christoph Martin Wieland (1733–1813) geboren; der wortschöpferisch-scharfsinnige und politisch-satirische Dichter brachte es vom Biberacher Kanzleidirektor zum Weimarer Hofrat. In Biberach waren die selbstbewußten Bürger früh den Musen zugetan, sie gründeten zum Beispiel eine „Komödien-Gesellschaft". In ihrem Theater ging unter Wielands Leitung 1761 die erste deutschsprachige Aufführung von Shakespeares „Der Sturm" über die Bühne – der Sturm der Zeit war nun nicht mehr aufzuhalten.

Innenansicht des Biberacher Theaters in der einstigen „Schlachtmetzig", wo 1761 die erste deutschsprachige Aufführung von Shakespeares „Sturm" stattfand (gemalt von Johann Martin Klauflügel 1749).

Der Dichter Christoph Martin Wieland begegnete dem Kaiser Napoleon auf dem Erfurter Fürstentag (kolorierte Aquatintaradierung von Johann Baptist Hößel).

Der wichtigste Kopf des schwäbischen Pietismus war der Denkendorfer Klosterpräzeptor und spätere Prälat Albrecht Bengel.

PIETISMUS

Die Brüdergemeinde Er ist innerweltliche Askese und praktische Nächstenliebe gleichermaßen: Der Pietismus in Südwestdeutschland entstand um 1680 als lebendige Reformbewegung gegen das erstarrte Luthertum. Er setzte der rein rationalistischen Theologie ein verinnerlichtes Glaubensbekenntnis und eine werktätige Gottesvorstellung entgegen, zu der Bibellesen und Gewissenserforschung ebenso gehörten wie Naturbeobachtung. Vielfach wird der Pietismus als Motor der „Industriosität" in Württemberg und als Basis eines protestantischen Arbeitsethos gesehen. Insbesondere Philipp Matthäus Hahn gilt als Beispiel für grüblerische Erfinderphantasie und schaffige Pietistenpedanterie – er suchte Gott als den großen Feinmechaniker im Weltgetriebe.

Der Pietismus darf allerdings nicht nur als theologisches Phänomen verstanden werden, er ist auch eine lebensnahe Volkskultur.

Zunächst wurden die Lehren des Elsässers Philipp Jakob Spener (1635–1705) von Pfarrern aufgegriffen, aber schon bald von „kleinen Leuten", Bauern, Handwerkern, Gastwirten oder Lehrern getragen. Die „Brüdergemeinde" war eine Erziehungsanstalt auf Dauer, in der Maximen wie Bescheidenheit, Pflichterfüllung und Sparsamkeit gelehrt, schützende Mauern gegen weltliche Verführungen errichtet wurden. Über seine führenden Vertreter, die „Schwabenväter" Johann Albrecht Bengel (1687–1752) und Christoph Friedrich Oetinger (1702–1782), gewann der Pietismus bald Einfluß in der Kirche, und mit dem vom Konsistorialpräsidenten Georg Bernhard Bilfinger (1693 bis 1750) 1743 durchgesetzten „Pietistenrescript" wurden ihre religiösen Ideen und außerkirchlichen Versammlungen, die „Stunden", toleriert. Bis heute ist die evangelische Landeskirche bemüht, die zentrifugalen Kräfte und konservativen Wortführer des Pietismus institutionell einzubinden.

Der Onstmettinger Pfarrer Philipp Matthäus Hahn erfand Waagen, Rechenmaschinen, Präzisionsinstrumente, astronomische Uhren und wurde zum Ahnherrn schwäbischer Tüftler.

Schmaler und breiter Weg Zum Heil gelangt der Pietist durch Pflicht und Verzicht: Das Bild vom breiten und schmalen Weg, um 1860 von der zur Hahnschen Gemeinschaft gehörenden Stuttgarter Künstlerin Charlotte Reihlen geschaffen, fand ungeheure Verbreitung und ist noch heute zu kaufen. Die Ikonographie nimmt Bezug auf die Bergpredigt, in welcher Jesus die enge Pforte und den schmalen Weg propagiert: Auf steilem, steinigem Pfad und unter Entbehrungen gelangt der Mensch zum Licht. Die weite Pforte und der breite Weg indes, der mit bequemen Kutschen befahren werden kann und von Vergnügungen gesäumt ist, führen nicht zum Heil. Die Pietisten verfolgten innere und äußere Bekehrung, sie wirkten über Verlage und die Basler Mission, sie gründeten Brüdergemeinden in Herrnhut und Korntal und einen oberschwäbischen Ableger in Wilhelmsdorf. In ihren Reihen konnten zwei so unterschiedliche Männer wie Johann Michael Hahn (1758–1819) und Georg Rapp (1757–1847) gedeihen. Der Altdorfer Bauernknecht Hahn anerkannte die Obrigkeit und gründete die bis heute bestehenden Hahnschen Gemeinschaften zum besseren Bibelstudium. Der Iptinger Weber Rapp wurde zum Separatisten, seine Jünger leisteten weder Eid noch Militärdienst. 1794 wanderten die ersten Rapp-Anhänger nach Pennsylvania aus, wo sie die Siedlungen „Harmony" und „New Harmony" gründeten und die Utopie einer christlichen Urgemeinde in Gütergemeinschaft verwirklichen wollten.

Die von der Stuttgarter Künstlerin Charlotte Reihlen um 1860 entworfene und als teilkolorierte Lithografie weitverbreitete Darstellung des „breiten und schmalen Wegs".

Am 2. Oktober 1805 begrüßte Kurfürst Friedrich den mit großem Gefolge angereisten Kaiser Napoleon (1804–1815) in Ludwigsburg. Auf dem Bild hat der Maler Louis-Etienne Watelet den kleinen Korsen, dessen politischer Bedeutung entsprechend, der Körpergröße des stattlichen Württembergers angeglichen.

NAPOLEONISCHE NEUORDNUNG

Große Flurbereinigung Mit ihm kam das Ende des alten Reiches: Napoleon I. bereinigte den Fleckenteppich mit 300 selbständigen Herrschaften und schuf Flächenstaaten, die bis 1945 Bestand hatten. Anfangs setzten Markgraf Karl Friedrich von Baden und Herzog Friedrich von Württemberg auf die österreichische Karte. Bei den Friedensschlüssen von Campo Formio 1796 und Lunéville 1801 mußten sie Federn lassen, verloren Gebiete und hatten Kontributionen zu zahlen. Danach paßten sie sich der Strategie des kleinen Korsen an und wurden recht groß. Als Verbündete im Rheinbund mußten sie Truppen für die Eroberungskriege stellen, dafür wurden sie mit Rangerhöhung, Unabhängigkeit und Landzuwachs belohnt. Die Markgrafschaft wurde 1803 zum Kurfürstentum, 1806 zum Großherzogtum erhoben, Baden arrondierte sein Staatsgebiet vom Main bis zum Bodensee. 1777 umfaßte das Land 71 Quadratmeilen mit etwa 190000 Einwohnern, 1806 waren daraus 250 Quadratmeilen und 900000 Menschen geworden. Württemberg stieg 1803 zum Kürfürstentum, 1806 zum Königreich auf. Mit dem Reichsdeputationshauptschluß von 1803 bekam es neuwürttembergische Ländereien von Franken bis Oberschwaben hinzu, am Ende hatte es sein Staatsgebiet von 200 Quadratmeilen und 790000 Einwohnern nahezu verdoppelt. Die Fürstentümer Hohenzollern-Sigmaringen und Hohenzollern-Hechingen konnten ihre Selbständigkeit durch Einheirat in Napoleons Familie bewahren. Und auch Baden und Württemberg setzten auf das Mittel verwandschaftlicher Beziehungen. So vermählte sich Erbprinz Karl von Baden 1806 mit Stephanie von Beauharnais, der Adoptivtocher Napoleons, 1807 heiratete Friedrichs Tochter Katharina Napoleons jüngsten Bruder, König Jérôme von Westfalen. Friedrich, ein cholerischer Despot, ging unter dem Schutzmantel Napoleons „wie ein Salatkopf auf", so spottete der Theologe und Schriftsteller David Friedrich Strauß. Und damit der dicke Monarch vom Schreibtisch aus regieren konnte, mußte eine tiefe Bucht ins Holz geschnitten werden. Der Badener Karl Friedrich und sein Nachfolger Großherzog Karl (1811–1818) waren liberaler, aber auch sie blieben Napoleon bis zum bitteren Ende treu und verheizten ihre Untertanen: Von den 16000 Württembergern und 7000 Badenern, die mit der Grande Armée nach Rußland marschiert waren, kehrten nur wenige hundert lebend zurück.

Nach der Vereinnahmung Oberschwabens verbot Württemberg 1812 den Weingartener Blutritt als Demonstration gewachsenen Selbstbewußtseins und religiösen Widerstandspotentials gegen die neuen Herren.

Innere Kolonisation Mit Napoleon kam auch der moderne Verwaltungsstaat: Nach der Säkularisierung der geistlichen Territorien und der Mediatisierung der reichsunmittelbaren Gebiete mußten in Baden und Württemberg Hunderttausende von Neubürgern integriert werden. Mit neuen Rechtsordnungen nach dem Vorbild des Code civil und den am französischen Zentralismus ausgerichteten Ministerialverfassungen wurden einheitliche und hierarchische Beamtenapparate aufgebaut. Sie sollten Gleichbehandlung garantieren, nahmen aber auf historisch begründete Lebensräume, konfessionelle Unterschiede und Mentalität der Menschen wenig Rücksicht. Während es in Baden gelang, die höchst heterogenen Gebiete Kurpfalz und das ehemalige Vorderösterreich, Katholiken und Calvinisten ohne größere Opposition ins neue Staatsgebilde einzubinden sowie das wirtschaftliche Gefälle zwischen agrarischen und industriellen Zonen auszugleichen, ging dieser Prozeß in Württemberg nicht ohne Probleme vor sich. Das anfängliche administrative Nebeneinander von Alt- und Neu-Württemberg war eine Übergangslösung. Mit der Aufhebung der landständischen Verfassung 1805 wurden neben dem Staatsministerium 12 geographisch gegliederte Departements geschaffen und mit deutsch-französischen Namen wie Lac de Constance (Bodensee) oder Haut Neckar (oberer Neckar) versehen. Der mit harter Hand regierende Friedrich hob die Selbstverwaltung der Gemeinden auf, führte die allgemeine Wehrpflicht ein, stärkte Polizeigewalt und Zensur. Insbesondere in Oberschwaben, wo sich von Stuttgart gesandte Beamte wie Missionare in einem „schwarzen Erdteil" aufführten, wurde die Neuordnung als Kolonisation empfunden. Das Land rückte in eine Randlage, bis heute sind Minderwertigkeitsgefühle geblieben. Zugleich aber wurde der Eigen-Sinn gestärkt, der sich besonders in der katholischen Volksfrömmigkeit äußert. Wallfahrten wie die auf den Bussen, den „heiligen Berg Oberschwabens", oder Prozessionen wie der Weingartener „Blutritt" sind bis heute Demonstrationen oberschwäbischen Selbstbewußtseins, die emotionale Dramaturgie erinnert an barocke Vorbilder.

Die alte Ordnung zerbricht, die Revolution mit Jakobinermütze und Verfassung siegt: Der umstürzlerische Elan, mit dem ein Haller Ratsherr 1792 eine Schützenscheibe bemalen ließ, ging später im Sog der Restauration unter.

POLITISCHE UND INDUSTRIELLE REVOLUTION

Völlig verändert ging der deutsche Südwesten aus dem napoleonischen Zeitalter hervor. Zwei große Flächenstaaten, Baden und Württemberg, waren die großen Gewinner der Neuordnungen, deren Preis die Militärhilfe für Napoleon gewesen war. Nur geschicktes Taktieren und gerade noch rechtzeitiger Wechsel der Fronten retteten die beiden Länder davor, mit den Franzosen nach der Völkerschlacht von Leipzig 1813 auch zu den politischen Verlierern zu zählen. So gelang es, den Gebietszuwachs beim Wiener Kongreß 1815 zu verteidigen, der eine neue Ordnung für das grundlegend umgestaltete Gesicht Europas finden sollte. In der Schlußakte des Kongresses wurden die deutschen Staaten aufgefordert, Verfassungen zu erarbeiten. Der württembergische König Friedrich, der sich noch ganz als absoluter Herrscher fühlte, war dazu letztlich nicht bereit; dazu kam, daß die Landstände keine vom König oktroyierte Verfassung annehmen, sondern selbst an ihrer Ausarbeitung mitwirken wollten. Nach zähen Verhandlungen trat die württembergische Verfassung 1819 in Kraft, als Friedrichs Sohn und Nachfolger Wilhelm I. (1816–1864) ihr zustimmte. In Baden war die von Karl Friedrich Nebenius durchgesetzte Verfassung bereits seit 1818 gültig. Damit gehörten unumschränkt herrschende Monarchen endgültig der Vergangenheit an. Sowohl die badische als auch die württembergische Verfassung sahen eine vom Herrscher ernannte und in seinem Auftrag handelnde Regierung vor, die Haushalt und Gesetze zwei Kammern vorlegen mußte. In der ersten Kammer waren die Repräsentanten der alten Stände vertreten, hier dominierte der Adel. Die zweite Kammer wurde mit gewählten Abgeordneten besetzt. Obwohl diese Verfassungen vergleichsweise liberal waren, standen die südwestdeutschen Staaten damit erst am Beginn einer langsamen Entwicklung zu mehr Demokratie. Die nationale Begeisterung, im Gefolge der „Befreiungskriege" gegen Napoleon und durch die Zerschlagung des alten Deutschen Reichs gefördert, nahm gerade bei den Vertretern der liberalen Strömungen zu. Daran konnten auch repressive und reaktionäre Maßnahmen wie Zensur und Versammlungsverbote nur wenig ändern. Unter der Oberfläche brodelte es, wie sich spätestens nach der französischen Julirevolution von 1830 zeigte. Die Liberalen forderten immer deutlicher eine Verankerung der Grundrechte in der Verfassung

1815 Wiener Kongreß: Die Gebietsabtretungen der napoleonischen Zeit werden bestätigt, der Deutsche Bund entsteht

1817 Abschaffung der Leibeigenschaft in Württemberg, Beginn der Rheinkorrektion

1816–1818 Hungersnöte nach Mißernten; die Auswanderung nimmt zu

1819 Württembergische Verfassung

1825 Die spätere Universität Karlsruhe entsteht als „Polytechnische Schule"

1840–1844 Die ersten Eisenbahnen im Südwesten gehen in Betrieb

1848 Februarrevolution in Frankreich, Märzunruhen in Südwestdeutschland. Friedrich Hecker scheitert mit seinem Zug von Konstanz zum Oberrhein und eine Aufhebung der Zensur. Aber es sollte bis März 1848 dauern, ehe wieder ein Funke aus Frankreich die explosive Stimmung entzündete.

Die französische Februarrevolution 1848 brachte Liberale, Republikaner und Demokraten auch im Südwesten in Bewegung. Während es in Württemberg dem König gelang, die Revolutionäre mit Zugeständnissen von bewaffnetem Vorgehen abzuhalten, griffen die Badener schon 1848 zu den Gewehren. Der Zug Friedrich Heckers von Konstanz, wo er die Republik ausgerufen hatte, zum Rhein endete bei Kandern im Kugelhagel der Regierungstruppen. Die badische Revolution hatte damit aber erst begonnen. Im Mai 1849 übernahm schließlich ein liberaler Landesausschuß die Regierung, Großherzog Leopold war außer Landes geflohen, das Militär hatte sich auf die Seite der Revolutionäre geschlagen. Preußische und württembergische Truppen des Deutschen Bundes besiegten aber das badische Revolutionsheer. Damit war die badische und deutsche Revolution 1848/49 gescheitert. Nur weniges, was die Revolutionäre erreicht hatten, überstand die von reaktionären Maßnahmen geprägten Folgejahre. Fast nebenbei hatten die Liberalen aber eine vor allem für die Bauern wichtige Entwicklung endgültig auf den Weg gebracht: Die schon vor Jahrzehnten begonnene Ablösung der seit dem Mittelalter auf den Bauernhöfen haftenden Abgaben, Grundlasten und des Zehnten. Das liberale Bürgertum als entscheidender Träger der Revolution ging mit neuem Selbstbewußtsein aus der Auseinandersetzung mit dem Adel hervor.

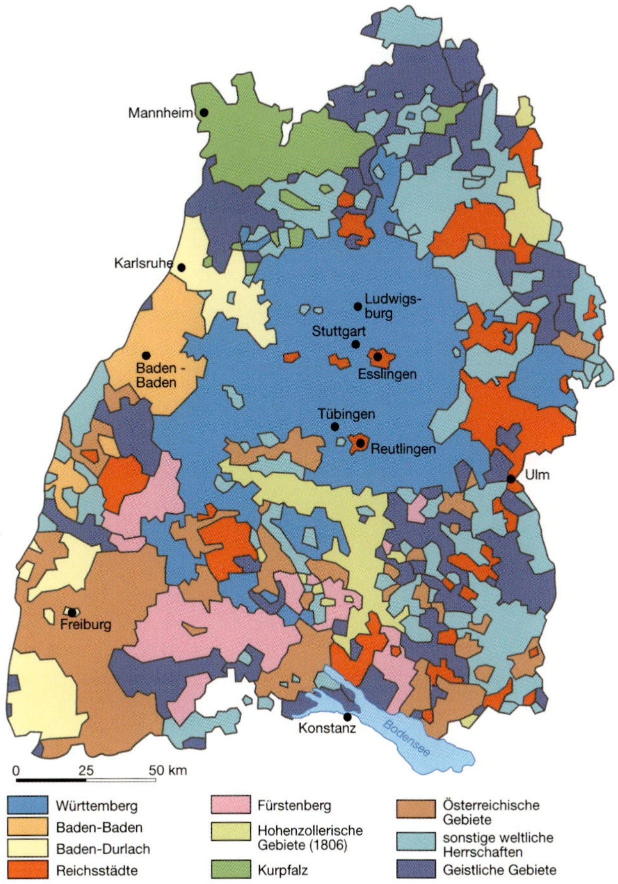

Südwestdeutschland vor 1796 …

… und nach 1806

1849 Revolution in Baden: Der Aufstand wird von preußischen und württembergischen Truppen niedergeschlagen

1848–1854 Große Auswanderungswellen im Südwesten

1850 Hohenzollern gelangt an Preußen

Das von Friedrich Arnold entworfene Karlsruher Ständehaus wurde als erstes deutsches Parlamentsgebäude 1822 eingeweiht; das zeitgenössische Bild zeigt den Sitzungssaal der Zweiten Kammer 1845.

VERFASSUNGSREFORM UND VORMÄRZ

Geburtsurkunde des Volkes Der Wiener Kongreß brachte 1815 das Verfassungsgebot, schrieb aber zugleich das monarchische Prinzip fest: Baden war dabei einmal mehr liberaler. Großherzog Karl (1811 bis 1818) versuchte, die Landesteile und politischen Kräfte, Fürstentum, Landstände und Volk zu verklammern. Den Konfessionen gewährte er Freizügigkeit: So wurde 1827 das Bistum Freiburg geschaffen. Die Judenemanzipation aber blieb trotz des Edikts von 1809 uneingelöst. Die nach der Ermordung des Dichters August Kotzebue durch den Burschenschafter Karl Ludwig Sand 1819 in Mannheim von Metternich erlassenen Karlsbader Beschlüsse konnten die Demokratisierung nicht aufhalten. Die von Karl Friedrich Nebenius (1785–1857) an der französischen Charte constitutionelle von 1814 orientierte Verfassung behielt zwar die konstitutionelle Monarchie bei. Sie war aber die „Geburtsurkunde des Volkes", so der Freiburger Professor Karl von Rotteck (1775–1840), weil sie einen Grundrechtskatalog enthielt, der Gleichheit vor dem Gesetz, Freiheit der Person, des Eigentums, der Religionsausübung und das Recht auf unabhängige Gerichte versprach. Die Ständeversammlung bestand aus zwei Kammern: In der Ersten saßen die Prinzen des großherzoglichen Hauses, die einst reichsunmittelbaren Standesherren, Vertreter des Adels, der Kirchen und Universitäten. Der Zweiten gehörten 63 indirekt über Wahlmänner gewählte Abgeordnete der Städte und Ämter an. Sie hatte zwar kein Budgetrecht, wichtige Gesetze aber bedurften ihrer Zustimmung, und mit „Motionen" konnte sie auf Vorlagen drängen. Metternich sah hier „unleugbar die ausgeprägtesten Demokraten Deutschlands" sitzen. Obwohl 1832 in Hambach 30000 Menschen ein parlamentarisches Volksfest feierten, war es zunächst weniger das Volk als das fortschrittliche Beamtentum, das per „Geheimratsliberalismus" Reformvorhaben vorantrieb. Sie kamen unter Großherzog Leopold (1830–1852) in Erlassen zur Gemeindeselbstverwaltung, Zehntablösung und Pressefreiheit zum Ausdruck. Die Konservativen um den „badischen Metternich" Freiherr Friedrich Karl von Blittersdorff (1792–1861) drehten aber das Rad der Geschichte zurück und trugen zur Radikalisierung der Demokratiebewegung bei.

Der spätere Ministerialdirektor Karl Friedrich Nebenius (1784–1857) schuf die badische Verfassung nach französischem Vorbild, er setzte Steuer-, Schul- und Hochschulreformen durch.

Das alte, gute Recht Vier Jahre lang dauerte in Württemberg der Kampf um eine Verfassung: König Friedrich versuchte vergebens, sie der Ständeversammlung zu oktroyieren, auch sein Nachfolger König Wilhelm I. (1816–1864) hatte zunächst kein Glück. Denn der Ruf nach dem „alten guten Recht" wurde laut, der 1805 einseitig durch den Monarchen aufgehobenen landständischen Verfassung Alt-Württembergs. Dabei erhielt die „Ehrbarkeit" Unterstützung von Liberalen wie dem Dichter Ludwig Uhland (1787–1862), der „Vaterländische Gedichte" wie eben „Das alte, gute Recht" schrieb. Es kam zu Demonstrationen, dem Minister Karl August von Wangenheim (1773–1850) schlug das protestierende Volk die Fensterscheiben ein. Als sich im Hungerjahr 1816/17 die Gegensätze verschärften, lenkte Wilhelm ein und besiegelte 1819 im Ordenssaal des Ludwigsburger Schlosses den Verfassungsvertrag, ein Kompromiß zwischen altständischen Relikten und modernem Konstitutionalismus. Wie in Baden bildeten zwei Kammern den Landtag, wurde der Übergang von gewährten Freiheiten zu garantierten Grundrechten, wurden Steuer- und Budgetrechte bewilligt, der Staatsapparat durch eine Verwaltungsreform modernisiert, das Berufsbeamtentum eingeführt, die Katholiken Neu-Württembergs mit der Schaffung des Bistums Rottenburg 1828 integriert. Der Reutlinger Abgeordnete und Tübinger Professor für „Staatsverwaltungspraxis" Friedrich List (1789–1846) setzte sich für das Recht auf kommunale Selbstverwaltung und den Abbau von Zollschranken ein. Mit seiner „Reutlinger Petition" von 1821 geißelte er bürokratische Mißstände und forderte Reformen. Er wurde aus dem Landtag ausgeschlossen und 1822 zu zehnmonatiger Festungshaft verurteilt, der er sich zunächst durch Flucht ins Ausland entzog; 1825 emigrierte er in die USA, 1832 kehrte er als Eisenbahnpionier nach Deutschland zurück.

Die französische Julirevolution beflügelte die Liberalen zum Wahlsieg, aber 1833 schlug die Reaktion zurück: Der König löste den Landtag auf, zensierte die Presse und ließ eine Verschwörung von Soldaten in Ludwigsburg niederschlagen. Die prominentesten Oppositionsführer, neben Uhland Friedrich Römer (1794–1864) und Paul Pfizer (1801–1867), resignierten zunächst.

Nachdem Württemberg 1819 eine Verfassung bekommen hatte, richtete Hofbaumeister Georg Gottlob Barth im alten Stuttgarter Ständehaus den „Halbmondsaal" ein. In dem heute nicht mehr existierenden Raum (hier auf einer Lithographie von 1833) waren die Abgeordnetenbänke wie in einem antiken Amphitheater stufenförmig in drei Halbkreisen angeordnet.

„Wo man hinsieht, nichts als Räte, Beamte, Kanzleien, Amtsgehilfen, Registraturen, Aktenkapseln, Amtsuniformen, Wohlleben und Luxus der Angestellten bis zum Diener herab. Auf der anderen Seite Unwert der Früchte, Stockung der Gewerbe, Fallen der Güterpreise, Klagen über Geldmangel und Abgaben, Steuerpresser, Gantungen, bittere Beschwerden über unredliche Magistrate, gewalttätige Beamte, geheime Berichte, Mangel an Unparteilichkeit der Obern, Jammer und Not überall."
(Friedrich List, „Reutlinger Petition" von 1821)

Der Professor und Abgeordnete Friedrich List geißelte in seiner „Reutlinger Petition" von 1821 bürokratische Mißstände und wurde deshalb aus dem Landtag ausgeschlossen.

Der Anführer der badischen Revolution 1848 – im Vordergrund der zeitgenössischen Lithographie Friedrich Hecker und Gustav Struve mit den typischen Freischärlerhüten – emigrierten nach Niederschlagung des Aufstandes in die USA.

„Wenn die Fürsten fragen, / Lebet Hecker noch,/Sollt ihr ihnen sagen, / Hecker hänget hoch, / Er hängt an keinem Baume, / Er hängt an keinem Strick, / Er hängt nur an dem Traume / Der deutschen Republik." (Frühe Fassung des in vielen Varianten überlieferten „Heckerlieds")

REVOLUTION UND RESTAURATION

Parlament oder Barrikade Die Pariser Februarrevolution war der Funke im Pulverfaß: Zur Revolution von 1848/49 in Baden trug die Spaltung und Radikalisierung der Liberalen im Landtag unter Friedrich Hecker (1811–1881) ebenso bei wie die Mißernte und Teuerung von 1846/47 oder die repressive Politik Metternichs. In Baden kam es zu Bauernunruhen im Odenwald, aber auch in Württemberg gab es Volksversammlungen, wurden politische Gegner spöttisch mit „Katzenmusik" bedacht. Zeitungen wie Gottlieb Raus „Sonne" oder der von Hermann Kurz betreute „Beobachter" sowie Flugblätter verbreiteten die emanzipatorischen Gedanken. In Württemberg machte König Wilhelm I. Zugeständnisse: Er richtete das erste parlamentarische „Märzministerium" unter den Oppositionsführern Römer und Pfizer ein, das Heer wurde auf die Verfassung vereidigt, die allgemeine Volksbewaffung der Bürgerwehren, die „Vaterländischen Vereine" der Liberalen und „Volksvereine" der Radikalen wurden zugelassen, Versammlungsfreiheit und erste Frauenrechte wurden gewährt. Aber dann ließ die liberale Regierung 1849 das von Frankfurt nach Stuttgart übersiedelte „Rumpfparlament" der Nationalversammlung durch Truppen auflösen und Aufstandsversuche in Ulm oder Heilbronn niederschlagen.

Volksversammlungen wie die „Pfingstversammlung" in Reutlingen, wo 1849 an die 20000 Menschen zusammenströmten, sorgten dafür, daß die Revolution durch Reformen wenigstens ansatzweise verwirklicht wurde. 1848 stimmte Wilhelm I. unter dem öffentlichen Druck der Einführung der Paulskirchen-Grundrechte zu, 1849 bestätigte er als einziger deutscher Monarch die Reichsverfassung.

In Baden gingen die Revolutionäre 1848 auf die Barrikaden. Enttäuscht durch die Ablehnung ihres Programms im Frankfurter „Vorparlament", wählten die Revolutionsführer Hecker und Gustav von Struve (1805–1870) den Weg der direkten Aktion: „Hier in Frankfurt ist nichts zu machen, es gilt, in Baden loszuschlagen!" Daneben formierten sich die badischen Volksvereine als demokratische Massenbewegung. Sie mobilisierten Kleinbürger und Unterschichten, auf dem Höhepunkt der Revolution übernahmen sie die Macht im Land. Ein Bezirksamtmann in Waldkirch klagte im April 1849: „Die Demokraten organisiren sich durch das Flechten eines furchtbaren Netzes über das Volk."

Michel's Nachtmütze.

Der radikale Hecker will verhindern, daß konservative Abgeordnete der Frankfurter Nationalversammlung dem deutschen Michel die Nachtmütze über die Augen ziehen und ihn politisch blind machen (Karikatur von 1848).

Lechzend nach Tyrannenblut Sein Hut wurde wie die Jakobinermütze zum Symbol der Revolution: Friedrich Hecker, Rechtsanwalt und Abgeordneter, organisierte mit seinem Mannheimer Kollegen Gustav von Struve den bewaffneten Aufstand. Am 12. April 1848 proklamierte Hecker in Konstanz den „freien Volksstaat" und zog mit seinen schlechtbewaffneten Freischärlern durch die Baar und den Südschwarzwald nach Kandern. Hier kam es am 20. April zum ersten Gefecht mit den übermächtigen Regierungstruppen unter Max von Gagern, der die Aufständischen in die Flucht schlagen konnte, aber dabei getötet wurde. Struve und der badische Leutnant Franz von Sigel, der sich der Revolution angeschlossen hatte, drangen wenig später in Freiburg ein, das daraufhin von 8000 Mann Bundestruppen erstürmt wurde. „Die getödteten Republikaner wurden öffentlich zur Schau ausgestellt", beschrieb Hecker die Rache der Sieger. Auch die „Deutsche Legion" mit dem Dichter Georg von Herwegh (1817–1875) wurde bei Dossenbach aufgerieben. Hecker und Struve flohen in die Schweiz; Hecker emigrierte später in die USA. Struve proklamierte am 21. September in Lörrach die „Deutsche Republik", wurde bei Staufen geschlagen und zu fünf Jahren Zuchthaus verurteilt. Die Ablehnung der deutschen Kaiserkrone durch den preußischen König Friedrich Wilhelm IV. führte dann zur breiten Volkserhebung. Teile der Armee meuterten, Regierung und Landtag wurden durch den Landesausschuß der Volksvereine abgelöst, Großherzog Leopold floh. Er rief preußische und Reichstruppen zu Hilfe, rund 52000 Mann, die gegen knapp 20000 Aufständische ins Feld zogen. Der preußische Kronprinz Wilhelm, der „Kartätschenprinz", schlug am 23. Juli 1849 bei Waghäusel das Revolutionsheer unter dem polnischen General Ludwik Mieroslawski. Das Bollwerk der Revolution, die Festung Rastatt, wurde für 6000 Mann zur Falle. Am 23. Juli kapitulierten sie nach dreiwöchiger Verteidigung, viele töteten sich selbst, um nicht dem Feind in die Hände zu fallen. Über 50 Aufständische wurden zum Tode verurteilt, 1500 Prozesse gegen Soldaten, Lehrer und Beamte geführt. Hecker wurde weiter besungen als der „große Volkserwecker, lechzend nach Tyrannenblut". Gesiegt hatte die Restauration, die Revolution schien nur eine folgenlose Episode zu sein. Aber dem Scheitern stehen auch Errungenschaften wie Demokratisierung, Beteiligung und Öffentlichkeit gegenüber.

Noch ein Zeichen der Emanzipation: Auch Frauen waren am Bau der Barrikaden beteiligt, die Mannheimer Republikaner im April 1848 gegen fremde Truppen errichteten

In den Kasematten von Rastatt, wo sie die Revolution verteidigt hatten, wurden die geschlagenen Aufständischen in Gefangenschaft gehalten (Holzschnitt der Leipziger „Illustrirten Zeitung" vom 13. Oktober 1849).

„Freiheit oder Tod" mit Totenkopf auf der einen, „Deutschland über Alles" mit gekreuzten Piken auf der anderen Seite: Unter dieser Fahne zog die Reutlinger „Freiwillige Compagnie" in die badische Revolution.

Die Familie als Hort bürgerlicher Geborgenheit: Wendelin Mosbrugger stellte 1813 auf seinem Ölgemälde die Großfamilie des Konstanzer Kaufherren Joseph Anton Barxel physiognomisch genau, aber auch repräsentativ-steif in einer Parklandschaft dar.

„Schau, dort spaziert Herr Biedermeier,
Und seine Frau, den Sohn am Arm.
Sein Tritt ist sachte wie auf Eier,
Sein Wahlspruch: Weder kalt noch warm."
(Der Politiker und 48er Revolutionär, Publizist und Poet Ludwig Pfau 1846 über die Zeitstimmung)

BIEDERMEIER UND ROMANTIK

Glück im Winkel In unruhigen Zeiten war Ruhe die erste Bürgerpflicht: Auf den nationalen Befreiungskampf gegen Napoleon folgte die innere Befriedung. Durch die Karlsbader Beschlüsse, an denen auch badische Gesandte maßgeblich mitgewirkt hatten, wurden Burschenschaften und Universitäten, Presse und Politik unter Kuratel gestellt, liberale und nationale Strömungen durch „Demagogenverfolgung" unterdrückt, lähmende Ruhe lag über dem Land. So wurden durch die in Karlsbad beschlossene Zensur alle Schriften unter 320 Druckseiten staatlicher Kontrolle unterworfen. Beanstandete Stellen mußten aus dem Manuskript getilgt oder im Druck geschwärzt werden. Selbst Johann Peter Hebels „Schatzkästlein des Rheinischen Hausfreundes" blieb von solchen Eingriffen nicht verschont. Und eine Kommission verfolgte „revolutionäre Umtriebe", die man bei den Burschenschaftern, zu deren Mitbegründer Sand gezählt hatte, vermutete. Eine Reaktion auf die Restauration war der Rückzug ins Familienidyll. Das spießige Glück im stillen Winkel wird durch den Begriff Biedermeier versinnbildlicht, unter dem die Karlsruher Adolf Kußmaul und Rudolf Eichrodt 1855–57 in den „Fliegenden Blättern" Gedichte des „schwäbischen Schullehrers Gottlieb Biedermeier" veröffentlichten und parodierten. Ihr Vorbild war der Kraichgauer Dorfschullehrer Samuel Friedrich Sauter, dessen beschauliche Poeme immerhin von Franz Schubert vertont wurden. Kennzeichnend für die Zeit ist weiter eine Hinwendung zum „Volkston", wie er aus den Liedern Friedrich Silchers spricht, und zur nationalen Geschichte und Ritteromantik, die in Wilhelm Hauffs „Lichtenstein" 1826 zum Ausdruck kam. Der Roman inspirierte Graf Wilhelm von Württemberg 1840 zum Bau des Schlosses Lichtenstein am Albtrauf im „altteutschen Stil": ein neugotisch-schwäbisches Hohenschwangau mit Zinnen und Zugbrükken, Erkern und Giebeln. Neben äußerlicher Ruhe und innerlicher Einkehr brachten diese Jahre aber auch eine innere Entwicklung der Länder: In Württemberg wurden die Bauern endgültig von den Grundlasten befreit, wurde der Zunftzwang gelockert und Chancengleichheit im Schulwesen eröffnet. Baden, das Sigismund von Reitzenstein (1766–1847) als Regierungschef auf den Weg in die Moderne geführt hatte, erlebte ebenfalls einen „stillen sozialen Wandel" (so der Historiker Wolfgang Hug), der zum Beispiel zu Gemeindebürgerrechten und Armenfürsorge führte.

Im Garten des Kernerhauses am Fuße der Burg Weibtertreu versammelte sich der schwäbische Dichterkreis um Justinus Kerner

„Abends saßen wir in lieblicher Abendkühle unter Bäumen, durch die der Mondschein brach; nun mußt' ich erzählen, von Rahel, von Bettinen, dann Fragen über Goethe beantworten. (...) Wir saßen lange im Freien, unter vertraulichen Gesprächen, Kerner hat in sein kleines Weinsberg ein großes Leben versammelt, die vornehmsten Besuche und Verbindungen ziehen sich durch diese Idylle."
(August Varnhagen von Ense in seinem Tagebuch nach einem Besuch bei Justinus Kerner 1846)

Reges Geistesleben Bis heute herrscht das Vorurteil von der Verhocktheit und „Veigelespoesie" jener Zeit: Dazu trugen Madame de Staël mit ihrem Buch „De l'Allemagne" 1813 und Heinrich Heine mit seinen Spottversen auf den „Schwäbischen Dichterkreis" bei. Dabei war es eine Phase der regen Geselligkeit in Salons und der bürgerlichen Öffentlichkeit in Publikationen. 1840 gab es in Stuttgart um die 250 Schriftsteller, man las und kritisierte sich im Freundeskreis. Gastfreundliche Häuser wie das des Bildhauers Johann Heinrich Dannecker oder die Zeitschriften und Musenalmanache des Verlegers Johann Friedrich Cotta waren Mittelpunkte des Geisteslebens. Und so fern der Wirklichkeit waren die Romantiker nicht, ihr Geschichts- und Naturverständnis ist eine Reaktion auf die Zeitumstände, vaterländisch-national, fortschrittskritisch-bewahrend. Heidelberg war bereits um die Jahrhundertwende Zentrum der Frühromantik: Clemens Brentano und Achim von Arnim propagierten mit der Volksliedsammlung „Des Knaben Wunderhorn" die Besinnung auf deutsche Tradition gegen die napoleonische Okkupation, in Heidelberg schrieben und lehrten Johann Heinrich Voß, Joseph von Eichendorff und Joseph Görres. In Württemberg versammelten sich im Haus von Justinus Kerner in Weinsberg neben Literaten auch Wissenschaftler, Künstler, Theaterleute, Handwerker und Fabrikanten. Weit über tausend Besucher sollen an den Fuß der Weibertreu gepilgert sein, zum engeren Kreis gehörten Ludwig Uhland, Gustav Schwab, Karl Mayer, Nikolaus Lenau und Graf Alexander von Württemberg, im Umkreis pflegten Ferdinand Freiligrath, Berthold Auerbach, Hermann Kurz, David Friedrich Strauß oder Friedrich Theodor Vischer Kontakte. Es gab erste Bestsellerautoren wie Wilhelm Hauff; Annette von Droste-Hülshoff und Eduard Mörike entwarfen poetische Seelenlandschaften, Märchen und Sagen hatten Konjunktur, Johann Peter Hebel entdeckte die Mundart als literarische Ausdrucksform, Wilhelm Waiblinger verzehrte sich an seiner Italiensehnsucht.

1802 malte Gottlieb Schick die Verlegersgattin Wilhelmine Cotta in der Manier von Jacques-Louis Davids „Madame Récamier".

KLASSIZISMUS UND HISTORISMUS

Die schöne Frau Cotta Die Künstler suchten ein neues Menschenbild: Ihr Auftraggeber war nun auch das Bürgertum, das seine Werte widergespiegelt wissen wollte. Frei von höfischen und religiösen Vorgaben, beflügelt von den Schriften Winckelmanns und Goethes, nahmen sie die antike Plastik als Vorbild eines neuen bürgerlichen Ideals. Natürlichkeit, Sittlichkeit und Schönheit wurden zu Maximen erhoben, die Bildhauer orientierten sich an Abgüssen antiker Statuen, bei den Malern dominierten Historien-, Portrait- und Landschaftsmalerei. Und neben der griechischen Mythologie wurden auch die heimische Umgebung und das bürgerliche Genre zum Motiv, wurden zeitgenössische Vorbilder wie Antonio Canova oder Jacques-Louis David spürbar. Neben seinem Lehrer Philipp Friedrich Hetsch und seinem Konkurrenten Johann Baptist Seele war der „schwäbische Raffael" Gottlieb Schick (1776–1812) der herausragende Maler. Ausgebildet im Pariser Atelier von David, in Rom mit den Fresken Raffaels vertraut geworden, verband er Formgefühl mit Pathos. 1802 malte er die damals 33jährige Verlegersgattin Wilhelmine Cotta im Stile der Davidschen Madame Récamier: In einem weißen, fließenden Empirekleid sitzt sie auf einer Steinbank in einem exotischen Arkadien mit Akazien und Fikusbäumen, im Hintergrund öffnet sich eine heimische Flußlandschaft mit Pappeln und Weiden. Die Züge der Kilchberger Pfarrerstochter wirken herb, aber charaktervoll. Schick verbindet vitalen Gesichtsausdruck und posierenden Statuencharakter, antikisierendes Sitzmotiv und realistisches Ambiente. Detailgetreu gibt er modische Accessoires wie die absatzlosen Schuhe, den grünen Knickschirm, die roten Korallenketten, das bestickte Täschchen und den roten Fransenschal oder die profilbetonte, durch Zuckerwasser in Form gebrachte Frisur mit den drapierten Locken wieder – eine schwäbische Madame, ganz en vogue.

Georg Moller hat den in abgewandelter Form verwirklichten Entwurf Friedrich Weinbrenners für den Karlsruher Markt mit Feder und Pinsel festgehalten: Monumentale Säulenbauten, Hallen und Türme umgrenzen den Platz.

Wenn Götter Trauer tragen Auch sie fanden in Rom ihr antikes Ideal und mit Andrea Palladio ein Vorbild aus der Renaissance: der Badener Friedrich Weinbrenner (1766–1826) und der mit ihm befreundete Württemberger Nikolaus Friedrich Thouret (1767–1845). Die beiden gehörten neben Reinhard Ferdinand Heinrich Fischer (Schloß Hohenheim) und Giovanni Salucci (Schloß Rosenstein, Wilhelmspalais, Rotenbergkapelle) zu den prägenden Architekten des Klassizimus im Südwesten. Weinbrenner wirkte auch durch Schüler wie Friedrich Theodor Fischer (Ausführung von Museum und Münze in Karlsruhe) weiter. Weinbrenner hielt sich in Karlsruhe zwar an die barocke Straßenführung, veränderte aber mit markgräflichem Palais, evangelischer und katholischer Stadtkirche, Synagoge, Hoftheater, Rathaus und Marktplatz das Stadtbild. Thouret gestaltete die Schlösser in Ludwigsburg und Stuttgart um, baute das Katharinenhospital in Stuttgart, den Kursaal in Bad Cannstatt und schuf als Stadtachse die Königsstraße. Unter den klassizistischen Bildhauern ragten Philipp Jakob Scheffauer und Johann Heinrich Dannecker (1758 bis 1841) sowie dessen Schüler Friedrich Distelbarth heraus. Dannecker vervollkommnete mit herzoglichen Reisestipendien seine Fertigkeiten in Rom und Paris, im Unterschied zum glücklosen Studienkollegen Scheffauer kam er zu Geld und Ansehen. Bekannt wurde Dannecker durch große Werke wie die Büste des Jugendfreundes Schiller oder die Wasen- und Wiesennymphen. Seine Modellierung ist weich und fließend, seine Figuren beeindrucken ebenso durch harmonisches Ebenmaß der Körper und heroischen Gesichtsausdruck wie durch seelenvolle Anmut und stilisierte Schönheit. Die schöpferische Auseinandersetzung mit der Antike zeigt sich besonders in Skizzen und Kleinplastiken wie der um 1801 entstandenen, nur 23 Zentimeter hohen Gipsstatuette der trauernden Göttin Ceres. Mit Lessings Auffassung vom Tod als „Zwillingsbruder des Schlafes“ kam nun die ästhetisierte Darstellung des Sterbens auf.

Statuette der trauernden Ceres, die Johann Heinrich Dannecker um 1801 als Modell für eine lebensgroße Figur auf dem Grabmal des Prinzen Georg von Holstein-Oldenburg schuf.

MODERNISIERUNG DER LANDWIRTSCHAFT

Auch dieser „Hungertaler" erinnert an die Katastrophe von 1816/17.

Getrieben vom Hunger Die Landwirtschaft blieb zunächst wichtigster Erwerbszweig: Um 1815 waren von den 900000 Bürgern Badens und den 1,3 Millionen Einwohnern Württembergs rund die Hälfte Haupt- oder Nebenerwerbslandwirte, in der Haushaltszählung von 1822 nannte ein Drittel der württembergischen Bevölkerung Bauer oder Weingärtner als Beruf. 35 Prozent arbeiteten als Handel- und Gewerbetreibende, der Rest als Taglöhner und Bedienstete. Agrarreformen ließen auf sich warten, Grundlasten und Abgaben führten zur Verschuldung und Verarmung. Nach Aufhebung der Kontinentalsperre ergoß sich ein Warenstrom aus England über das Land, im Textilzentrum Calw waren von 800 Einwohnern zeitweilig 300 auf milde Gaben angewiesen; landesweit waren acht Prozent „im Almosen stehend". Hinzu kamen wiederkehrende Mißernten und überteuerte Preise: In Waiblingen kostete zu Beginn des Jahrhunderts ein achtpfündiges Brot 24 Kreuzer, 1817 mußten dafür ein Gulden und 36 Kreuzer bezahlt werden – ein Taglöhner kam auf 30 Kreuzer pro Tag. Andernorts machte man die Laibe als „Hungerbrote" kleiner, um den Preis stabil zu halten. Die Regierung reagierte unzureichend auf den „Pauperismus": Sie beschäftigte Arme beim Straßenbau, richtete „Suppenanstalten" ein. Viele Menschen starben an Unterernährung. Im Hungerwinter 1816/17 und am Vorabend der Revolution 1846/47, als eine Kartoffelkrankheit wütete, kam es zu „Brotkrawallen".

Hunger und Pression trieben in den Krisenjahren weit über eine halbe Million Menschen aus Baden und Württemberg fort in die Ferne. Teilweise unterstützte der Staat die Emigration, weil er sich verbesserte Arbeitsmöglichkeiten, verminderte Armenunterstützung und sinkende Güterpreise versprach. Friedrich List befragte 1817 in Heilbronn im Auftrag der Regierung Auswanderer und bekam Antworten wie: „Es ist hier keine Besserung zu hoffen" oder „Wir wollen lieber Sklaven sein in Amerika als Bürger hier in Weinsberg". Ironie der Geschichte: 1825 mußte List dann aus politischen Gründen selber in die USA emigrieren.

„Wohin man die Blicke wendet, nichts als Not und Druck und unerträgliche Lasten, nichts als Darben, nur um den Ansprüchen der Gläubiger, den Forderungen des Staates, Oberamtes und Ortes Genüge zu leisten." (Der Stadtschultheiß von Besigheim 1826 über die soziale Lage)

Auswanderer aus Südwestdeutschland, zusammengepfercht auf dem Zwischendeck eines Großseglers mit Kurs auf die Vereinigten Staaten (Bild von 1820).

Das erste landwirtschaftliche „Volksfest in Cannstadt" fand 1818 statt: Thouret hatte die Fruchtsäule (links), Salucci den Königspavillon (rechts) entworfen (kolorierte Umrißradierung von Conrad Wiesner 1824 nach einem Gemälde von Johann Baptist Pflug, dem „schwäbischen Brueghel" aus Biberach).

König der Landwirte Der Modernisierungsprozeß vollzog sich nur langsam: Aufgrund der Realteilung war neben der kleinbäuerlichen Landwirtschaft das häusliche Handwerk als weitere Einnahmequelle notwendig: Spinnen und Weben von Flachs, Leinen und Wolle, Strohflechterei und Holzschnitzerei. Mit der Allmendeaufhebung kam es zu ersten Formen der Flurbereinigung, mit der Ablösung der Frondienste und Grundlasten um 1830 wurde der Weg frei für neue Besitzverhältnisse. Durch Kartoffelanbau und Stallfütterung konnte die Milch- und Fleischerzeugung gesteigert, der Boden durch intensivere Bearbeitung und gezielte Düngung verbessert werden. Wilhelm I. (1816–1864), genannt „König der Landwirte", kümmerte sich persönlich um die Belange der Bauern. 1817 stiftete er den „landwirthschaftlichen Verein für das Königreich Württemberg", 1818 richtete er die Landwirtschaftsschule Hohenheim (mit Musterwirtschaft, Ackergerätefabrik und Forstlehranstalt) ein. Auch die Gründung des landwirtschaftlichen Festes in Bad Cannstatt steht im Zusammenhang mit gezielten Fördermaßnahmen. Wie das 1815 in München entstandene Oktoberfest wurde der „Wasen" zu einem Symbol des Landes, Leistungsschau und Volksfest in einem. Rund 30 000 Besucher kamen am 28. September 1818 zur Eröffnung des Festes, in dessen Mittelpunkt die Viehprämierung und ein Pferderennen standen. Der Rahmen war feierlich, Thouret hatte die Fruchtsäule und Tribüne gestaltet, Salucci den Königspavillon erbaut. Das Vieh wurde mit Blumenkränzen geschmückt, die Preisträger trugen Eichenzweige am Hut. Freilich rümpfte mancher Bürger das feine Näschen über den „auffallend schmutzigen Aufzug, in dem sich einige Begleiter des Viehs zu erscheinen erlaubten", so ein Chronist – bei allem beschworenen Gemeinsinn blieb die soziale Distanz.

Schwarzwälder Uhren wurden im Familienbetrieb hergestellt. Man habe damals, so eine Landesbeschreibung von 1836, kein Haus betreten können, „ohne auf diesen Gewerbszweig zu stoßen".

Das Heimgewerbe, wie hier die Leinenweberei in Lachingen auf der Schwäbischen Alb, war eine der Wurzeln der Textilindustrie.

„Württemberg glänzt nicht durch einzelne große Fabrik-Institute, aber ganz Württemberg ist eine Fabrik, eine Manufaktur; wo wir hinblicken, in die Hütten des Landmanns oder in die volkreichen Straßen der Städter, überall finden wir fleißige Handwerker, kunstgeübte Manufakturisten, sinnende Kaufleute." (Der spätere württembergische Finanzminister Ferdinand Heinrich August Weckherlin 1826 über die Wirtschaftssituation)

WIRTSCHAFTSFÖRDERUNG UND FRÜHINDUSTRIALISIERUNG

Ohne Zunftzwang und Zollschranke Der Aufschwung hatte seine Wurzeln im Heimgewerbe: Beide Länder verfügten kaum über Bodenschätze, nur Wasserkraft und Holz waren ausreichend vorhanden. In Baden wurden im Schwarzwald Strohgeflechte, Uhren und Musikinstrumente in Hausarbeit produziert, in Württemberg waren es vor allem Leinenweber auf der Schwäbischen Alb, die Flachs verarbeiteten. Mit dem Boom der Baumwolle um 1840 setzte die Technisierung der Textilindustrie ein.

Baden war wieder Vorreiter: Begünstigt durch die Nähe zu Frankreich und der Schweiz sowie die Kontinentalsperre, setzte die Industrialisierung früher ein. So gründete der Zürcher Tüftler Johann Georg Bodmer (1786–1864) im säkularisierten Kloster St. Blasien 1809 die erste mechanische Baumwollspinnerei Südwestdeutschlands. Über 800 Leute fanden hier Arbeit, 27 000 Drosselspindeln liefen auf Hochtouren. In Württemberg errichtete Carl Bockshammer (1787 bis 1862) in Berg bei Cannstatt 1810/11 die erste mechanische Spinnerei Württembergs.

Allmählich wuchs die Wirtschaft aus dem Verlagssystem des Merkantilismus und dem zünftigen Handwerk hinein ins Fabrikzeitalter. Begleitet wurde dieser Prozeß durch den Abbau der Zunftzwänge und Zollschranken, für den sich besonders Friedrich List und Karl Friedrich Nebenius einsetzten. 1834/35 traten Baden und Württemberg dem Deutschen Zollverein bei, 1862 führten beide Länder die Gewerbefreiheit ein. Auch Einrichtungen wie das 1825 in Karlsruhe gegründete Polytechnikum (älteste Technische Hochschule Deutschlands), die Handelskammern (Baden 1820, Württemberg 1855) oder die 1848 gegründete Stuttgarter Zentralstelle für Gewerbe und Handel (heute Landesgewerbeamt), deren Leiter von 1855 an Friedrich Steinbeis (1807–1893) war, dienten der Industrialisierung. Württemberg geriet zunächst ins Hintertreffen, vor allem die Realteilung des bäuerlichen Erbes erwies sich als Modernisierungshindernis. Dann aber machte es Terrain gut: Baden hatte 1829 rund 170 Fabrikbetriebe, nur wenig mehr als 1810. In Württemberg waren es 1832 bereits 330, 268 mehr als 1813. Und nach der Jahrhundertmitte wurde der Maschinenbau zum Motor der zweiten Industrialisierungsphase, die Württemberg vollends den Aufschwung brachte.

Der entfesselte Prometheus Mit der Dampfmaschine wurde der industrielle Prometheus entfesselt: Sie revolutionierte die Landwirtschaft, besonders aber die Metall- und Schwerindustrie sowie das Transportwesen. So entwickelten sich neben Textil- und Schmuckindustrie, Gold- und Silberwarenfabrikation, Glas-, Papier- und Keramikherstellung, Chemie-, Nahrungs- und Genußmittelproduktion neue Erwerbszweige wie Maschinen-, Lokomotiv- und Metallwarenfabriken in Eßlingen, Heidenheim, Karlsruhe und Geislingen sowie die Hüttenwerke in Wasseralfingen und Königsbronn. Mit Fabriken, Bevölkerungswachstum und Verstädterung entstanden die Arbeiterschaft und mit ihr 1848 die ersten Arbeitervereine in Stuttgart, Esslingen, Göppingen und Heilbronn als Vorform von Sozialdemokratie und Gewerkschaften. In Baden hatte sich die Zahl der in fabrikähnlichen Betrieben Beschäftigten von 3800 im Jahr 1809 bis 1849 nahezu versiebenfacht, noch aber lag die Zahl der Tagelöhner, Heimarbeiter und Handwerker um ein Zehnfaches höher. Mit der Arbeiterschaft kam die „soziale Frage" auf: Die Wochenarbeitszeit lag bei 70 bis 80 Stunden, Kinderarbeit war an der Tagesordnung. Die Löhne waren niedrig: Ein Facharbeiter im Textilbetrieb brachte es auf einen halben Gulden, sein Kollege in der Schmuckindustrie auf eineinhalb Gulden pro Tag; Frauen erhielten 70 Prozent der Männerlöhne, Kinder gerade mal um die 15 Kreuzer. Der Staat versuchte durch die Erziehung „industriöse" Werte wie Disziplin, Fleiß und Pünktlichkeit einzuüben und durch Fürsorge die Armut, Wohnungsnot und Krankheit zu lindern. Dem Industriepatriarchat überließ der Staat die Gestaltung von Fabrikordnungen und Arbeitsrecht, aber mit Industrieschulen in Baden im 18. Jahrhundert, mit Real- und Gewerbeschulen 1818 und 1829 in Württemberg, dem badischen Kinderschutzgesetz von 1840 oder Hilfskassen (Vorläufer der Krankenversicherung) schuf er zunehmend Bildungschancen und soziale Sicherheit. Die 1818 in Stuttgart „für Dienstboten und Angehörige der unbemittelten arbeitenden Klasse" gegründete „Württembergische Spar-Casse in Stuttgart" (heute Landessparkasse) oder diakonische Einrichtungen wie die 1840 von Gustav Werner (1809–1887) in Reutlingen errichtete „Rettungsanstalt für verwaiste und verwahrloste Kinder" gehörten mit zum schwäbisch-schaffigen Kapitalismus, den der Pietistenprälat Sixt Karl Kapff 1856 so beschrieb: „Mit freudiger Rührung sehe ich das Bild einer glücklichen Arbeiterfamilie, die ihr Glück nebst Gott der Sparkasse zu verdanken hat."

Die Dampfmaschine, die erste stand 1838 in Heidenheim, revolutionierte die Landwirtschaft (hier die Darstellung einer Dreschmaschine durch Christian Mali 1880).

Bis ins Jahr 1365 reicht die Tradition der Eisenverhüttung in Königsbronn zurück: Der von Thouret entworfene Stuttgarter Akademiebrunnen wurde 1811 gegossen.

Mit dem 1819–21 von Heilbronn aus gebauten Wilhelmskanal (hier eine Lithographie des Hafens um 1850) wurde die Neckarschiffahrt bis Bad Cannstatt möglich.

SCHIENENSTRÄNGE UND WASSERWEGE

Verkehr zu Wasser ... Neben gut ausgebildeten Arbeitskräften und neuen Energieformen war der Verkehr die Triebkraft der Wirtschaft: Der zunehmende Warentransport und die Einfuhr von Kohle erforderten neben Straße und Pferdewagen zusätzliche Verkehrsmittel und -wege.

So war zum Beispiel auf dem Rhein der geregelte Personen- und Warenaustausch erschwert. Der Fluß mäanderte wild durch die Aue, zwischen Basel und Mannheim lagen 2000 Inseln in Seitenarmen und Tümpeln. Die Landwirtschafts- und Siedlungsflächen am Ufer waren bei Schneeschmelze und Regenfällen ständig durch Überschwemmungen gefährdet, allein in den Jahren 1816–20 verursachte das Hochwasser einen Schaden von über einer Million Gulden. In den Sümpfen gediehen Stechmücken, sie brachten die Malaria und Hunderten von Menschen den Tod.

Der Ingenieur Johann Gottfried Tulla (1770–1828) hatte als Oberbaudirektor im Dienste des Großherzogs die geniale Idee, den „fressenden Rhein" zu bändigen und seinen Lauf zu korrigieren: „Kein Fluß der Welt braucht mehr als ein Bett!" erklärte er und begradigte den Rhein von 1817 an. Am Ende der sich bis 1874 hinziehenden Korrekturen war der Flußlauf um 80 Kilometer verkürzt, am Oberrhein waren 10000 Hektar Neuland gewonnen, die Landschaft hatte sich einschneidend verändert. Die Rheinschiffahrtsakte von 1831 machte den Strom zur zollfreien Wasserstraße, der wichtigsten Europas, 1840 entstand in Mannheim Deutschlands damals größter Binnenhafen.

Auch der Neckar wurde schiffbar gemacht und mit dem Bau des Wilhelmskanals 1821 von Heilbronn die Verbindung bis nach Bad Cannstatt geschaffen. Nach Treidelschiffen, die von Pferden gezogen wurden, und Kettenschleppern, die über festinstallierte Zahnräder liefen, kam die Dampfschiffahrt auf: Am Bodensee wurde „Wilhelm" vom Stapel gelassen, 1824 der erste regelmäßige Verkehr zwischen Friedrichshafen und Rorschach eingerichtet. Und auch auf den Flüssen setzte sich die Dampfkraft durch, 1841 verkehrte das erste Dampfboot auf dem Neckar.

Andere setzten auf Bahn, Boot oder Kutsche. Der badische Freiherr Karl Friedrich von Drais (1785–1851) wurde 1817 in Mannheim mit seinem „Laufrad" zum Wegbereiter des Fahrrads.

... und zu Lande Friedrich List hatte einen Traum: „Die Welt bewegt sich", erkannte der Nationalökonom und Eisenbahnpionier weitsichtig, und er sah eine „enge Wechselwirkung zwischen der Manufakturkraft und dem Nationaltransportsystem". In zahlreichen Schriften beschrieb er die Überlegenheit der Bahn aufgrund hoher Geschwindigkeit, weiträumiger Austauschmöglichkeit, großer Kapazitäten und niedriger Kosten gegenüber anderen Verkehrsmitteln. 1833 entwarf er den ersten Streckenplan für Deutschland, der die noch heute befahrenen großen Routen enthielt. Seine Ideen, die er auch für die Bahn in Baden und Württemberg entwickelte, setzten dann aber andere in die Tat um, so Friedrich Nebenius mit dem badischen Eisenbahngesetz von 1838, das 1840 den Weg für die Strecke Mannheim-Heidelberg freimachte. 1843 erreichte die Rheintalbahn Karlsruhe, 1845 Freiburg. In Württemberg wurde zunächst ebenfalls eine Staatsbahn gebaut, später kamen Privatbahnen hinzu. 1844 erfolgte der erste Spatenstich für die Linie Esslingen-Stuttgart-Ludwigsburg, 1845 wurde der Abschnitt Cannstatt-Untertürkheim in Betrieb genommen. Zu den großen Ingenieurleistungen gehörten der von Karl Etzel (1812–1865), dem Eisenbahnbaumeister Wilhelms I., vorangetriebene Rosensteintunnel und der Albaufstieg bei Geislingen. Für diese erste Gebirgsbahn auf dem Kontinent mußten 27 Millionen Gulden, mehr als die ganze Staatsschuld, aufgebracht und 113 Meter Höhendifferenz überwunden werden. 1850 keuchte der erste Zug die Steige hinauf, und allmählich wurde das Land mit einem engmaschigen Schienennetz überzogen, von Meckenbeuren bis Durlesbach. Der König zeigte sich auch nachtragend, denn er verzögerte die Fortführung der Neckartalbahn mit dem Hinweis auf revolutionäre Umtriebe: „Wenn den Städten Reutlingen, Tübingen und so weiter zugemutet werde, sie sollten noch länger Geduld haben, so werde dies nicht zuviel verlangt sein, wenn man bedenke, wieviel Geduld die Regierung mit diesen Städten in den Jahren 1848 und 1849 habe haben müssen." Aber da war der Zug der Zeit auf der schwäbischen Eisenbahn längst abgefahren.

Mit dem Rosenstein-Tunnel zwischen Stuttgart und Cannstatt (hier eine Abbildung um 1850) konnte die Bahnstrecke Esslingen–Ludwigsburg gebaut werden.

VON 1866 BIS ZUM ENDE DES ERSTEN WELTKRIEGES

Die nationale Einheit Deutschlands, ein zentrales Anliegen der Revolutionäre von 1848, kam in den Jahren nach der gescheiterten liberalen Bewegung nur wenig voran.

Württembergs König Wilhelm I. (1816–1864) hatte seine Zugeständnisse der Revolutionszeit längst rückgängig gemacht und die Grundrechte aufgehoben. Sein seit 1864 auf dem Thron sitzender Sohn Karl (1864–1891) nahm nur zögerlich eine liberalere Linie ein. In Baden dagegen regierte seit 1852 der beliebte und von liberalen Gedanken geprägte Großherzog Friedrich I. (1852/56–1907) so weitsichtig, daß ihm eine umfassende Integration aller politischen Richtungen in seiner Monarchie gelang.

Die deutsche Frage, das Erreichen nationaler Einheit, wurde erst seit den sechziger Jahren wieder akut. Großdeutsch – also mit Österreich – oder kleindeutsch – ohne Österreich unter preußischer Führung – waren die Möglichkeiten, die diskutiert wurden. Dabei ließ es sich nicht vermeiden, daß die südwestdeutschen Staaten in die preußisch-österreichische Auseinandersetzung um die deutsche Vorherrschaft hineingezogen wurden. In Württemberg, wo man den preußischen Einfluß fürchtete, fühlte man sich viel stärker zu Österreich hingezogen, und selbst in Baden, dessen Monarch mit Luise von Preußen verheiratet war, favorisierte die öffentliche Meinung die Anlehnung an Österreich.

Als es 1866 zum Krieg zwischen Österreich und Preußen kam, kämpften die Soldaten der beiden südwestdeutschen Länder auf der Seite der österreichischen Verlierer. Der preußische Sieg bedeutete das Ende des 1815 entstandenen Deutschen Bundes und sorgte für einen – nur zum Teil durch die Niederlage erzwungenen – Stimmungsumschwung in Baden und Württemberg zugunsten einer Annäherung an Preußen. Dem militärischen Anschluß an den Norddeutschen Bund folgte 1870 der erneut siegreiche Krieg Preußens und der süddeutschen Staaten gegen Frankreich, an dessen Ende 1871 die Gründung des Deutschen Reiches mit einem preußischen Kaiser stand. Baden und Württemberg waren nun Bundesstaaten

1866 – Krieg zwischen Österreich und Preußen; Preußen erringt mit seinem Sieg die deutsche Vorherrschaft, die südwestdeutschen Staaten stellen sich an seine Seite. Der Deutsche Bund besteht nicht mehr

1870/71 – Krieg gegen Frankreich unter preußischer Führung. Die deutschen Sieger rufen in Versailles das Kaiserreich aus. Baden und Württemberg werden zu Staaten des Deutschen Reiches

1876 – In Baden wird die Simultanschule eingeführt

1886 – Carl Benz meldet seinen Kraftwagen zum Patent an

1900 – Das erste Zeppelin-Luftschiff fliegt über den Bodensee

des Reiches und traten große Teile ihrer einstigen staatlichen Selbständigkeit – darunter die Militärhoheit – ans Reich ab.
Mit der nun nicht von liberalen, sondern von monarchisch-konservativen Kräften und von oben durchgesetzten nationalen Einheit begann ein ausgeprägter wirtschaftlicher Aufschwung. Eine reichsweit gültige Währung, die Mark, einheitliche Maße und Gewichte sowie ungehinderter Warenverkehr ließen die Wirtschaft boomen und beschleunigten die Industrialisierung. Das Eisenbahnnetz wurde immer dichter, seit der Begradigung und Regulierung des Oberrheins war ganzjährige Schiffahrt möglich. Die Fabriken, die mehr und mehr Arbeiter brauchten, ließen die Städte auf Kosten der Dörfer wachsen. Mannheim, Karlsruhe und der Mittlere Neckarraum entwickelten sich zu Zentren der industriellen Produktion.
Die nun ständig wachsende Gesellschaftsschicht der Arbeiter schuf neue soziale Herausforderungen und ließ die politische Bedeutung der Sozialdemokraten größer werden. Nach den Verfassungsreformen 1904 und 1906 trat die lange bekämpfte SPD in Baden und Württemberg als gleichberechtigte Partei neben Zentrum, Demokraten und Nationalliberale und bewies mit beachtlichen Wahlergebnissen ihren Rückhalt bei den Wählern.
Von der vaterländischen Begeisterung zu Beginn des Ersten Weltkrieges im August 1914 waren auch die Sozialdemokraten nicht ausgenommen. Die Euphorie war jedoch bald verflogen. Sehr schnell machte sich die reichsweite Versorgungskrise auch im Südwesten bemerkbar. Rohstoffe und Nahrungsmittel wurden knapp. Die bis dahin unvorstellbar furchtbaren Materialschlachten an der Westfront forderten täglich mehr Menschenleben, Frauen mußten ihre zu Soldaten gewordenen Männer in den Fabriken ersetzen. Die seit 1917 in Erwägung gezogenen Reformen der Reichsverfassung hin zur parlamentarischen Demokratie kamen nicht mehr rechtzeitig in Gang, um das Ende der Monarchien zu verhindern.
Der Krieg gegen die alliierte Übermacht war für Deutschland schon militärisch verloren, bevor im November 1918 die Revolution ausbrach und der Württemberger Matthias Erzberger den Waffenstillstand unterzeichnete. Ausgehend von Soldaten und Arbeitern breitete sich die Umsturzbewegung schnell aus. Am 10. November bildeten Sozialdemokraten sowohl in Baden als auch in Württemberg neue Regierungen. König Wilhelm II. und Großherzog Friedrich II. dankten ab. Damit waren die südwestdeutschen Staaten zu Republiken geworden.

1904
Badische Verfassungsreform: Einführung des allgemeinen direkten Wahlrechts

1906
Württembergische Verfassungsreform nach badischem Vorbild; die zweite Kammer wird zur reinen Volkskammer

1914–1918
Erster Weltkrieg

1918
Revolution in Baden und Württemberg: Mit der Abdankung König Wilhelms von Württemberg und Großherzog Friedrichs gehen die Monarchien zu Ende

Montagehalle der Daimler-Motoren-Gesellschaft in Cannstatt um 1900. Hier wurden die ersten Daimler-Wagen „in Serie“ zusammengebaut.

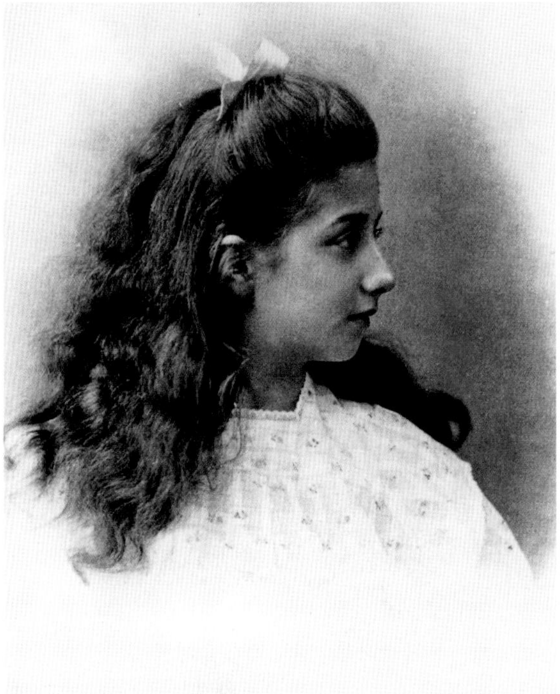

Ein Markenname entsteht: Als der Kaufmann Jellinek bei der neugegründeten Fabrik des Gottlieb Daimler auf einen Schlag 36 Wagen bestellte, wurde dieses Auto nach seiner Tochter Mercedes benannt.

1883 gründete Carl Benz (1844–1929) in Mannheim eine Gasmotorenfabrik; dort bastelte er an einem „Selbstfahrwagen". Für das von ihm ersonnene erste Auto der Welt, ein von einem Einzylinder-Viertakt-Benzinmotor angetriebenes Dreirad, erhielt Benz 1886 das Patent. Mit dieser Benzinkutsche fuhr seine Frau Berta 1888 von Mannheim nach Pforzheim, eine Pionierleistung in Sachen Individualverkehr.
Um 1900 produzierte die Firma Benz 570 Autos pro Jahr; von 1909 an hielt ein Benz-Rennwagen zehn Jahre lang mit 228 Stundenkilometern den Geschwindigkeits-Weltrekord.
Unabhängig und zeitgleich mit dem Mannheimer Carl Benz baute in Cannstatt bei Stuttgart Gottlieb Daimler (1834–1900) zusammen mit Wilhelm Maybach 1883 einen kleinen, leichten, schnellaufenden Explosionsmotor zur universalen Verwendung, zum Beispiel in Feuerspritzen, fahrbaren Sägemaschinen oder Kajütbooten. 1890 gründete er die Daimler-Motoren-Gesellschaft, die sich 1926 mit der Benz & Cie. zur Daimler-Benz-Aktiengesellschaft zusammenschloß.

DIE WIRTSCHAFTLICHE ENTWICKLUNG

Wirtschaftlicher Wandel Ende des 19. Jahrhunderts wuchs die badische Industrie – verglichen mit dem Reich und auch mit Württemberg – überdurchschnittlich dank der drei wichtigen Leitsektoren Chemie, Elektrotechnik und Automobilbau. Mit Soda und Seife (von Kaloderma in Karlsruhe und Sunlicht in Mannheim) und synthetischen Farbstoffen aus den 1864 gegründeten Badischen Anilin- und Sodafabriken (BASF) errangen badische Firmen beherrschende Marktstellungen und Weltgeltung. Die Entdeckung der elektromagnetischen Wellen durch den Physiker Heinrich Hertz, der seit 1885 an der neugegründeten Technischen Hochschule Karlsruhe forschte, beschleunigte die Entwicklung der Elektrotechnik – eines der vielen Beispiele, wie eng wissenschaftliche Erkenntnisse und deren wirtschaftliche Anwendung in dieser Zeit zusammenhingen, gerade auf diesem Gebiet.
Ab 1895 versorgten die Rheinkraftwerke in Laufenburg und Rheinfelden das Land mit Strom. Die Verbreitung der Elektrizität veränderte die industrielle Produktion (zum Beispiel auch das Uhrengewerbe) und die allgemeinen Lebensbedingungen nachhaltig und stark.

Mit der „Benzinkutsche" begann 1886 in Mannheim ein neues Zeitalter des Individualverkehrs. Carl Benz 1894 mit Frau und Tochter auf einem Benz-Viktoria.

Im Juli 1900 startete Ferdinand Graf Zeppelin (1838–1917) mit dem Luftschiff LZ 1 zum Jungfernflug von Friedrichshafen über den Bodensee, im Oktober 1924 flog ein Zeppelin erstmals über den Ozean nach Amerika. Auf diesem Bild ist die LZ 129 zu sehen.

Der Traum vom Schweben Graf Ferdinand von Zeppelin notierte 1874 in seinem Tagebuch Gedanken über ein lenkbares Luftschiff. Es dauerte dann noch ein Vierteljahrhundert, bis er seinen kostspieligen Traum vom Schweben realisieren konnte – mit Hilfe der vielfach verwendbaren neuen Motoren, die 1888 das erste so angetriebene Luftfahrzeug der Welt vier Kilometer weit vom Hof der Daimlerschen Fabrik nach Zuffenhausen fliegen ließen. Planer und Ingenieure wie Hugo Eckener und Wilhelm Maybach halfen dem Grafen über viele Rückschläge hinweg (1908 verbrannte das Luftschiff LZ 4 in Echterdingen). Wo immer der „Zeppel" zu Beginn des Jahrhunderts auftauchte, jubelte die Bevölkerung ihm zu.

Robert Bosch (1861–1942) begann als 25jähriger Tüftler in Stuttgarts Innenstadt mit einer Werkstatt für elektrische Anlagen und begründete damit einen Weltkonzern.

Unternehmergeist Tüftler und Unternehmer wie Robert Bosch symbolisierten den Aufstieg des Bürgertums nach 1860 auf wirtschaftlichem Gebiet im Rahmen einer liberalen Gesetzgebung. In gemieteten Hinterhausräumen in der Stuttgarter Rotebühlstraße gründete Bosch im November 1886 eine „Werkstätte für Feinmechanik und Elektrotechnik" und lieferte seinen Kunden Telefon- und Klingelanlagen, Haustelegrafen, Blitzableiter, Zigarrenanzünder und ähnliches, bereits 1887 einen Magnetzünder für Explosionsmotoren. 1897 gelang ihm die Entwicklung eines konkurrenzlosen neuen Magnetzünders, dessen Einsatz – zunächst in Daimler-Autos – von der Jahrhundertwende an die allgemeine Motorisierung beschleunigte. Von seinen Mitarbeitern verlangte Bosch Präzision, Phantasie und Sinn für Fortschritt (1902: 45, 1912: 4500, 1923: über 10000 Mitarbeiter); als Handwerker lagen ihm eine gute Lehrlingsausbildung und ein soziales Betriebsklima am Herzen.

„Ich zahle nicht gute Löhne, weil ich viel Geld habe, sondern ich habe viel Geld, weil ich gute Löhne zahle." (Robert Bosch, der im Vergleich zu den meisten Unternehmern seine Arbeiter besser bezahlte)

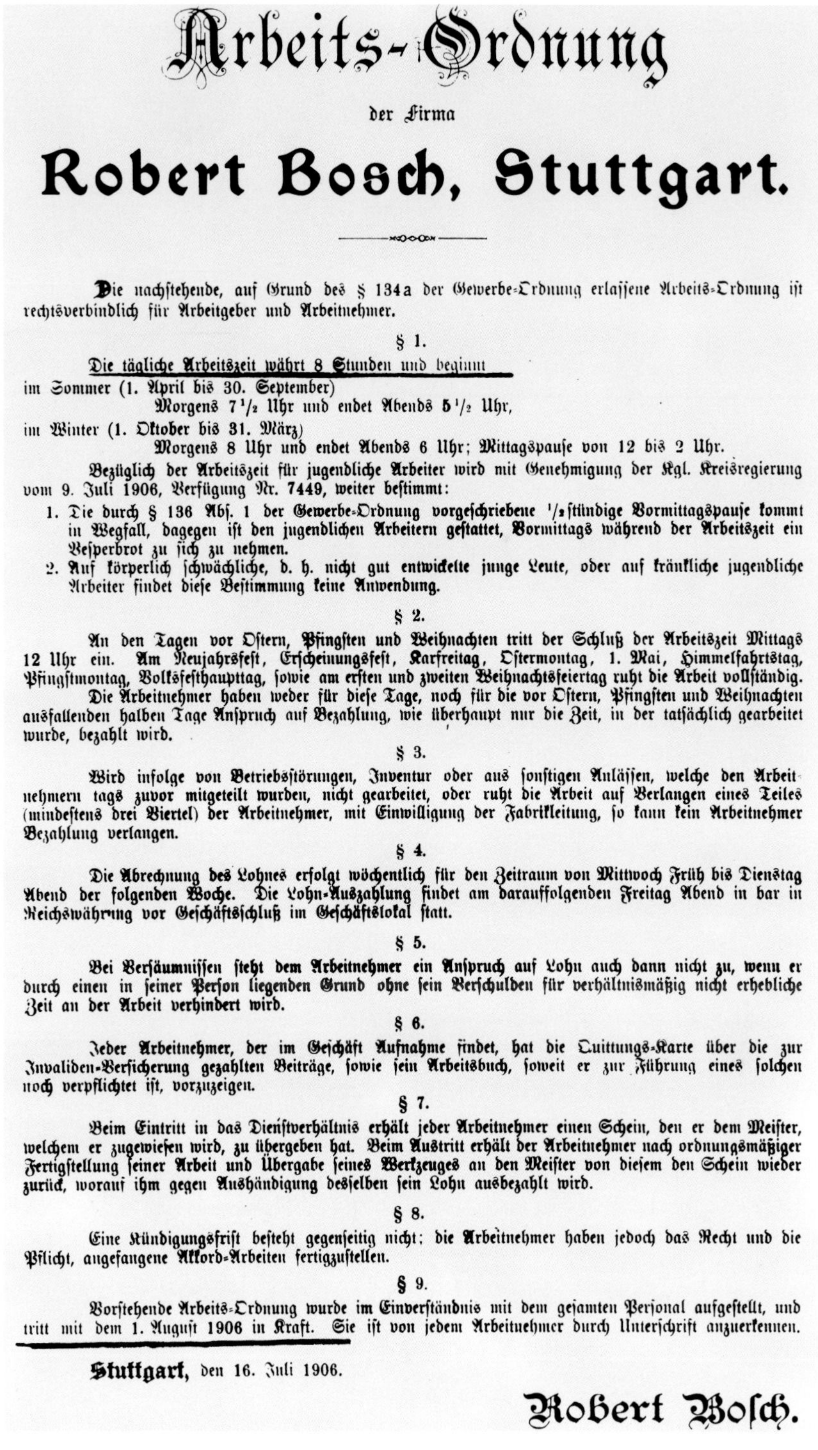

Arbeits-Ordnung

der Firma

Robert Bosch, Stuttgart.

Die nachstehende, auf Grund des § 134a der Gewerbe-Ordnung erlassene Arbeits-Ordnung ist rechtsverbindlich für Arbeitgeber und Arbeitnehmer.

§ 1.

Die tägliche Arbeitszeit währt 8 Stunden und beginnt
im Sommer (1. April bis 30. September)
Morgens 7 1/2 Uhr und endet Abends 5 1/2 Uhr,
im Winter (1. Oktober bis 31. März)
Morgens 8 Uhr und endet Abends 6 Uhr; Mittagspause von 12 bis 2 Uhr.

Bezüglich der Arbeitszeit für jugendliche Arbeiter wird mit Genehmigung der Kgl. Kreisregierung vom 9. Juli 1906, Verfügung Nr. 7449, weiter bestimmt:

1. Die durch § 136 Abs. 1 der Gewerbe-Ordnung vorgeschriebene 1/2stündige Vormittagspause kommt in Wegfall, dagegen ist den jugendlichen Arbeitern gestattet, Vormittags während der Arbeitszeit ein Vesperbrot zu sich zu nehmen.
2. Auf körperlich schwächliche, d. h. nicht gut entwickelte junge Leute, oder auf kränkliche jugendliche Arbeiter findet diese Bestimmung keine Anwendung.

§ 2.

An den Tagen vor Ostern, Pfingsten und Weihnachten tritt der Schluß der Arbeitszeit Mittags 12 Uhr ein. Am Neujahrsfest, Erscheinungsfest, Karfreitag, Ostermontag, 1. Mai, Himmelfahrtstag, Pfingstmontag, Volksfesthaupttag, sowie am ersten und zweiten Weihnachtsfeiertag ruht die Arbeit vollständig.

Die Arbeitnehmer haben weder für diese Tage, noch für die vor Ostern, Pfingsten und Weihnachten ausfallenden halben Tage Anspruch auf Bezahlung, wie überhaupt nur die Zeit, in der tatsächlich gearbeitet wurde, bezahlt wird.

§ 3.

Wird infolge von Betriebsstörungen, Inventur oder aus sonstigen Anlässen, welche den Arbeitnehmern tags zuvor mitgeteilt wurden, nicht gearbeitet, oder ruht die Arbeit auf Verlangen eines Teiles (mindestens drei Viertel) der Arbeitnehmer, mit Einwilligung der Fabrikleitung, so kann kein Arbeitnehmer Bezahlung verlangen.

§ 4.

Die Abrechnung des Lohnes erfolgt wöchentlich für den Zeitraum von Mittwoch Früh bis Dienstag Abend der folgenden Woche. Die Lohn-Auszahlung findet am darauffolgenden Freitag Abend in bar in Reichswährung vor Geschäftsschluß im Geschäftslokal statt.

§ 5.

Bei Versäumnissen steht dem Arbeitnehmer ein Anspruch auf Lohn auch dann nicht zu, wenn er durch einen in seiner Person liegenden Grund ohne sein Verschulden für verhältnismäßig nicht erhebliche Zeit an der Arbeit verhindert wird.

§ 6.

Jeder Arbeitnehmer, der im Geschäft Aufnahme findet, hat die Quittungs-Karte über die zur Invaliden-Versicherung gezahlten Beiträge, sowie sein Arbeitsbuch, soweit er zur Führung eines solchen noch verpflichtet ist, vorzuzeigen.

§ 7.

Beim Eintritt in das Dienstverhältnis erhält jeder Arbeitnehmer einen Schein, den er dem Meister, welchem er zugewiesen wird, zu übergeben hat. Beim Austritt erhält der Arbeitnehmer nach ordnungsmäßiger Fertigstellung seiner Arbeit und Übergabe seines Werkzeuges an den Meister von diesem den Schein wieder zurück, worauf ihm gegen Aushändigung desselben sein Lohn ausbezahlt wird.

§ 8.

Eine Kündigungsfrist besteht gegenseitig nicht; die Arbeitnehmer haben jedoch das Recht und die Pflicht, angefangene Akkord-Arbeiten fertigzustellen.

§ 9.

Vorstehende Arbeits-Ordnung wurde im Einverständnis mit dem gesamten Personal aufgestellt, und tritt mit dem 1. August 1906 in Kraft. Sie ist von jedem Arbeitnehmer durch Unterschrift anzuerkennen.

Stuttgart, den 16. Juli 1906.

Robert Bosch.

Zu Pünktlichkeit, Hygiene, Fleiß und Sicherheit sollten die Fabrikordnungen erziehen. Als erster deutscher Unternehmer verkürzte Bosch 1895 die tägliche Arbeitszeit von zehn auf neun Stunden. 1906 garantierte er mit dieser Arbeits-Ordnung den Acht-Stunden-Tag.

Arbeiterwohnung in Stuttgart, um 1900.

„Gmindersdorf" in Reutlingen, 1904–1913 nach Plänen von Theodor Fischer für zuwandernde Arbeiter der Spinnerei Ulrich Gminder errichtet.

GESELLSCHAFT UND INDUSTRIEZEITALTER

Vom Dorf in die Stadt Im Zuge der Industrialisierung des Landes wuchsen die Städte und veränderten ihr Erscheinungsbild. Viele – zum Beispiel ehemalige freie Reichsstädte oder Residenzen – verloren ihre Bedeutung. Die beiden neuen Hauptstädte Karlsruhe und Stuttgart (1850: rund 50000 Einwohner; um 1900: 180000) entwickelten sich mit den zunehmenden neuen Repräsentations- und Verwaltungsaufgaben rasant, nicht zuletzt durch ständige Zuwanderungen aus ländlichen Gebieten.

Nach 1860 wurden viele mittelalterliche Stadtmauern geschleift, Bahnhöfe meist am Rande der alten Stadtkerne gebaut, neue Straßenführungen und moderne Entwässerungssysteme geschaffen und neue Viertel angelegt (etwa die Zähringer-Vorstadt in Freiburg). Im Rahmen dieser Stadtentwicklung bildete sich eine strikte Trennung der unterschiedlichen sozialen Klassen heraus: In Villenvierteln lebten Beamte, Kaufleute und Unternehmer, in Arbeitervierteln Arbeiter und Handwerker. In der Mannheimer Neckarvorstadt, ehemals ein Naherholungsgebiet, entstand in wenigen Jahren ein Arbeiterviertel, durch Zuwanderer aus den Dörfern war es ständig überfüllt. Eine durchschnittliche Wohnung einer Arbeiterfamilie umfaßte zwei Zimmer mit Küche, in jedem Zimmer waren mehrere Bettstellen. Schlafgänger – unverheiratete Männer, die nur zum Schlafen kamen –, machten die Räume noch enger.

1845 zählte in Württemberg (Gesamtbevölkerung: 1761813) ein Drittel zur „unteren Klasse" der Arbeiter. Arbeitersiedlungen mit „dörflichem" Charakter (zur besseren Integration der Zuwandernden) entstanden direkt neben den Fabriken, bis Anfang des 20. Jahrhunderts meist getrennt von bürgerlichen Wohngebieten. Ein mustergültiges Beispiel war das Gmindersdorf in Reutlingen: Neben Wohnungen fanden sich hier Geschäfte und soziale Einrichtungen. Am Rande der Siedlung, im Halbrund gruppiert, befanden sich die Altenwohnungen. Dort kamen die Bewohner auf dem Weg in die Felder vorbei und ließen die Alten so am sozialen Leben des „Dorfes" teilhaben.

Bürgerlicher Stammtisch im Gasthaus „Uhu" in Schramberg/Schwarzwald, um 1900.

Graf Eberhard im Bart, „Württembergs geliebter Herr" (Justinus Kerner), erließ bereits 1492 eine Stadtreinigungssatzung und gilt damit als Erfinder der schwäbischen Kehrwoche.

Gesellschaftliche Formierung Als Reaktion auf die großen Umschichtungen im sozialen Bereich und auf die bisweilen als geradezu gewalttätig empfundene Industrialisierung und Urbanisierung des Landes bildeten sich zahlreiche Formen der Solidarität und Selbsthilfe heraus: Parteien, Gewerkschaften, Genossenschaften, Wohlfahrtsverbände und vielfältige Vereine. Sie dienten im bürgerlichen Lager der Bildung und Geselligkeit, der Förderung von Handel und Gewerbe, innerhalb der Arbeiterbewegung – nach Aufhebung des Vereinsverbots 1862 – der Selbstorganisation, zum Beispiel in Gesellen-, Arbeiterbildungs- oder Konsumvereinen. Eine eigenständige Arbeiterbewegung entstand im letzten Drittel des 19. Jahrhunderts mit den Gewerkschaften und der Sozialdemokratischen Partei.

Für die Kranken- und Wohlfahrtspflege des Landes war die Gründung des Badischen Frauenvereins 1859 ein großer Reformschritt. Angesichts der Kriegsgefahr engagierte sich die badische Großherzogin Luise (1838–1910) für Menschen, die in Not geraten waren, und für verwundete und kranke Soldaten. Ursprünglich sollte der Verein dafür Geld und Naturalien sammeln. Wie groß jedoch der Bedarf an örtlicher Krankenpflege war, zeigte die rasche Entwicklung dieses Vereins (1859: 95 Ortsvereine, 1906: 370 mit insgesamt 67 564 Mitgliedern), der bereits drei Jahre nach Gründung des Roten Kreuzes in Genf (1863) als Rotkreuz-Gesellschaft anerkannt wurde. Mit dem Schwinden der akuten Kriegsgefahr veränderte sich die Idee der Stifterin, und die Aufgabenstellung solcher Vereine in Baden und Württemberg erweiterte sich bis hin zur Ausbildung im Bereich der Krankenpflege.

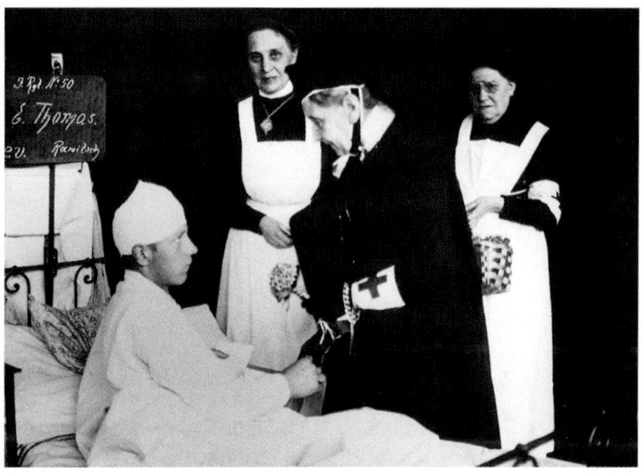

Großherzogin Luise von Baden auf Krankenbesuch. 1859 gründete sie den Badischen Frauenverein, der 1866 als Rotkreuzorganisation anerkannt wurde („Badische Schwesternschaft vom Roten Kreuz").

Fachhochschule für Wirtschaft und Technik in Reutlingen (im Vordergrund), 1855 von Steinbeis als Webschule gegründet.

Ferdinand Steinbeis (1807–1893), einer der Väter der württembergischen Gewerbe- und Industrieentwicklung.

AUSBILDUNG ALS GRUNDLAGE

Wurzeln des Wohlstands 1816/17 erlebte Südwestdeutschland ein schweres Not- und Hungerjahr. Viele Menschen wanderten aus, die bäuerlichen Feudallasten und die Leibeigenschaft wurden in Württemberg aufgehoben (1817 und 1818). Als Reaktion auf die Mißernte von 1816 wurde in Hohenheim 1817 eine landwirtschaftliche Unterrichts- und Versuchsanstalt gegründet: Hier sollten die Landwirte die neuesten Methoden des Ackerbaus erlernen. Schon 1820 traf sich in Karlsruhe regelmäßig ein Gremium („Handelskammer"), dessen Statuten allerdings erst 1850 vom Ministerium genehmigt wurden. Seit 1840 gab es in Baden eine Schulpflicht für Lehrlinge und Gesellen, seit 1850 in Furtwangen eine Uhrmacherschule, 1855 in Reutlingen eine Fachschule für das Textilwesen und 1870 eine in Stuttgart für das Bauwesen. Mit der Gründung des Deutschen Zollvereins 1833 und der Aufhebung des Zunftzwanges und damit der Einführung der Gewerbefreiheit (1862) waren wesentliche Rahmenbedingungen für die weitere wirtschaftliche Entwicklung der rohstoffarmen Länder Baden und Württemberg abgesteckt. 1848 begann die planmäßige staatliche Gewerbe- und Wirtschaftsförderung mit der Gründung der „Centralstelle für Gewerbe und Handel" in Stuttgart. Deren erster Leiter, Ferdinand Steinbeis, setzte Akzente vor allem bei der Entwicklung kleinerer und mittlerer Betriebe, etwa durch die Vermittlung moderner Kenntnisse, durch gezielt eingesetzte Darlehen, Verbreitung und Einsatz ausländischer Maschinen (wie die 1855 in Amerika erworbene Nähmaschine), durch Absatzförderung und praxisnahe Ausbildung in Fortbildungsschulen, durch die Vermittlung von anschaulichen Beispielen und Anregungen, durch ein „gewerbliches Musterlager" sowie durch Ausstellungen und Messen.

Landwirtschaftliche Akademie im Schloß Hohenheim

Innenansicht des Theatersaales der Wilhelma in Stuttgart

Im orientalischen Stil Seit seinem Amtsantritt 1816 versuchte der württembergische König Wilhelm I. (1781–1864) durch das Zusammenspiel von Historie, Architektur und Landschaft die große Welt in die Abgeschiedenheit der schwäbischen Metropole Stuttgart zu holen. Sein erster Hofbaumeister, Giovanni Salucci (1769–1845), baute ihm von 1822 bis 1829 wegen der schönen Aussicht einen Landsitz über dem Neckar: Schloß Rosenstein, dessen Park ein englischer Landschaftsgärtner plante. Der zweite Hofbaumeister ab 1845, Karl Ludwig Zanth (1796–1857), baute dem König erst ein spätklassizistisches Theater nach Pariser Mode mit einer antiken Vorbildern nachempfundenen Dekorationsmalerei im kreisrunden Zuschauerraum. Dann erhielt er 1842 den Auftrag für eine Villa mit Gewächshäusern im maurischen Stil neben dem Theater. Nach der Fertigstellung der „Wilhelma", benannt nach dem zufriedenen Bauherrn, wurde Zanth gleich mit einer dazugehörenden Gartenanlage und weiteren Bauten beauftragt.

Kennzeichnend für die Wilhelma, die seit dem Ersten Weltkrieg zu einem botanischen und nach dem Zweiten Weltkrieg zu einem zoologisch-botanischen Garten umgestaltet wurde, ist die Verbindung von klarer klassischer Gliederung mit orientalischer Architektur und Ornamentik.

Mit seinem Roman „Lichtenstein“ von 1826 war Wilhelm Hauff der geheime Architekt der 1840/42 neu errichteten Burg auf einem Steilfelsen über Honau.

Auf der Suche nach neuen Formen und Bauweisen entstanden in der Verbindung von Architektur und Landschaft bedeutende Jugendstilbauten in Baden wie etwa der Rosengarten in Mannheim mit Wasserturm und Festhalle.

NEUGOTIK UND JUGENDSTIL

Gebaute Geschichte Eine „Ritterburg im edelsten Style des Mittelalters“, so ein zeitgenössischer Reiseschriftsteller, ließ Herzog Wilhelm von Urach (1810–1869) sich von dem Architekten und Nürnberger Konservator Karl Alexander Heideloff auf der Reutlinger Alb errichten. Herzog Wilhelm, 1843 Mitbegründer des württembergischen Altertumsvereins, galt als einer der „Promotoren des Historismus im Königreich Württemberg“ (Max Schefold). Herzog Wilhelm stattete die Burg, deren Grundriß und Anlage historischen Vorbildern gleicht, mit mittelalterlichen und frühneuzeitlichen Kunstgegenständen würt-

tembergischer Herkunft aus und ließ die Räume entsprechend spätmittelalterlich dekorieren und ausmalen. Heideloff fügte die Burg Lichtenstein so in die Landschaft ein, daß sie gleichsam aus dem Felsen herauszuwachsen schien, er inszenierte die private Anlage für den Betrachter mit einer Aura öffentlicher Symbolik. Das lag nicht zuletzt an der Vorlage, die Wilhelm Hauff mit seinem überaus populären historischen Roman „Lichtenstein. Romantische Sage aus der württembergischen Geschichte“ geliefert hatte. Vor allem historisierende Verzierungen veränderten solche Bauten allmählich. Für den südwestdeutschen Jugendstil um die Jahrhundertwende war dabei das Zusammenspiel von Natur und Architektur kennzeichnend, was der Rosengarten in Mannheim beispielhaft zeigt.

Für Baden-Baden, die „Sommerhauptstadt Europas" im 19. Jahrhundert, baute Friedrich Weinbrenner 1821/24 das Kurhaus im klassizistischen Stil.

Repräsentative Bauten Im Zuge der Napoleonischen „Flurbereinigung" wurde die südwestdeutsche Landkarte radikal vereinfacht. Übrig blieben das Königreich Württemberg, das Fürstentum Hohenzollern und das Großherzogtum Baden. Nach römischen Vorbildern ließ Napoleon Bauten im Stil des Empire und des Klassizismus groß und erhaben, eben kaiserlich, inszenieren. Das junge Großherzogtum Baden hatte in Friedrich Weinbrenner einen Baumeister, der ab 1800 nicht nur die Residenz Karlsruhe entsprechend umbaute. Die Eigenart seines klassizistischen Stils, ausgehend von der Antike, von Palladio, dem italienischen Architekten des 16. Jahrhunderts, und von der französischen Revolutionsarchitektur, war einfach, schwer und derb. Weinbrenner baute die Residenz Karlsruhe zeitgemäß aus und legte die Nord-Süd-Achse an, die auf das Schloß zuführt, ebenso eine Ost-West-Verbindung. Die evangelische Stadtkirche mit der klassizistischen Säulenarchitektur, das Rathaus, die katholische Stadtkirche, Residenz- und Kanzleigebäude, Kunsthalle und Orangerie – alles wurde wuchtig im unverwechselbaren Weinbrenner-Stil gestaltet für eine Stadt, deren 15000 Einwohner in der ersten Jahrhunderthälfte zu mehr als 50 Prozent Beamte, Hofleute und Soldaten waren.

Auch in Baden-Baden, „Europas Sommerhauptstadt" des 19. Jahrhunderts, baute Weinbrenner entsprechend großartig und eindrucksvoll: zwischen 1821 und 1824 das klassizistische Kurhaus, vor dem man ebenso repräsentativ flanierte.

Festsaal der Pfullinger Hallen, die 1904 von Theodor Fischer als Veranstaltungshaus für „Liederkranz" und „Turnverein" entworfen wurden.

Imperiale Industriearchitektur im Stile eines Schlosses: Dieses Gebäude wurde im Ersten Weltkrieg in der Südweststadt von Karlsruhe als Waffenfabrik (IWKA) erbaut (Architekt: Philipp Jacob Manz), heute wird es vom „Zentrum für Kunst und Medientechnologie" genutzt.

NEUES BAUEN

Regionale Tradition Die Abkehr vom romantisch-historisierenden Bauen, der Beginn eines neuen architektonischen Stils ist in Württemberg mit dem Namen Theodor Fischer (1862–1938) verbunden, der von 1901 an Professor an der Technischen Hochschule in Stuttgart war. Ihm waren die regionale Bautradition, eine solide handwerkliche Ausführung mit herkömmlichen Materialien und vor allem die „städtebauliche Harmonie", die Einfügung eines Neubaus in die architektonische und landschaftliche Umgebung, wichtig. Zahlreiche Gebäude in Stuttgart wie etwa das Gustav-Siegle-Haus (1912) und die Kunsthalle am Schloßplatz (1913) legen Zeugnis von Fischers neuem Bauen ab. 1905 schuf er im Auftrag des Fabrikanten Louis Laiblin die „Pfullinger Hallen", ein Veranstaltungshaus mit zwei Großräumen, einem Festsaal mit Bühne und einer Sporthalle mit einem Tonnengewölbe aus Eisenbeton, zu dieser Zeit eine konstruktive Pionierleistung. Die Kombination von Tradition und moderner Technologie ist kennzeichnend für Fischers Streben „nach Einfachheit und Größe" (so der Kritiker Julius Baum). 1906/7 wurden die Wände im Festsaal der Pfullinger Hallen von Adolf Hölzel (1853–1934) und seinen Schülern mit Wandbildern versehen: allegorische Darstellungen von Musik und Tanz sowie symbolische Bilder vom Erwachen der Menschheit, die an Frührenaissance-Fresken von Giotto erinnern und zu den Meilensteinen württembergischer Kunstgeschichte zählen.

Technische Bauten Für die beschleunigte (Hoch-) Industrialisierung Badens und Württembergs ab 1860 war nicht zuletzt die Verkehrserschließung durch ein dichtes Eisenbahnnetz eine wichtige Voraussetzung. Den Anfang bildeten die Strecken Mannheim–Heidelberg 1840 und Cannstatt–Untertürkheim 1845. Der Albanstieg an der Geislinger Steige (1850), die erste Gebirgsüberquerung in Europa, und die tunnelreiche Schwarzwaldbahn Offenburg–Singen (1873) waren frühe streckenbautechnische Meisterleistungen. Außerdem mußten für den Bahnbetrieb vielfältige technische Anlagen und Hochbauten entwickelt werden. Die 1846 gegründete Esslinger Maschinenfabrik produzierte schon 1847 die ersten Lokomotiven und entwickelte sich zu einer bedeutenden Lokomotiv-, Stahlbau- und Anlagenfabrik: Sie lieferte 1906/7 für den Übergang einer Bahntrasse am Eingang der Ulmer Altstadt eine 112 Meter lange Eisenkonstruktion, die als Kragbrücke auf Pfeilern ruht und deren rund 25 Meter langes Mittelstück, der Schwebeträger, in die beiden Seitenteile eingesetzt wurde. Mit ihren geschwungenen Bögen wirkt sie wie eine Hängebrücke. Sie ist mit neugotischen Elementen verziert, die auf den 1890 vollendeten Turm des Ulmer Münsters verweisen sollten. Solche sinnfälligen Bezüge waren nicht zufällig: Bahnhöfe galten im 19. Jahrhundert als „Kathedralen der industriellen Revolution“ und wurden, samt den dazu gehörenden Einrichtungen, entsprechend aufwendig gestaltet. Für die Versorgung der Dampflokomotiven wurde 1912 in Crailsheim ein Wasserturm mit einer Kugel aus doppelt gekrümmtem Stahlblech (Fassungsvermögen maximal 500 Kubikmeter) erbaut , lange Zeit ein Prototyp. Inzwischen ist er ein Denkmal für die Entwicklung der Eisenbahn. Im Zuge der beschleunigten Industrialisierung des Landes ab 1860 stieg übrigens die Lebenserwartung der Menschen von 28 (1871) auf über 45 Jahre (vor dem Ersten Weltkrieg).

Neutorbrücke in Ulm: Sie wurde im Zuge des wachsenden Straßenverkehrs einer Großstadt 1906/7 als Überquerung einer Bahntrasse gebaut.

Der Wasserturm in Crailsheim wurde 1912 für die Versorgung von Dampflokomotiven mit Brauchwasser errichtet.

DER ERSTE WELTKRIEG

Groß- und kleindeutsch Als der liberale badische Großherzog Friedrich I. (1826–1907) am 18. Januar 1871 im Spiegelsaal von Versailles seinen Schwiegervater, den Kaiser Wilhelm I., nach dessen Proklamation im Namen der versammelten deutschen Fürsten hochleben ließ, wird er sich wohl kaum die weitere Entwicklung des kleindeutschen Nationalstaates unter preußischer Führung bis hin zum Ersten Weltkrieg vorgestellt haben können. Nach dem preußischen Sieg 1866 bei Königgrätz über die Österreicher war er – in realpolitischer Einschätzung der Machtverhältnisse – mit den badischen Liberalen von großdeutschen Einigungsträumen an der Seite Österreichs abgerückt und ins Lager der Sieger umgeschwenkt. Bei seinem Amtsantritt, zunächst von 1852 als Prinzregent, von 1856 an als Großherzog, galt er zu Recht als fortschrittlich, weltoffen und modern. Baden erwarb sich unter ihm den Ruf eines liberalen Musterlandes, wozu Verwaltungs-, Justiz- und Schulreformen, die Einführung der Gewerbefreiheit (1862) und des allgemeinen, gleichen und geheimen Wahlrechts (ab 1868 auch in Württemberg, in beiden Fällen nur für Männer) beitrugen. 1868–1893 hatte das Großherzogtum in Moritz Ellstätter erstmals einen Juden als erfolgreichen (Finanz-)Minister, worin sich auch die Emanzipation der badischen Juden zu jener Zeit dokumentiert. In den Ersten Weltkrieg zogen Badener und Württemberger gleichermaßen überzeugt, das Vaterland, dessen komplizierte Macht- und Bündnisbalance Kaiser Wilhelm II. nach Bismarcks Entlassung verspielt hatte, verteidigen zu müssen.

„Wir Deutschen fürchten Gott, sonst nichts in der Welt." Reservistenkrug und Reservistenbild von 1911 aus Württemberg.

Großherzog Friedrich I. regierte als volkstümlicher Landesvater (Bild von Hans Thoma, 1901).

König Wilhelm II. verabschiedete am 6. August 1914 die württembergischen Truppen, die in den Krieg zogen.

„Es wäre unklug leugnen zu wollen, daß die Sympathie, deren sich der verstorbene Fürst erfreute, sich nicht nur auf die Anhänger des monarchischen Regierungssystems beschränkte. (…) Er war bestrebt, seine Pflicht nach seiner innersten Überzeugung zum Wohle des Volkes zu erfüllen."
(Der „Volksfreund", Parteiblatt der badischen Sozialdemokraten, am 28. September 1907 zum Tod Großherzog Friedrichs I., eines der „populärsten deutschen Fürsten")

Württembergs letzter König Wilhelm II. (1848–1921) zog sich nach seiner Abdankung 1918 ins Schloß Bebenhausen bei Tübingen zurück.

„'s hot emol en Bebehause / onser König aohne Flause / seine Nochbersbaure gfroget: / ‚Wia goht's em nuie Staat, / send 'r zfrieda, weand 'r ploget?' / Dodruf hot en Alter gsait: / ‚O Herr König, des ist's grad, / daß es en dr heutge Zeit / glernte König nemme geit'." (Sebastian Blau, alias Josef Eberle, über eine anekdotische Begegnung zwischen dem König und einem Spaziergänger 1920 im Wald bei Bebenhausen)

Loyal beim Säbelrasseln Thaddäus Troll, der kritische Heimatpoet, legte 1978 am Ludwigsburger Grab zu Ehren „des einzigen wahren Demokraten, der je in Württemberg regiert hat", einen Kranz nieder: Wilhelm II., Württembergs letzter „gelernter" König, regierte in einer Zeit der großen politischen, wirtschaftlichen und sozialen Umbrüche bürgernah, mildtätig, dem „besonnenen Fortschritt" verpflichtet, hochgebildet. Als erster deutscher Fürst hob er schon bald nach seinem Regierungsantritt per Gesetz die Pressezensur auf. „Die für seine Zeit kühne Anordnung ‚Es ist erlaubt, alles ohne Censur drucken zu lassen', bezeichnete der König in der Präambel des Gesetzes als ‚Beweis Unserer Gesinnung und Unseres Vertrauens, daß diese Freyheit nicht werde mißbraucht werden'." (Martin Löffler, Presserechtler). Dem preußischen Kaiser Wilhelm II. war er als Demokratenfreund verdächtig.
Der Württemberger war vor der Reichsgründung preußenorientiert, das martialische Säbelrasseln des Kaisers war ihm jedoch äußerst zuwider, gleichwohl war er ihm gegenüber sehr loyal. Auch wenn er tränenden Auges eine halbe Million Landeskinder in den Krieg schickte, mit den württembergischen Sozialdemokraten, die anders als die Berliner Genossen gegen Kriegskredite waren und sich bereits 1915 spalteten, hatte der König dann doch nichts im Sinn. Die anfängliche Kriegsbegeisterung verflog übrigens recht schnell, als in Karlsruhe bereits kurz nach Kriegsausbruch die ersten Toten und Verwundeten aus dem nahen Frankreich eintrafen und als das Kriegsende nicht wie gehofft schnell kam.

Auf dem Truppenübungsplatz Münsingen auf der Schwäbischen Alb wurden im Ersten Weltkrieg Gefangene in Barackenlagern untergebracht, hier russische Soldaten.

Die Straßenreinigung an der Heimatfront, hier in Karlsruhe, mußten während des Krieges Frauen übernehmen.

Haus des Arztes Dr. Nathan Wolf. Die Häuser der wenigen Oberschicht-Juden in Öhningen-Wangen (Bodensee) hatten ein Walmdach, christliche Häuser ein Satteldach – ein kleiner Unterschied bei großer kultureller Assimilation.

JÜDISCHE LANDGEMEINDEN

Versorgungsfaktor Seit ihrer ersten urkundlichen Erwähnung im 13. Jahrhundert hierzulande (Wertheim 1212, Freiburg 1230, Schwäbisch Hall, Konstanz und Ulm 1241/42) wurden Juden immer wieder verfolgt, als Hostienschänder, Ritualmörder und Brunnenvergifter beschuldigt, so 1348/49, als man sie für die verheerende Pest in Europa verantwortlich machte. Sie wurden in ihren Rechten eingeschränkt, aus dem Wirtschaftsleben verdrängt, im 15. und 16. Jahrhundert aus den meisten Städten ausgewiesen. Kleine reichsritterschaftliche Territorien, auch geistliche Orden nahmen die Juden im 17. und 18. Jahrhundert gegen hohe „Schutzgelder" und andere Sonderabgaben auf, nicht zuletzt weil man mit ihrer Hilfe die im Dreißigjährigen Krieg zerstörten Dörfer wieder aufbauen und beleben wollte. Sie wurden ein wichtiger Versorgungsfaktor im ländlichen Raum. Während Juden im Mittelalter fast ausschließlich in Städten lebten, änderte sich das in der frühen Neuzeit: Als Württemberg Königreich wurde, lebten von den rund 10 000 Juden 93 Prozent als Minderheit in kleinen Gemeinden, sogenannten „Judendörfern" wie Rexingen bei Horb, Buttenhausen auf der Alb, Jebenhausen bei Göppingen. Ihre Lebensbedingungen waren erbärmlich, ihren Unterhalt bestritten sie als Hausierer, Geld- und Viehhändler. Ein Handwerk oder die Landwirtschaft war ihnen verwehrt. Judenhäuser lagen zumeist streng abgesondert von christlichen Wohngebieten. Nur ganz wenigen gelang es, aus den so vorgezeichneten Bahnen auszubrechen und – mit großem Risiko – bei irgendeinem Souverän als Hoffaktor oder Finanzjude zu Reichtum zu kommen, wie Joseph Süß Oppenheimer, Finanzier des württembergischen Herzogs Karl Alexander.

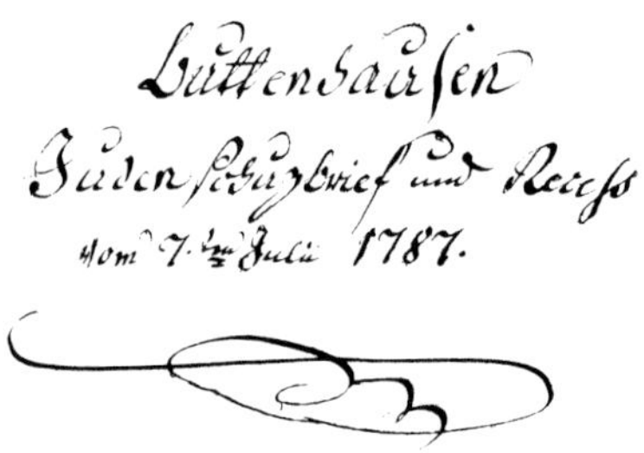

Titelblatt des Buttenhausener Judenschutzbriefs vom 7. Juli 1787. Dem Herrn des Ortes, Freiherr Philipp Friedrich von Liebenstein, gehörte auch das „Judendorf" Jebenhausen bei Göppingen.

Auf dem Rexinger Friedhof liegen die Gedenksteine für die im Ersten Weltkrieg gefallenen Juden und Christen nebeneinander.

Kulturelle Assimilation Anfang des 19. Jahrhunderts setzte in den Ländern Baden, Württemberg und Hohenzollern ein sehr langer Prozeß ein, den Juden bürgerliche Rechte (zurück-) zu geben. 1828 wurde in Württemberg das „Gesetz in Betreff der öffentlichen Verhältnisse der israelitischen Glaubensgenossen" verabschiedet, ein Reformgesetz, mit dem Juden durch eine umfassende Neuordnung des jüdischen Religions- und Bildungswesens zur kulturellen Assimilation erzogen werden sollten. 1862 in Baden, 1864 in Württemberg, wurde Juden die bürgerliche Gleichberechtigung mit Niederlassungs- und Gewerbefreiheit eingeräumt. Das führte zur Landflucht. In Jebenhausen bei Göppingen zum Beispiel lebten 1840 550 Juden, 1871 noch 127 und 1910 gerade noch vier. In den Städten konnte sich ein liberal gesinntes, kulturell assimiliertes jüdisches Bürgertum etablieren. Kirchenrat Joseph Maier schloß 1861 seine Weiherede auf die neue Stuttgarter Synagoge mit dem Satz: „Stuttgart ist unser Jerusalem". Das trug ihm scharfe Kritik der orthodoxen Landjuden ein, zeigte aber, wie sehr die Juden sich inzwischen als Deutsche fühlten. Sie zogen 1914 ebenso begeistert in den Krieg wie die Deutschen, um die Heimat zu verteidigen. In Baden lag die Zahl der Juden (1880: 26500 = 1,7% der Gesamtbevölkerung) höher als in Württemberg (1880: 13300 = 0,67%). Die liberalere politische Tradition Badens zeigte sich etwa darin, daß in Gailingen, dem Ort mit dem größten Anteil jüdischer Bürger, diese auch lange Zeit den Bürgermeister der Gemeinde stellten.

Der jüdische Kommerzienrat Lehmann Bernheimer stiftete 1904 eine Realschule in Buttenhausen und schuf so die Möglichkeit einer gemeinsamen höheren Schulbildung für Christen und Juden (Schulklasse im Winterhalbjahr 1916/17).

„Über dem Emanzipationsversuch der Juden hatte man die Christen vergessen: Sie waren unfähig, Tugenden wie Solidarität oder Brüderlichkeit zu entwickeln, sie sahen nur, daß die neuen Rechte für Juden eigene Rechte bedrohten. (...) Die Folgen dieser württembergischen Einheitspolitik, die das Anderssein nicht akzeptierte, sondern als Makel darstellte, zeigten sich erst sehr viel später – als es eigentlich schon zu spät war."
(Utz Jeggle, „Judendörfer in Württemberg")

Synagoge der ehemaligen Freien Reichsstadt Buchau, 1837/38 im klassizistischen Stil mit finanzieller Hilfe von König Wilhelm I. errichtet. Als einzige deutsche Synagoge erhielt sie einen Glockenturm – ein Indiz, wie sehr die jüdische Religion hier konfessionalisiert worden war.

Jüdisches Amulett mit der Gebotstafel mit den zehn Geboten, darüber eine stilisierte Krone. In die Rolle (Megilla) konnte Parfüm gefüllt werden, oft ein Geschenk zwischen Braut und Bräutigam.

VON WEIMAR BIS 1945

Kein König und kein Großherzog mehr: Der Untergang der Monarchien 1918 zog zugleich einen Schlußstrich unter die Eigenstaatlichkeit Badens und Württembergs. Die beiden Staaten waren nun als Länder Teil des Deutschen Reiches. Die von der Weimarer Verfassung gestärkte Zentralgewalt des Reiches ließ die Entwicklungen im Südwesten ähnlich verlaufen wie im übrigen Deutschland. Allerdings waren die demokratischen Regierungen Württembergs und Badens in der Weimarer Zeit im ganzen gesehen stabiler als die zahlreichen Reichsregierungen. Aber auch der Südwesten litt unter den Angriffen linker und rechter Extremisten auf den demokratischen Staat; auch in Württemberg und Baden standen große Teile der Bevölkerung nur halbherzig zur neuen Republik. Neben kommunistischen Umtrieben erschütterte der Terror von rechts die Demokratie, so als 1921 der Zentrumspolitiker Matthias Erzberger bei Bad Griesbach erschossen wurde. Krawalle löste vor allem die Ruhrkrise 1923 und in ihrem Gefolge die französische Besetzung von Teilen Badens aus.

Dabei hatte die Politik nach den großen Schwierigkeiten der Anfangsjahre durchaus Erfolge vorzuweisen: Das Schulwesen wurde großzügig ausgebaut, die Anlage planmäßiger Siedlungen milderte nach und nach die Wohnungsnot, mit der Wirtschaft ging es wieder aufwärts. Als erstes deutsches Land führte Württemberg 1924 die gesetzliche Trennung von Kirche und Staat ein.

Aber die sich seit 1928 weltweit verschärfende Wirtschaftskrise ließ das Vertrauen der Menschen in das neue System noch weiter sinken. Die Zahl der Arbeitslosen nahm auch im Südwesten stark zu. Rechte Propaganda trieb die Hoffnungslosen vielfach in die Arme der nationalsozialistischen Extremisten, die seit 1929 vor allem in Baden politisch eine Rolle spielten. Wie der Reichstag wurden die Länderparlamente durch die nicht mehr von Sachpolitik geprägten Auseinandersetzungen der Parteien und ihre Kompromißunfähigkeit gelähmt. Die Regierungen, meist ohne Mehrheit im Parlament, zogen es vor, mit Notverordnungen zu regieren. Nur Baden war mit seiner Großen Koalition aus Zentrum und SPD bis Ende 1932 eine Ausnahme.

Zu diesem Zeitpunkt war die Talsohle der wirtschaftlichen Krise bereits durchschritten, die NSDAP hatte nach ihren Verlusten bei den Reichstagswahlen im November 1932 mit Enttäuschung und Desinteresse ihrer Mitglieder zu kämpfen. Erst die Ernennung Hitlers zum Reichskanzler im Januar 1933 half der auseinanderdriftenden Partei wieder auf die Beine. Am 5. März 1933 wählten Badener und Württemberger

1919 Am 22. Februar Aufstand der Spartakisten in Mannheim; im März Generalstreik in Württemberg; die Landesverfassungen treten in Kraft

1921 In Wüstenrot wird die erste Bausparkasse gegründet

1923–1924 Im Zusammenhang mit der Ruhrkrise werden auch Teile Badens von den Franzosen besetzt

1933 Die Reichstagswahl im März bringt die Nationalsozialisten an die Macht, nachdem Hitler bereits im Januar zum Reichskanzler ernannt worden war

1934 Aufhebung der Landtage: Die Länder werden zu untergeordneten Behörden

1936 Einmarsch deutscher Truppen in die entmilitarisierte Zone rechts des Rheins, deren Grenze entlang der Linie Waldshut–Freudenstadt–Mosbach verläuft

die NSDAP als stärkste Partei in den Reichstag. Schon am 8. März übernahmen die Nationalsozialisten auch im Südwesten die Macht.
Vor allem Kommunisten und Sozialdemokraten wurden kurz nach der Wahl verhaftet und in Lager gesperrt. Sehr schnell begann auch die Gleichschaltung der Länder. Alle Parlamente, ob Landtage oder Gemeinderäte, wurden aufgelöst und entsprechend dem Wahlergebnis vom 5. März neu zusammengesetzt. Parteien wurden nach und nach verboten, die gesamte Presse stand unter der Kontrolle der Nationalsozialisten. Die Reichsstatthalter Richard Wagner für Baden und Wilhelm Murr für Württemberg überwachten die Regierungen, die jetzt ohne Parlament für die Gesetzgebung verantwortlich waren. Auf allen Ebenen des Staates wurden demokratische Grundregeln verworfen und das „Führerprinzip" eingeführt, die Einheit von Partei und Staat vorangetrieben.
Auf wirtschaftlichem Gebiet profitierten die neuen Machthaber gerade im Südwesten von einer soliden Finanzpolitik der letzten demokratischen Regierungen. Gewaltige Arbeitsbeschaffungsmaßnahmen wie der Bau des Westwalls und der Autobahnen, die Wiedereinführung der Wehrpflicht und enorme Rüstungsprogramme holten die Arbeitslosen auf Staatskosten von der Straße. Dabei war der scheinbare Wirtschaftsaufschwung nichts anderes als unmittelbare Kriegsvorbereitung.
Dennoch waren viele bereit, wegzusehen, wenn Menschen drangsaliert, verhaftet oder in eines der auch im Südwesten zahlreichen Konzentrationslager gebracht wurden. Es gelang kein organisierter und koordinierter Widerstand, in dem sich die verschiedenen Gegner des verbrecherischen Regimes vereint hätten. Zwar gab es immer wieder Aktionen und Kritik gegen die Machthaber aus politischen Kreisen oder den Kirchen, aber keinen Versuch, damit Rückhalt in der Bevölkerung zu gewinnen.
Als Hitler 1939 Polen überfiel, sorgte der begonnene Zweite Weltkrieg keineswegs für Jubel bei den Deutschen, die noch 1914 voller Begeisterung in den Kampf gezogen waren. Nach ersten militärischen Erfolgen steigerte 1941 die Kriegserklärung an die Sowjetunion und die USA die Verunsicherung in der Bevölkerung. Im Gegensatz zum Ersten Weltkrieg waren die zerstörerischen Auswirkungen nun auch unmittelbar in der Heimat zu spüren. Immer häufiger bombardierten die Alliierten neben der gänzlich auf Rüstung umgestellten süddeutschen Industrie auch die Innenstädte.
Die deutschen Armeen wurden an allen Fronten zurückgedrängt, und im Frühjahr 1945 überschritten Amerikaner und Franzosen den Rhein. Bei ihrem Vormarsch durch Baden und Württemberg stießen die alliierten Truppen zum Teil auf sinnlosen Widerstand. Zu schwereren Kämpfen kam es vor allem in Franken.
Als der Krieg zu Ende war, hatten fast 280 000 Soldaten aus Baden und Württemberg ihr Leben gelassen, Zehntausende Menschen waren im Bombenkrieg umgekommen. Nach zwölf Jahren Nationalsozialismus war Südwestdeutschland verwüstet, viele seiner alten Städte waren zerstört.

1938
Neue Verwaltungsgliederung in Württemberg: Die Oberämter werden aufgelöst

1939
Am 1. September beginnt mit dem Überfall auf Polen der Zweite Weltkrieg

1944–1945
Bombenangriffe zerstören zahlreiche Städte in Südwestdeutschland

1945
Am 30. April endet der Zweite Weltkrieg in Südwestdeutschland

DIE ZWANZIGER JAHRE

Abstraktion der Realität Zwischen der Novemberrevolution von 1918, dem Ende der konstitutionellen Monarchie und der Zustimmung der Reichstagsmehrheit zum Ermächtigungsgesetz vom 23. März 1933 lagen zahlreiche Versuche, in Deutschland republikanische Verhältnisse zu schaffen. In diesen gesellschaftlich, politisch und wirtschaftlich bewegten Zeiten nahm die Kunst eine besondere Rolle ein. So wurden in vielfältigen Experimenten die bisherigen Formen der Realitätsdarstellung aufgegeben, beim Publikum neue Sehweisen eingeübt. „Die Grenzen der Kunst wurden durchbrochen, weite, freie Formen taten sich auf“: So beschrieb Willi Baumeister (1889 bis 1955) 1949 die „Anfänge der abstrakten Malerei in Deutschland“, an denen er selbst – Hölzel-Schüler wie Oskar Schlemmer an der Stuttgarter Kunstakademie – beteiligt war. Seine von 1919 an entstandenen reliefartigen Mauerbilder strebten eine Verbindung von Architektur und Malerei an, sie brachen mit der Tradition des herkömmlichen, realistischen Tafelbildes als Produkt des herrschenden Akademiebetriebes. Von 1933 an galten seine Bilder als „entartet“, bis 1945 arbeitete er zurückgezogen in Deutschland, 1946 kehrte er als Professor an die Stuttgarter Akademie zurück. Auch Karl Hubbuch (1891–1979) wurde von den Nazis aus dem Lehramt vertrieben und kehrte nach 1945 als Direktor der Karlsruher Akademie (1948–1957) dorthin wieder zurück. Er war ebenfalls ein wichtiger Wegbereiter der Moderne, ein brillanter Techniker (Zeichnung, Radierung), dessen sozialkritische Großstadtbilder aus den zwanziger Jahren Menschen als Angehörige unterschiedlicher Klassen zeigen.

Kunst wurde von Baumeister, Hubbuch und vielen anderen vom Sockel der andachtsvollen Bewunderung geholt, die „Eigengesetzlichkeit des Bildorganismus in den Vordergrund gerückt“ (Götz Adriani), der Betrachter mit „ins Bild“ genommen und ihm so die Augen geöffnet: „Die Gegenstände unserer Umwelt sind unwirklich, wirklich ist nur unsere Beziehung zu ihnen“, erklärte Baumeister, der den Auftrag des Künstlers vor allem darin sah, „neue Sehzonen überhaupt zu entdecken, die vordem nicht vorhanden waren, im Unbekannten ruhten.“

Willi Baumeister, Mauerbild schwarz-rosa (1923).

Kunst ist Waffe Kennzeichnend für die zwanziger Jahre sind der Fortschrittsoptimismus (neben aller Untergangsstimmung), die Faszination der technischen Entwicklung und der Geist des Aufbruchs in allen Lebensbereichen. Eine geradezu explosionsartige Kreativität in Kunst, Kultur, Mode, Medien (Film, Rundfunk), Architektur, Verkehr und vielen anderen Bereichen veränderte den Alltag der Menschen. Mit dem Ausbau der Infrastruktur wurde das Land für Tourismus, Gewerbe und Industrie immer besser erschlossen. Der neben Bert Brecht bedeutendste sozialistische deutsche Dramatiker der ersten Jahrhunderthälfte, Friedrich Wolf (1888–1953), lebte von 1921 bis 1933 in Württemberg. Mit den Mitteln der Kunst beteiligte er sich an den Auseinandersetzungen der 20er und 30er Jahre, etwa an der Abtreibungsdebatte mit dem Stück „Cyankali“ (1929). Mit seiner programmatischen Schrift „Kunst ist Waffe“ (1928) knüpfte er an die Tradition der unterdrückten „zweiten Kultur“ und an die Volksbühnen-Forderung „Die Kunst dem Volke!“ an. Vor allem als Organisator der 1932 in Stuttgart gegründeten Agitprop-Gruppe „Spieltrupp Südwest“ machte er Agitation und Propaganda für „die Sache des Proletariats“, zum Beispiel mit dem Betriebsarbeiter- und Streikstück „Wie stehen die Fronten?“, in dem er polemisch die Notverordnungen des Reichskanzlers Heinrich Brüning (1930/32) und dessen Unterstützung durch SPD und Gewerkschaften behandelte. Den bürgerlichen Medien und Kulturträgern ging Wolfs eindeutige Parteilichkeit entschieden zu weit.

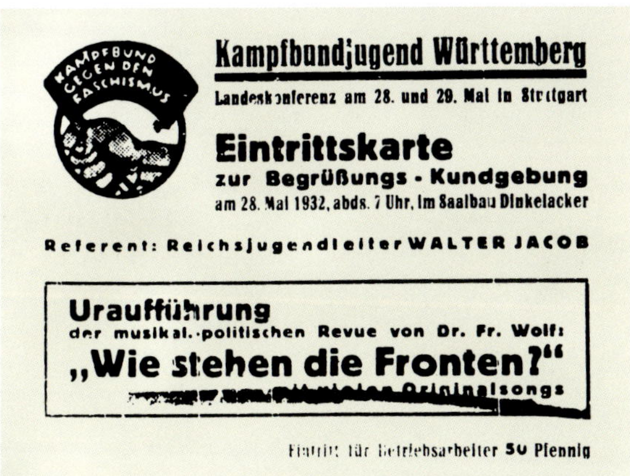

Kampfbund gegen den Faschismus

Kampfbundjugend Württemberg

Landeskonferenz am 28. und 29. Mai in Stuttgart

Eintrittskarte

zur Begrüßungs - Kundgebung

am 28. Mai 1932, abds. 7 Uhr, im Saalbau Dinkelacker

Referent: Reichsjugendleiter WALTER JACOB

Uraufführung

der musikal.-politischen Revue von Dr. Fr. Wolf:

„Wie stehen die Fronten?“

... Originalsongs

Eintritt für Betriebsarbeiter 50 Pfennig

Einladung zur Uraufführung des ersten Agitprop-Stücks von Friedrich Wolf.

„Die Kunst ist weder ein Erbauungsmittel in der Hand von Pädagogen, Studienräten und Rauschebärten, die auf den ‚bildungshungrigen' Handarbeiter losgelassen werden, noch ist sie Luxus, Kaviar und Opium, das uns die Häßlichkeiten des ‚grauen Alltags' vergessen macht. Die Kunst heute ist Scheinwerfer und Waffe!“ (Friedrich Wolf)

Mit moderner Werbung wiesen Orte wie Freudenstadt auf ihre besondere, nicht überall selbstverständliche Leistungskraft hin (Nervenkurort, gebahnte Fußwege, Centralheizung).

Im Südschwarzwald bieten die topographischen und klimatischen Bedingungen (große Fallhöhe, reichhaltige Niederschläge) gute Bedingungen für die Gewinnung elektrischer Energie. Von 1929 bis 1953 wurde am Schluchsee das größte deutsche Kraftwerk für Spitzenzeiten gebaut (Energiereserve rund 460000 Kilowatt).

Monumente der Technik 1891 gelang es weltweit erstmals, Hochspannungsdrehstrom vom Wasserkraftwerk Lauffen am Neckar über eine Fernleitung nach Frankfurt zu übertragen. Damit war das Problem gelöst, im großen Stil Wasserkraft in elektrische Energie umzuwandeln und über weite Strecken zu transportieren. Die Badische Landeselektrizitätsversorgung baute zwischen 1922 und 1926 mit dem Schwarzenbachwerk erstmals in Deutschland ein Pumpspeicherwerk. Man konnte damit Bedarfsschwankungen im Stromverbrauch ausgleichen: Mit elektrischer Überschußenergie (nachts und sonntags) wurde Wasser in den Stausee emporgepumpt, bei Spitzenbedarf wurden Generatoren zur zusätzlichen Stromerzeugung angetrieben. Die Versorgung mit Strom begann eine alltägliche Selbstverständlichkeit zu werden.
Der Bau des Stuttgarter Hauptbahnhofs stellte ebenfalls eine eindrucksvolle Ingenieursleistung dar, aufwendig fundamentiert und wegen der kreuzungsfreien Gleisführung mit einem künstlichen, dreigeschossigen Betongebirge aus Tunneln, Rampen und Brücken versehen. Dieser Bahnhof ist das bekannteste Beispiel der „Stuttgarter Architektenschule“, begründet von Theodor Fischer, dem Paul Bonatz (1877–1956) nachfolgte. Dieser entwarf Werke von monumentaler blockhafter Wirkung und großer Funktionalität und schuf mit dem Stuttgarter Hauptbahnhof zwischen 1914 und 1928 eines der ersten und bedeutendsten Bauwerke der Moderne in Südwestdeutschland.

Als Tor zur Innenstadt monumental, funktional und mit großer handwerklicher Kunst gebaut: der Stuttgarter Hauptbahnhof (Architekt: Paul Bonatz).

Bauen im Heimatstil Traditionell, bodenständig und gemeinschaftsfördernd wollte die Stuttgarter Architektenschule bauen, das moderne Wohnhaus sollte „Wärme und Ruhe und Heimatgefühl" (Paul Bonatz) ausstrahlen. Die Erneuerung der Architektur erwartete man vom Handwerk, von der kunstvollen Verwendung natürlicher Baustoffe. Bauten sollten aus den konkreten Bedingungen des Ortes und der Region entstehen und in diese eingebunden sein. Siedlungsbauten im „Heimatstil" von Paul Schmitthenner (1884–1972) wie beispielsweise die Siedlung Ooswinkel bei Baden-Baden wurden weit über das Land hinaus Leitbilder und von den Nationalsozialisten später wegen der ideologischen Nähe (Stichwort: Boden) gerne übernommen. Folgerichtig kritisierten die Vertreter der „Stuttgarter Schule" die Gestaltung und mangelnde Erdverbundenheit der avantgardistischen Weißenhofsiedlung und nannten sie „Vorstadt Jerusalem" oder „italienische Bergnester". 1927 fand in Stuttgart eine Weltausstellung der Architektur statt, zu der bekannte Architekten wie Walter Gropius, Bruno Taut, Hans Scharoun, Mies van der Rohe und Le Corbusier eingeladen wurden, neue Formen des Wohnens und Bauens im Industriezeitalter zu entwickeln, neue Baustoffe wie Beton und Stahl zu verwenden, mit rationalisierter Fertigungsweise schnell, preiswert und funktional zu bauen. Das Ergebnis ist zwar keine einheitliche Siedlung, wohl aber eine eindrucksvolle Schau moderner Architektur, die später als „entartete Kunst" eingestuft wurde.

Nach einem Gesamtplan von Mies van der Rohe (1886–1969) entstand 1927 auf dem Stuttgarter Killesberg im Auftrag des Deutschen Werkbundes die Weißenhofsiedlung.

Dieses Bowlegefäß vom Ende der zwanziger Jahre wurde im Rahmen der NKA, der Neuen Kunstgewerblichen Abteilung der Firma WMF, für ein designorientiertes Publikum entworfen.

Auch kirchliche Trauungen glichen sich bald den politischen Ausdrucksformen der Nazis an.

MACHTÜBERNAHME DER NATIONALSOZIALISTEN

Gleichschaltung „Ich kann mir Monarchien denken, in denen für den Arbeiter besser zu leben ist als in manchen Republiken", meinte der Sozialdemokrat August Bebel, als auch in Württemberg – lange vor dem Ersten Weltkrieg und dessen Ende – über die beste Staatsform gestritten wurde. Württembergs letzter König zeigte gegenüber politisch Andersdenkenden große Toleranz, so daß der Internationale Sozialistenkongreß im August 1907 ohne behördliche Schikanen stattfinden konnte. Ein solcher Umgang mit politischen Gegnern änderte sich sehr schnell mit dem Ermächtigungsgesetz vom März 1933, dem die Berufung der Gauleiter Wilhelm Murr und Robert Wagner zu Reichsstatthaltern in Württemberg und Baden folgte. Danach gab es keine Landeshoheit im bisherigen Sinne mehr, auch wenn sich die Vertreter der beiden Länder immer wieder gegen die Vereinigung von Baden und Württemberg bei der geplanten Reichsreform heftig und mit Erfolg wehrten. Die allgemeine Gleichschaltung – nicht zuletzt mit dem Verbot unabhängiger Tageszeitungen – verlief im Südwesten, vor allem in Württemberg, ruhiger und weniger radikal als in den übrigen Teilen des Reichs. Der Alltag war braun geworden: „Ein größerer Teil der Bevölkerung hat allzu schnell und offenkundig die Farbe gewechselt", erkannte der Regierungspräsident von Schwaben bereits im August 1933 (und das galt für den Südwesten insgesamt), „um mit Sicherheit sagen zu können, daß sie aus innerster Überzeugung hinter der nationalen Regierung steht. Da Denunziantentum und Schutzhaft gefürchtet werden, ist es oft sehr schwierig, die wahre Einstellung kennenzulernen."

Vom 18. bis 24. August 1907 fand in Stuttgart der Internationale Sozialistenkongreß (2. Internationale) statt. Auf dem Bild sind unter anderem zu sehen: Karl Liebknecht (stehend, 2. von rechts) und Rosa Luxemburg (sitzend, 2. von rechts).

Die Hirschgasse in Ulm (1939) – in diktatorischen Regimes spielt die Rhetorik der Straße eine große Rolle. Innerhalb von sechs Jahren hatte sich das Naziregime etabliert.

Anläßlich der Reichstagswahl besuchte Hitler bei seiner 50-Städte-Reise in Württemberg nur Reutlingen. Gauleiter Wilhelm Murr (links neben Hitler) holte den „Führer" vom Flughafen in Böblingen ab – „ein Höhepunkt im politischen Leben der Stadt".

Hitlers Auftritt Zur Reichstagswahl am 31. Juli 1932 unternahm Hitler seinen dritten Deutschlandflug. Diese Wahlkampfreise dauerte 15 Tage und führte ihn und seinen Stab in 50 Städte. Als einzige Stadt in Württemberg besuchte er am 29. Juli Reutlingen. Nur wenige Monate vor Hitlers Machtantritt wurde diese Stadt so zum Brennpunkt eines hitzigen Wahlkampfes der verschiedenen Parteien, nachdem die NSDAP bei der Landtagswahl in Württemberg am 24. April 1932 einen spektakulären Wahlsieg errungen hatte. Die Nationalsozialisten inszenierten ein großes Propagandaspektakel und mobilisierten 15 000 Teilnehmer (andere Quellen sprechen sogar von 30 000). Stunden vor Hitlers Auftritt setzte dazu ein Autoverkehr ein, wie ihn diese Stadt noch nicht gesehen hatte. Hitlers Auftritt und seine Rede, in der er das herrschende „System" angriff und emotionale Appelle („Rettet die Kraft eines Volkes!") zugunsten seiner Partei formulierte, machten einen großen Eindruck auf die Zuhörer. Durch dieses Politspektakel wurden die Wahlkampfauftritte des SPD-Reichstagsabgeordneten Kurt Schumacher am selben Abend und von Theodor Heuß am folgenden Tag in Reutlingen kaum wahrgenommen.

Mit den gewaltigen Arbeitsbeschaffungsmaßnahmen, unter anderem durch den Bau der Reichsautobahn, holten die Nationalsozialisten später zwar die Arbeitslosen von der Straße, erfüllten also Wahlversprechen, aber um welchen Preis: Ihr gigantisches wirtschaftliches, technisches und gesellschaftliches Modernisierungsprogramm, das „nationale Aufbauwerk", erwies sich nur allzu bald als Vorbereitung zum Krieg.

1936 wurde mit dem Bau der Reichsautobahn Mannheim–Pforzheim begonnen, danach folgten bis 1945 die Strecken Karlsruhe–Stuttgart–Ulm und Stuttgart–Heilbronn. Dieses Bild zeigt den Albaufstieg beim Aichelberg.

Pogromnacht vom 9. auf den 10. November 1938: die von den Nationalsozialisten angezündete Synagoge in Baden-Baden.

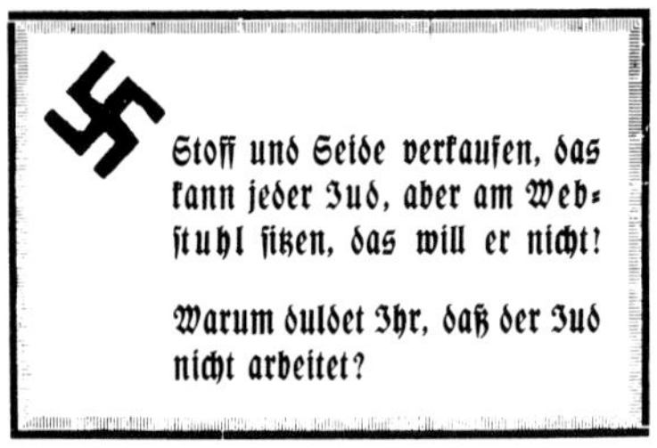

Stoff und Seide verkaufen, das kann jeder Jud, aber am Webstuhl sitzen, das will er nicht!

Warum duldet Ihr, daß der Jud nicht arbeitet?

Sucht doch die Juden am Bau und im Kaffeehaus!

Bald werd't auch Ihr erkennen, Wo man die Stinker find't! Beim Fressen immer vornedran, Bei der Arbeit aber hint.

Bereits vor 1933 betrieben die Nationalsozialisten antisemitische Propaganda: Beispiele (Handzettel und Aufkleber) aus Gailingen, um 1930.

KONZENTRATIONSLAGER UND EUTHANASIE

Der Antisemitismus Die nicht bewältigte Niederlage im Ersten Weltkrieg, die Revolution von 1918/19 und die Wirtschaftskrisen der zwanziger Jahre bereiteten den Boden für den Übergang vom latenten zum virulenten Antisemitismus. Vergessen waren die Loyalität, die Integration, die freiwillige Teilnahme jüdischer Mitbürger am Krieg oder die Versicherung des 1893 zur Bekämpfung des Antisemitismus gegründeten „Centralvereins deutscher Staatsbürger jüdischen Glaubens": „Wir stehen fest auf dem Boden der deutschen Nationalität." Das galt ganz sicher für die überwiegende Anzahl der rund 31 000 Juden, die zu Beginn der NS-Herrschaft in Baden und Württemberg lebten, von denen zwei Drittel noch rechtzeitig das Land verlassen konnten. Der Württembergische Bauern- und Weingärtnerbund warnte bereits 1928 vor dem „zersetzenden Geist des internationalen Judentums". Ohne öffentlichen Widerspruch – auch die Kirchen schwiegen – gab es im März 1933 die ersten antisemitischen Übergriffe und Ausschreitungen in Hohenlohe, im April dann den reichsweiten Boykott jüdischer Geschäfte, 1935 die Nürnberger Rassegesetze (wodurch Ehen zwischen „Ariern" und Juden verboten wurden), im November 1938 die „Reichskristallnacht". Am 22. Oktober 1940 wurden in einer Nacht-und-Nebel-Aktion Juden aus Baden in das Internierungslager Gurs (in den Pyrenäen) deportiert, ab 1942 in Vernichtungslagern wie Auschwitz, Maidanek und anderen ermordet.

SA, SS und Hitlerjugend versperrten wie hier am 1. April 1933 in Heilbronn die Eingänge zu den Geschäften jüdischer Mitbürger.

Nach Ausbruch des Zweiten Weltkrieges begann auch in Württemberg die letzte Phase der Verfolgung und Vernichtung von Juden, die ab Ende 1941 in den Osten deportiert wurden, hier vom Stuttgarter Hauptbahnhof.

„Entweder erkennt auch der nationalsozialistische Staat die Grenzen an, die ihm von Gott gesetzt sind, oder er begünstigt einen Sittenverfall, der auch den Verfall des Staates notwendig nach sich ziehen muß." (Der württembergische Landesbischof Theophil Wurm in einem Schreiben an den Reichsminister des Inneren über die Folgen der Euthanasie)

Lebensverachtend Die Ideologie der Nationalsozialisten verherrlichte den germanisch-nordischen Menschen, den „Arier". Durch rassenhygienische und bevölkerungspolitische Maßnahmen wurden „minderwertige Rasseneinflüsse" eliminiert – mit dem Schein gesetzlicher Legitimation: Das „Gesetz zum Schutz des deutschen Blutes und der deutschen Ehre", im September 1935 auf dem Nürnberger Reichsparteitag verkündet, verbot Ehen zwischen sogannnten Rassejuden und Deutschblütigen. Bereits am 14. Juli 1933 war das „Gesetz zur Verhütung erbkranken Nachwuchses" erlassen worden. Dazu wurden bei den Amtsgerichten ab 1933/34 Erbgesundheitsgerichte eingerichtet. Deren Ermessensspielraum war groß, denn „Erbkrankheit" war ein unscharfer, weit gefaßter Begriff. Geisteskranke und Geistesschwache wurden als „unnütze Esser", als Belastung für die Volksgemeinschaft eingestuft; ihnen wurde das Lebensrecht abgesprochen. In Grafeneck auf der Schwäbischen Alb, einer kirchlichen Behinderteneinrichtung, starteten die Nationalsozialisten ihr Euthanasieprogramm „T4", benannt nach der Dienststelle in der Berliner Tiergartenstraße 4. Von Januar bis Dezember 1940 wurden dort über 10000 geistig Behinderte und psychisch Kranke vergast. Grafeneck war die erste von sechs Vernichtungsstätten in Deutschland; dort probten die Nazis die Judenvernichtung.

„Graue Busse" holten Heimbewohner der Anstalt Stetten ab (1941).

Sofort nach der Machtübernahme der Nationalsozialisten wurden Konzentrationslager für politische Gegner errichtet wie hier auf dem Heuberg.

„Fassen Sie Ihre Aufgabe nie parteimäßig auf, sondern fassen Sie Ihre Aufgabe immer nur so auf, daß Sie als Vertreter des Volkes und nicht einer Partei hier sitzen. Was Sie hier tun, haben Sie nicht vor einer Partei, sondern vor dem Volke zu verantworten, und das Volk ist letzten Endes gerecht." (Reichsstatthalter Wilhelm Murr in einer Rede vor dem württembergischen Landtag am 8. Juni 1933)

WIDERSTAND

Alltäglicher Terror Unmittelbar nach der Machtergreifung begannen die Nationalsozialisten mit den politischen „Säuberungen": Juden, Kommunisten und Sozialdemokraten traf es als erste. Die Presse wurde verboten oder gleichgeschaltet, die Parteien als Träger der politischen Willensbildung ausgeschaltet. Die Reichstagswahl am 5. März 1933 brachte der NSDAP in Baden mit 45 und in Württemberg mit 42 Prozent der Stimmen einen großen Sieg. Im April wurden die Gemeinderäte entsprechend den örtlichen Wahlergebnissen vom 5. März umgebildet. Es reichte bereits, auf der „falschen Seite" zu stehen oder bei den Nazis nicht aktiv „mitarbeiten" zu wollen, um verhaftet zu werden, in brutalen Polizeiverhören bedroht und gequält zu werden oder in die Konzentrationslager Kislau bei Karlsruhe oder Heuberg auf der Schwäbischen Alb für einige Zeit in „Schutzhaft" genommen zu werden. „Alle ruhe- und ordnungsgefährdenden Elemente werden entfernt", versicherte man den noch nicht zum Nationalsozialismus Bekehrten. Denunziantentum blühte, häufig wurden persönliche Rechnungen unter dem Vorwand politischer Korrektheit beglichen. Die Kirchen, die anfangs einen neuen nationalen Aufbruch erhofft hatten, widerstanden weitgehend der Gleichschaltung. Der württembergische Landesbischof Theophil Wurm (1868–1953) wurde – verstärkt nach Bekanntwerden der Euthanasie – ein scharfer Regimekritiker, ebenso wie der katholische Bischof von Rottenburg, Johannes Baptista Sproll (1870 bis 1949), den die Nazis aus dem Amt vertrieben.

Georg Elser (1903–1945) aus Königsbronn verübte am 8. November 1939 im Münchner Bürgerbräukeller ein Attentat auf Hitler – es mißglückte.

Bischof Johannes Baptista Sproll beteiligte sich 1938 nicht an der Reichstagswahl und wurde daraufhin aus seiner Diözese ausgewiesen (Gemälde von Rudolf Schlichter aus dem Jahr 1935).

Der ehemalige württembergische Staatspräsident (1928–1933) Eugen Bolz (1881–1945) wurde im Juni 1933 nach inszenierten Ausschreitungen in Stuttgart verhaftet und mehrere Wochen auf dem Hohenasperg gefangengehalten. Wegen „Hochverrats und Feindbegünstigung" wurde er als Mitglied der Widerstandsgruppe um Graf von Stauffenberg und Carl Goerdeler vom Volksgerichtshof in Berlin unter Freisler zum Tode verurteilt und am 23. Januar 1945 hingerichtet.

Widerstand der Frauen Um die hohe Zahl der Arbeitslosen (6,163 Millionen im Februar 1933) abzubauen, gab es neben Arbeitsbeschaffungsmaßnahmen (wie zum Beispiel Bau des Westwalls und der Reichsautobahn) das „Gesetz zur Verminderung der Arbeitslosigkeit" vom 1. Juni 1933. Damit wollte der faschistische Staat in den Jahren 1933 bis 1937 vor allem Frauen aus Betrieben, Büros und Verwaltungsstellen hinaus an den „heimischen Herd" drängen gemäß dem Leitbild der Frau als „ewig tragende und Volksmutter" (Paula Siber, „Frauenfrage und ihre Lösung durch den Nationalsozialismus", 1933/44). Weil in der ganzen Weltgeschichte Staat und soziale Architektonik „die Folge männlichen Willens und männlicher Zeugungskraft gewesen sind, so ist klar, daß ein grundsätzlich zugestandener Einfluß der Frau der Beginn des offenkundigen Verfalls darstellen muß" (Alfred Rosenberg, „Der Mythos des XX. Jahrhunderts", 1930). Durch den schnellen Aufbau der Wehrmacht und der Rüstungsindustrie wurden die Frauen jedoch ab 1937 wieder verstärkt als Arbeitskräfte in Büros, Fabriken und in der Landwirtschaft benötigt.

Vor diesem Hintergrund ist das Schicksal der wenigen aktiven Frauen im Widerstand gegen die Faschisten besonders aufschlußreich. Liselotte Herrmann (geb. 1909) zum Beispiel war die erste Frau (und Mutter eines zweijährigen Sohnes), die wegen ihres Widerstandes zum Tode verurteilt und am 20. Juni 1938 hingerichtet wurde. Sie hatte konspirative Berichte über die Produktion der Flugzeugwerke am Bodensee verfaßt, um die Weltöffentlichkeit vor der Aufrüstung Hitler-Deutschlands zu warnen. Die Münchner Widerstandsgruppe „Weiße Rose" um Hans und Sophie Scholl (aus Hohenlohe stammend), bis heute Symbol eines religiös-sittlich motivierten Kampfes gegen Terror, Unterdrückung und Krieg, rief 1942/43 Studentenschaft und Bevölkerung mit Flugblättern und Wandparolen zum Widerstand auf.

Sophie Scholl (1921–1943) schloß sich der von ihrem Bruder Hans gegründeten Widerstandsgruppe „Weiße Rose" an. Am 22. Februar 1943 wurde sie vom Volksgerichtshof zum Tode verurteilt und hingerichtet.

Pforzheim nach dem Bombenangriff am 23. Februar 1945.

KRIEG UND ZERSTÖRUNG

Luftangriffe Nachdem im November 1942 alliierte Streitkräfte in Nordafrika gelandet waren und in Stalingrad die Sechste Armee eingekesselt worden war, begann das Kriegsgeschehen sich zunehmend auf die „Heimatfront" zu verlagern. Die Alliierten versuchten, mit Luftangriffen die deutschen Rüstungsbetriebe zu zerstören und durch die Bombardierung der Wohngebiete in den Großstädten den Durchhaltewillen der Bevölkerung zu zermürben. Mit großer Widerstandskraft und Solidarität im Alltag kämpfte die Bevölkerung ums Überleben. Das Regime verstärkte zum Schluß in grotesker Weise seine Propaganda und übte – nicht zuletzt gegen KZ-Häftlinge und Zwangsarbeiter – Gewalt und Terror aus. Angst vor neuen Luftangriffen – 1944 gab es in Stuttgart im Juli und September 53 solcher Angriffe – und die Hoffnung, doch wieder davonzukommen, wechselten ständig; trotz Bunkern und Stollen starben in Stuttgart 4562 Menschen. In Heilbronn wurden am 4. Dezember 1944 über 80 Prozent der Stadt zerstört und über 7000 Menschen getötet. In Baden und Württemberg traf es außerdem besonders Freiburg, Karlsruhe, Mannheim, Pforzheim, Bruchsal und Stuttgart, Ulm, Reutlingen, Friedrichshafen und Neckarsulm. Im Zweiten Weltkrieg kamen in Baden und Württemberg – vor allem 1944 und 1945, als der Krieg schon verloren war – insgesamt 315000 Menschen um, das waren rund 6 Prozent der Bevölkerung, doppelt so viel wie im Ersten Weltkrieg.

Das Kriegsende In den letzten Märztagen 1945 stießen französische und amerikanische Truppen über den Oberrhein nach Südwestdeutschland vor. Auf einer Linie Heilbronn–Crailsheim wurde den vorrückenden Amerikanern noch erbitterter Widerstand geleistet. Dadurch wurden sie aufgehalten, und die Franzosen und nicht die Amerikaner besetzten den größten Teil von Baden und Württemberg. Mitte April wurden die Landesteile westlich des Neckars von französischen Truppen, die unabhängig vom amerikanischen Oberkommando operierten, besetzt, wobei – wie Crailsheim von den Amerikanern – die Lazarettstadt Freudenstadt noch zerstört wurde. Am 30. April war im Südwesten der Zweite Weltkrieg zu Ende, das Deutsche Reich kapitulierte acht Tage später bedingungslos. Die Militärbefehlshaber übernahmen die Regierungsgewalt, nachdem sich Militär und Parteifunktionäre zuvor abgesetzt hatten. In wenigen Orten wie in Heilbronn oder Brettheim erschossen und erhängten SS-Einheiten oder Parteifunktionäre Männer, die entgegen den Durchhaltebefehlen weiße Fahnen gehißt hatten, um unnötiges Blutvergießen beim Einzug der Alliierten zu verhindern. Auch wenn deren schneller Vormarsch für viele überraschend kam, der Stuttgarter Sicherheitsdienst erkannte schon Ende März 1945: „Zum großen Teil aber ist die hiesige Bevölkerung beinahe froh, daß dieser Krieg endlich für sie ein Ende nimmt."

Die zerstörte Kilianskirche in Heilbronn, 1946.

Amerikanische Truppen rückten am 29. März 1945 in Mannheim ein, nachdem die Stadt eine Woche lang von Artillerie beschossen worden war.

Heimkehrende Soldaten im Januar 1945.

General Charles de Gaulle, der seit 1940 von London aus den Widerstand gegen die deutsche Besatzung in Frankreich organisiert hatte, zog im Verband der Alliierten wieder in Frankreich ein und wurde im November 1945 provisorischer Präsident der Republik. Am 4. Oktober 1945 besuchte er in Freiburg französische Besatzungstruppen.

BESATZUNGSHERRSCHAFT

Länderneugliederung Während der Besatzungszeit wurden – so paradox das klingen mag – die Grundlagen für das neue Bundesland Baden-Württemberg geschaffen. Ursprünglich sollten die Amerikaner den gesamten Südwesten besetzen und verwalten. Die Besatzungsoffiziere waren seit 1942 auf ihre spätere Aufgabe vorbereitet worden, wobei ihnen die historischen Unterschiede der beiden deutschen Mittelstaaten Baden und Württemberg so selbstverständlich waren, daß an eine (Zwangs-)Vereinigung nicht gedacht war. Lediglich für Hohenzollern – den ehemaligen preußischen Regierungsbezirk Sigmaringen – waren Veränderungen vorgesehen, da die Alliierten lange vor Kriegsende die Auflösung Preußens (wegen vermeintlicher Fixierung auf Militär und Obrigkeitsdenken) beschlossen hatten. Auf Druck der Amerikaner mußten sich die Franzosen, deren Erste Armee im März und April 1945 sogar die beiden Landeshauptstädte Stuttgart und Karlsruhe eingenommen hatte, Anfang Juli 1945 auf eine Linie südlich der Autobahn Karlsruhe–Ulm zurückziehen. Die Amerikaner besetzten nicht zuletzt aus verkehrstechnischen Überlegungen die wirtschaftlichen und administrativen Zentren Badens und Württembergs. Auf diese Weise teilte im Südwesten entgegen der bisherigen Geschichte die Grenze nicht mehr Ost und West, sondern Nord und Süd.

Während die Amerikaner die beiden nördlichen Landesteile zwangsvereinigten, ließen die Franzosen in ihrer Besatzungszone die alten historischen Grenzen zwischen Baden und Württemberg bestehen. Zwischen Oktober 1945 und Juli 1947 wurden lediglich Hohenzollern und Südwürttemberg zum Land Württemberg-Hohenzollern zusammengefügt und von Tübingen aus verwaltet.

GOUVERNEMENT MILITAIRE EN ALLEMAGNE DÉTACHEMENT H. 1021

DUPLICATA

LAISSEZ-PASSER[1] PASSEPORT

No

Nom & prénoms: Name & Christian name: Weber, Ernst

Né le: Born on: Nürtingen

Profession: Werkzeugmacher

Le titulaire est autorisé à se rendre à / The bearer is authorized to go to Metzingen

Heures de circulation autorisées / He is authorized to circulate during the hours 6–19

Durée de validité / Duration of Validity 28. Oct. 1946

Carte d'identité no / Identification no AW 12457

Carte d'alimentation no / Ration card no BBN 17771

Délivré le / Date

à / in

Signature du titulaire / Signature of Bearer Ernst Weber

Vu le Landrat ou l'oberburgermeister (*)

Le Chef de Bataillon BORIE Cdt le Détachement de GM H 1021

(*) Ce laissez-passer n'est valable que pour le Landkreis de Nürtingen

(*) Rayer la mention inutile.

Druck von Richard Bechtle, Eßlingen a. N.

Ein amtliches Dokument (Passierschein) brauchte man, um die von den Besatzungsmächten gezogenen Grenzen überschreiten zu können.

Flüchtlinge und Vertriebene auf ihrem Weg nach Südwestdeutschland. Von Herbst 1945 an kamen über 2,1 Millionen Menschen ins Land.

Wiederaufbau Unmittelbar nach dem Einmarsch der Besatzungstruppen bestimmten die Militärgouverneure unbelastete, oft zuvor verfolgte Persönlichkeiten zu Bürgermeistern und Landräten. Die Landkreise waren zunächst für alle Fragen zuständig und versuchten, das alltägliche Leben zu organisieren. Der demokratische Neubeginn nach der Befreiung vom Nationalsozialismus wurde durch tatkräftige Auslandshilfe unterstützt. Als schwierige Aufgaben erwiesen sich die ausreichende Ernährung der Bevölkerung, die Arbeitsbeschaffung und die Integration der Flüchtlinge und Vertriebenen, die aufgrund der städtischen Wohnungsnot zu 80 Prozent auf dem Land unterkamen. In den neuen Ländern Württemberg-Baden, Baden und Württemberg-Hohenzollern machte die Bevölkerung ganz unterschiedliche Erfahrungen mit der Besatzungsmacht. Die Franzosen, die im Krieg unter deutscher Besatzung ökonomisch und psychisch schwer gelitten hatten, stoppten zwar die Flüchtlingsströme an ihren Zonengrenzen und entnazifizierten nicht so rigide wie die Amerikaner, aber sie erzwangen die Ablieferung landwirtschaftlicher Erzeugnisse, holzten ganze Wälder ab, demontierten Industrieanlagen und bedienten sich aus der laufenden Produktion. Gerade die beiden kleinen Länder mußten viel höhere Besatzungskosten tragen als das bevölkerungsreichere, hochindustrialisierte Land Württemberg-Baden unter den Amerikanern. In Württemberg-Hohenzollern empfand man das Besatzungsjoch als Ausplünderung. Im Sommer 1948 führte das zu schweren Auseinandersetzungen zwischen deutschen Politikern und französischen Militärbehörden und sogar zu einem Generalstreik und zur Arbeitsniederlegung des Landtags.

Ausländische Hilfsorganisationen halfen mit Notverpflegung beim raschen Wiederaufbau nach dem Zusammenbruch.

EIN BUNDESLAND ENTSTEHT

Württemberg-Baden, Württemberg-Hohenzollern und Baden: Drei Länder schufen die französischen und amerikanischen Besatzer nach dem Krieg in Südwestdeutschland.

Bei ihrer Grenzziehung orientierten sie sich keineswegs an historischen Bindungen, sondern an ihren eigenen Interessen. Die Autobahn von Karlsruhe nach Ulm war für die Amerikaner von so großer Bedeutung, daß sie für die Grenzziehung zwischen französischer und amerikanischer Besatzungszone maßgeblich wurde. Die alten Länder Baden und Württemberg wurden so zerschnitten.

Amerikaner und Franzosen richteten ihre Militärregierungen ein. Die Versorgung der Bevölkerung wurde jetzt von den Landkreisen organisiert, die allein von den höheren deutschen Behörden handlungsfähig geblieben waren. Erst nach und nach gelang es den Regierungen der drei neu geschaffenen Länder, Verwaltungsapparate aufzubauen und damit ihre Aufgaben wahrzunehmen.

Probleme gab es mehr als genug. Neben der Versorgung der Menschen mit Nahrungsmitteln mußten zahlreiche Flüchtlinge und Vertriebene untergebracht werden. Alle Waren unterlagen der Zwangsbewirtschaftung, vor allem die Franzosen beschlagnahmten in großem Umfang Güter. Der Wiederaufbau kam nur schleppend voran. Erst die Währungsreform 1948 belebte die Wirtschaft und machte wieder einen geordneten Handel möglich.

Die Zoneneinteilung der Besatzungsmächte war der Grundstein für die Entstehung des Südweststaats Baden-Württemberg. Zu unterschiedlich waren nämlich die drei neuen Länder in ihrer Struktur. Dem stark industrialisierten Württemberg-Baden standen mit Baden und vor allem mit Württemberg-Hohenzollern ländlich geprägte Gebiete gegenüber, die den Wiederaufbau letztlich nicht aus eigener wirtschaftlicher Kraft schaffen konnten. Seit 1948 wurde deshalb über einen Zusammenschluß der drei Länder zu einem Staat verhandelt, der dann Bundesland der Bundesrepublik werden sollte. Die Gegner des Südweststaats saßen vor allem in Baden, an ihrer Spitze Leo Wohleb. Sie fürchteten württembergische Bevormundung und die Aufgabe badischer Staatstraditionen, während Reinhold Maier und vor allem Gebhard Müller in Württemberg mit Vehemenz für den Zusammenschluß eintraten. Die Volksabstimmung 1951 brachte den Befürwortern die Mehrheit, nachdem lange über Abstimmungsverfahren und vor allem über den Auszählmodus gestritten worden war.

Das neue Bundesland Baden-Württemberg, dessen Verfassung 1953 in Kraft trat, entwickelte sich schnell

In den neu gebildeten Ländern Württemberg-Baden, Württemberg-Hohenzollern und Baden werden Verfassungen verabschiedet
1946–1947

Mit der Währungsreform kommt die Wirtschaft wieder in Schwung
1948

Gründung der Bundesrepublik Deutschland
1949

Volksabstimmung über den Südweststaat: Die Mehrheit stimmt für den Zusammenschluß; nur in Südbaden unterliegen die Befürworter
9.12.1951

Reinhold Maier (DVP) wird erster Ministerpräsident Baden-Württembergs
25.4.1952

Die Landesverfassung tritt in Kraft
1953

Gründung der Universität Konstanz
1964

zu einem kraftvollen Wirtschaftsstandort. Als die Badener 1970 erneut zu den Urnen gerufen wurden, um über das Bundesland abzustimmen, bewies eine überwältigende Mehrheit für Baden-Württemberg, daß die Erfolgsidee Südweststaat sich auch in Baden durchgesetzt hatte. Gründe dafür gab es genug. Das neue Bundesland hatte eine dynamische wirtschaftliche Entwicklung genommen und machte als „Musterländle" von sich reden.

Die Einrichtung von Regierungsbezirken und eine stark dezentral ausgerichtete Verwaltung behielten gewachsene Strukturen bei und nahmen Rücksicht auf die Bedeutung alter Behördenzentren wie etwa Karlsruhe oder Sigmaringen. Neue Verwaltungsbezirke über alte Landesgrenzen hinweg gibt es seit den siebziger Jahren: Die von 1967 an eingeleiteten Verwaltungs- und Gebietsreformen haben bleibende Spuren hinterlassen. 3379 Gemeinden in 63 Landkreisen zählte Baden-Württemberg 1968. Nach zahlreichen Eingemeindungen und Zusammenschlüssen gab es 1975 in 35 neuen Landkreisen und 9 Stadtkreisen noch 1 110 Gemeinden.

Besatzungszonen und Ländergliederung nach Kriegsende.

1967 Gründung der Universität Ulm

1970 Volksentscheid in Baden: 81,9 Prozent sind für den Verbleib in Baden-Württemberg

1973–1975 Verwaltungs- und Gebietsreform: Neue Stadt- und Landkreise und Gemeinden werden gebildet

„Trümmerfrauen" und Jugendliche leisteten nach dem Krieg die ersten Aufräumarbeiten.

NEUES LEBEN ERWACHT

Wiederaufbau und Integration Wie in der Endphase des NS-Regimes waren unmittelbar nach Kriegsende die Frauen wieder besonders gefordert, da viele Männer im Krieg gefallen, vermißt oder in Gefangenschaft waren. Auch Jugendliche wurden zu Aufräumarbeiten verpflichtet. So mußten in Freiburg, von der französischen Militärverwaltung überwacht, Jugendliche bis zum Herbst 1945 jeweils 20 Tage pro Monat arbeiten, ansonsten wurde ihnen die Lebensmittelzuteilung entzogen.
Am stärksten waren die Städte Pforzheim (über 75 Prozent), Stuttgart, Freiburg und Ulm (über 50 Prozent) zerstört. Aus Mangel an Baumaterialien wurden Backsteine und Ziegel von den „Trümmerfrauen" geputzt und für den Wiederaufbau der zerstörten Häuser gesammelt. Zur Wohnungsnot kam die mangelhafte Versorgung mit Nahrungsmitteln und Dingen des täglichen Bedarfs. Diese wurden mit Lebensmittelkarten und Bezugsscheinen zugeteilt: Rund 300 Gramm Brot pro Tag gab es für einen Erwachsenen. Wer über Waren verfügte und sie auf dem Schwarzmarkt tauschen konnte, lebte besser als die 2,1 Millionen Vertriebenen und Flüchtlinge, die ins Land kamen.

Ihre Aufnahme und Integration – und dazu ihre aktive Rolle beim Wiederaufbau – zählt zu den großen Nachkriegsleistungen der Bevölkerung. Während die französische Besatzungsmacht die Aufnahme von Heimatvertriebenen zunächst verbot, waren diese im amerikanischen Besatzungsbereich bei der Entwicklung von Industrie und Gewerbe sofort sehr aktiv und geschätzt. Am 5. August 1950 wurde in Stuttgart mit einer „Charta der Heimatvertriebenen" das „Recht auf Heimat als ein „von Gott geschenktes Grundrecht der Menschheit" formuliert, bei gleichzeitigem Verzicht auf Rache, Vergeltung und gewaltsame Wiedergewinnung der verlorenen Heimat.

Überall blühte der direkte Tauschhandel oder die Bezahlung in „Zigarettenwährung" auf dem Schwarzmarkt.

„Der 8. Mai ist für uns Deutsche kein Tag zum Feiern. Die Menschen, die ihn bewußt erlebt haben, denken an ganz persönliche und damit ganz unterschiedliche Erfahrungen zurück. Der eine kehrte heim, der andere wurde heimatlos. Dieser wurde befreit, für jenen begann die Gefangenschaft. (...) Verbittert standen Deutsche vor zerrissenen Illusionen, dankbar andere Deutsche für den geschenkten neuen Anfang." (Bundespräsident Richard von Weizsäcker, Ansprache am 8. Mai 1985)

Wohlstand für alle Unmittelbar nach dem Zweiten Weltkrieg herrschte „Frauenüberschuß“, besonders in Baden und Württemberg-Hohenzollern. Männermangel, Ernährungsnot und die nicht seltene Entfremdung der bisher alleinverantwortlichen Frauen von ihren heimkehrenden Männern führten zu vielfältigen Überlebensstrategien und Annäherungen an die französischen und amerikanischen Besatzungssoldaten, die über Lebensmittel und Tauschwaren verfügten. Die Stabilität der Familie geriet in dieser Zeit in bisher unbekanntem Ausmaß ins Wanken. Das läßt sich etwa an den statistischen Zahlen über Scheidungen, Besatzungskinder oder Geschlechtskrankheiten ablesen. Erst die Währungsreform vom 20. Juni 1948 schuf die Voraussetzungen für eine allmähliche Normalisierung und Verbesserung der sozialen und wirtschaftlichen Verhältnisse. Um die Not zu mildern, schickte die 1946 in den USA gegründete Hilfsorganisation CARE (Cooperative for American Remittances to Europe) vor allem für Kinder Pakete mit Nahrungsmitteln. Als Zeichen für Wohlstand und Freiheit galt in der Nachkriegszeit der motorisierte Individualverkehr, unabhängig von Straßen- und Bundesbahn. Anfang der fünfziger Jahre produzierten in Südwestdeutschland zehn Firmen (wie Heinkel in Stuttgart oder Maico in Pfäffingen) Motorroller für jene, die sich noch kein Auto leisten konnten. Beim „Wohlstand für alle“ in der neuen „sozialen Marktwirtschaft“ von Ludwig Erhard wurden allerdings die während des NS-Regimes Verfolgten und Ausgegrenzten wie Juden, Sinti, KPD-Politiker und ehemalige Zwangsarbeiter schnell vergessen.

In Munderkingen (Oberschwaben) produziert, vor dem Tübinger Tor in Reutlingen zu Werbezwecken fotografiert: der Motorroller „Walba de Luxe“, um 1951.

1945 in einem Reutlinger Fotoatelier entstandene Aufnahme: Ein nordafrikanischer Besatzungssoldat mit einer (möglicherweise) befreiten Zwangsarbeiterin – eine ambivalente Zuneigung (siehe Kopf- und Körperhaltung und Richtung der Pistole).

Wahlkampfplakat anläßlich der Volksabstimmung am 9. Dezember 1951. Der südbadische Staatspräsident Leo Wohleb weist die eroberungslustigen „Sieben Schwaben" aus Württemberg mit Reinhold Maier an der Spitze (als zweiter am Federhalter, mit Brille) zurück.

DEMOKRATISCHER NEUBEGINN

Ein langer Weg Bis zur Verabschiedung des Bonner Grundgesetzes am 23. Mai 1949 wurde der Weg zum Südweststaat stark von den Besatzungsmächten und den entsprechend reagierenden regionalen Politikern, Parteien und Verbänden geprägt. Die vor allem unter wirtschaftlichen Aspekten von den Amerikanern vorgenommene und als gelungen empfundene Zusammenfügung von Nordwürttemberg und Nordbaden belebte die Diskussion um die insgesamt als unbefriedigend angesehene Zerreißung des Südwestraumes durch die Besatzungsmächte in drei unterschiedliche Länder (Württemberg-Baden, Württemberg-Hohenzollern, Baden). Nicht zuletzt fürchtete man, daß die Franzosen ihre Besatzungszone ausweiten und den Zusammenhang Badens mit den beiden anderen Ländern lockern könnten.

Schon im Oktober 1946 regte der Präsident der verfassunggebenden Landesversammlung in Stuttgart, Wilhelm Keil (1870–1968), aufgrund der guten Erfahrungen mit dem von Amerikanern vereinigten Württemberg-Baden die anderen Länder (mit Regierungssitz in Freiburg und Tübingen) zu einem Zusammenschluß an. Freiburg reagierte daraufhin mit dem Vorschlag, Südbaden und Württemberg-Hohenzollern zusammenzufügen. Im Juli 1948 forderten die Besatzungsmächte die Länder zu weiteren Vorschlägen auf. Württemberg und Nordbaden wollten sich vereinen, Südbaden mit dem altbadischen „Bannerträger", dem Staatspräsidenten Leo Wohleb (1888 bis 1955) an der Spitze, war strikt dagegen. Es beharrte weiterhin auf einer Selbständigkeit im Südweststaat. Die Franzosen favorisierten eine Wiederherstellung des Landes Baden, was wiederum Abtrennungsbefürchtungen in den anderen Landesteilen auslöste. Eine Einigung durch eine Entscheidung der Militärgouverneure scheiterte.

Das Bonner Grundgesetz sah dann im Artikel 29 eine Neugliederung des Bundesgebietes durch Bundesgesetz vor. Für den Südwesten allerdings gab es – auf Initiative von Gebhard Müller wurde Artikel 118 ins Grundgesetz aufgenommen – einen Sonderweg: Erst wenn sich die beteiligten Länder nicht unter sich einigen könnten, würde ein Bundesgesetz die Frage regeln.

Das erste Kabinett des neuen Südweststaates wurde am 25. April 1952 unter Ministerpräsident Dr. Reinhold Maier in der Landeshauptstadt Stuttgart 1952/53 gebildet: v. r. n. l. Ministerpräsident Dr. Reinhold Maier, Wirtschaftsminister Dr. Hermann Veit, Innenminister Fritz Ulrich, Justizminister Viktor Renner, Kultminister Dr. Gotthilf Schenkel, Finanzminister Dr. Karl Frank, Landwirtschaftsminister Friedrich Herrmann, Arbeitsminister Erwin Hohlwegler, Vertriebenenminister Eduard Fiedler, Staatssekretär Edmund Kaufmann und oben stehend der Präsident der Landesversammlung Dr. Karl Neinhaus.

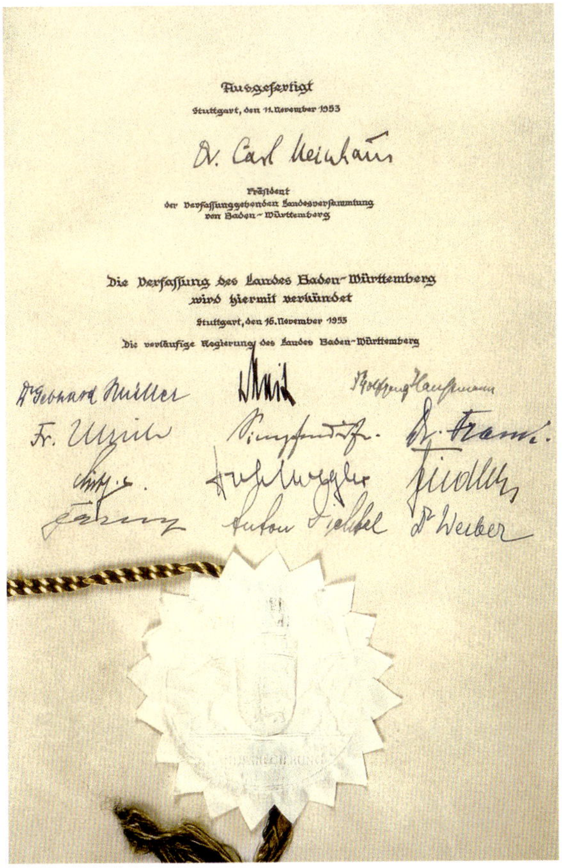

Verfassungsurkunde des Landes Baden-Württemberg vom 16. November 1953, unterschrieben vom Präsidenten der verfassungsgebenden Landesversammlung, Carl Neinhaus, und den Mitgliedern der vorläufigen Regierung unter Ministerpräsident Gebhard Müller (1953–1958).

Badens Widerstand Bei einer Volksbefragung am 24. September 1950, auf die sich die drei Regierungschefs schließlich geeinigt hatten, wollten 59,6 Prozent in Südbaden das Land Baden wiederherstellen, der Rest des Landes stimmte mit über 70 Prozent für den Südweststaat. Doch Südbaden übte sich weiterhin im Widerstand. Daraufhin ordnete der Bund (mit dem Zweiten Neugliederungsgesetz vom 4. Mai 1951) eine Volksabstimmung an, die am 9. Dezember 1951 stattfand und zu einer Mehrheit im Gesamtergebnis – aber wiederum nicht in Südbaden – führte. Mit der Bildung der vorläufigen Regierung in Stuttgart am 25. April 1952 waren die drei Länder dann zu Baden-Württemberg vereinigt.

Doch das war noch lange nicht das Ende des südbadischen Widerstands: Der „Heimatbund Badener-Land“ beantragte 1955 eine Volksabstimmung, um das alte Land Baden wiederherzustellen. Dies wurde vom Bundesinnenminister abgelehnt, vom Bundesverfassungsgericht am 30. Mai 1956 jedoch zugelassen. In den badischen Landesteilen wurde im September 1956 abgestimmt. Doch Bundestag, Bundesrat und Bundesregierung wollten trotz eines positiven Votums keinen Volksentscheid zulassen, um die Neugliederung nicht zu gefährden. Dagegen entschied am 11. Juni 1961 das Bundesverfassungsgericht. Doch die Bonner Politiker ließen sich Zeit: Erst im Sommer 1969 wurde der Artikel 29 so geändert, daß ein Volksentscheid in Baden durchgeführt werden konnte. Am 7. Juni 1970 stimmten 18,1 Prozent für die Wiederherstellung des früheren Landes Baden, 81,9 Prozent waren für ein Verbleiben bei Baden-Württemberg. Damit war die Vorgeschichte dieses Bundeslandes formal abgeschlossen.

Name und Landeswappen spiegeln in Vielfalt und Rücksichtnahme den Entstehungsprozeß dieses Bundeslandes durchaus wider: Nicht Rheinschwaben, Schwaben oder Alemannien (so lauteten einige Vorschläge) sollte es heißen, sondern im Unterschied zu Württemberg-Baden und mit einer gewissen Reverenz gegenüber den „Verlierern“ stand Baden im Namen vorn. Die Löwen wurden dem Wappen des Herzogtums Schwaben entnommen, die Schildhalter sind links der württembergische Hirsch, rechts der badische Greif. In der Wappenkrone ist die Reihenfolge umgekehrt: rechts die württembergischen Hirschstangen, links der badische Schrägbalken. Und in alphabetischer Reihenfolge sind noch die Wappen von Franken, Hohenzollern, Kurpfalz und Vorderösterreich mit aufgenommen.

Das große Landeswappen von Baden-Württemberg, für das sich am 5. Mai 1954 der Landtag entschied, ein Symbol aus vielen Einzelteilen.

„Nickende Pferdeköpfe", die charakteristischen Pumpen im Erdölfeld Pfullendorf-Ostrach, zeugen von jahrzehntelanger Erdölförderung in der Region. Insgesamt wurden von 1962 bis zum letzten Fördertag am 30. September 1997 391 000 Tonnen Erdöl und viele Millionen Kubikmeter Erdgas gewonnen.

Kernkraftwerk Obrigheim im Neckar-Odenwald-Kreis.

Turbinen der Firma Voith (Heidenheim) liefen in den leistungsstärksten Flußkraftwerken in Europa, Afrika und Amerika, wo seit 1903 die damals weltgrößte 12 000-PS-Turbine an den Niagarafällen arbeitete.

WACHSTUM DER WIRTSCHAFT NACH 1945

Industrieland Für ein rohstoffarmes Land wie Baden-Württemberg liegen die wirtschaftlichen Chancen insbesondere in der Verarbeitung und Veredelung von Gütern, vor allem auch für den Export. Dabei hat sich im Laufe des ersten Vierteljahrhunderts nach dem Zweiten Weltkrieg ein erheblicher Strukturwandel vollzogen: Die Textilindustrie wurde von der metallverarbeitenden Industrie vom ersten Platz verdrängt. Chemie, Papier- und Druckindustrie und die Nahrungsmittelindustrie waren die großen Wachstumsbranchen. Dabei blieb allerdings der Charakter einer mittelständischen Industrie hierzulande im großen und ganzen erhalten, auch wenn 1970 das Land mit 1,6 Millionen Industriebeschäftigten (173 auf 1 000 Einwohner) den höchsten Industrialisierungsgrad aller Bundesländer aufwies (zum Vergleich: Nordrhein-Westfalen 153, Bayern 128).

Auch die Regionalstruktur zeichnet sich durch eine auf beide Landesteile ausgewogene Verteilung von Verdichtungsräumen und ländlichem Raum aus. In den Ballungsräumen um Stuttgart, Heidelberg-Mannheim, Karlsruhe und Freiburg leben zwei Fünftel der Bevölkerung und arbeitet fast die Hälfte der Beschäftigten. Ein weiteres Drittel lebt in den Randzonen um die Verdichtungsräume. Der Rest zählt zum ländlichen Raum, der allerdings sehr ungleichmäßig strukturiert ist. Neben industrie- und gewerbestarken Mittel- und Unterzentren finden sich hier mit Teilen des Odenwalds, von Hohenlohe, der Schwäbischen Alb und des Südschwarzwalds auch dünn besiedelte, strukturschwache Gebiete. Die großen Kraftwerke liegen bei den Zentren der industriellen Ballungsgebiete (zum Beispiel die Kernkraftwerke Philippsburg, Obrigheim, Neckarwestheim). Außerdem gibt es am Hochrhein große Laufwasserkraftwerke und Pumpspeicherwerke.

Wohnen und Fahren Die Bevölkerungszahl wuchs von 3,34 Millionen im Jahre 1871 (bezogen auf das heutige Bundesland) auf rund 9 Millionen im Jahre 1972, wobei die Zuwachsrate in den letzten Jahrzehnten fast 50 Prozent über dem Bundesdurchschnitt lag. Ursache dafür waren die Aufnahme von Vertriebenen, eine bis 1967 steigende Geburtenrate und vor allem der Zuzug ausländischer Arbeitskräfte. Bei einem Gesamtbestand von 2,8 Millionen Wohnungen wurden von 1948 bis 1969 im Land allein über 1,6 Millionen Wohnungen fertiggestellt. Angesichts dieser Zahlen kam es in vielen Bereichen zu rasanten Entwicklungen. So stieg zum Beispiel von 1958 bis 1969 die Zahl der Kraftfahrzeuge von einer Million auf 2,37 Millionen an. 1954 gründeten 13 Städte die Bodensee-Wasserversorgung. Durch eine 160 Kilometer lange Leitung von Sipplingen fließen jährlich 237 Millionen Kubikmeter Wasser zu über 2,5 Millionen Verbrauchern. Etwa 80 Prozent des Trinkwassers stammt aus Grund- und Quellwassern, 20 Prozent aus dem Oberflächenwasser von Donau und Bodensee. Mit einem Landesplanungsgesetz (1962) wurde die Entwicklung der unterschiedlichen Regionen und Bereiche koordiniert und konzeptionell vorangetrieben. Im Februar 1956 wurde der Stuttgarter Fernsehturm fertiggestellt, der als Alternative zu den vorher üblichen Stahlgittermasten (geplant mit einer Antennenhöhe von 200 Metern) neben einer Antenne eine Aussichtsplattform und eine Gaststätte tragen sollte. Der Architekt wollte damit zeigen, „wie man technisch notwendige Einrichtungen auch schön und anziehend bauen kann“.

Sichtbare Fortschritte machte der Autobahn-Bau im südlichen Baden-Württemberg: Hier eine Luftaufnahme der im Bau befindlichen Anschlußstelle Villingen-Schwenningen der Autobahn Stuttgart–westlicher Bodensee, die 1977 für den Verkehr freigegeben wurde.

Der Stuttgarter Fernsehturm, 1954/56 nach einem Entwurf von Fritz Leonhard gebaut, gilt als technische Pionierleistung für die Anwendung von Stahlbeton beim Turmbau und wurde überall auf der Welt nachgebaut.

Im Zuge der Bildungsreform wurde die Universität Konstanz 1964 gegründet.

Baden-Württemberg war eines der ersten Bundesländer mit Entwicklungsplänen für das Bildungswesen. Es entstand das dichteste Netz an beruflichen Schulen in der Bundesrepublik, die Universitäten Konstanz (1964) und Ulm (1967) wurden gegründet, Fachhochschulen ausgebaut, von 1973 an Berufsakademien eingerichtet, soziale Barrieren abgebaut, „Bildungsreserven“ erschlossen vom Kindergarten bis zur Hochschule. Das allgemeine Schulwesen wurde vereinheitlicht und besonders im ländlichen Raum ausgebaut, Konfessionsschulen und eine konfessionsgebundene Lehrerausbildung wurden aufgegeben.
Auch die enge Verbindung von Wissenschaft, Politik und Planung (beispielsweise durch Politikberatung und Gutachten) sollte der besseren Abstimmung von Bildungs- und Beschäftigungssystemen dienen. Doch den Studenten ging 1968 die Modernisierung der Gesellschaft nicht weit genug, sie wurde als Stabilisierung des bestehenden Systems mit „außerparlamentarischer Opposition“ (APO) bekämpft.

KULTURELLE ENTWICKLUNG

Modernisierungsschub Bis in die 60er Jahre war Baden-Württemberg nicht unbedingt ein Land der Bildungsreformen. Das änderte sich, als 1964 mit Kurt-Georg Kiesingers Regierungserklärung Bildungspolitik als Wirtschafts- und Gesellschaftspolitik im Prozeß allgemeiner Modernisierung verstanden wurde, als man die Forderung „Bildung ist Bürgerrecht“ (1965) von Ralf Dahrendorf für eine kurze Zeit geradezu musterhaft umzusetzen versuchte.

Studenten leiteten 1968 zu Zeiten einer großen Koalition in Bonn als „außerparlamentarische Opposition“ mit ihrer Kritik am bestehenden System Veränderungen in vielen gesellschaftlichen Bereichen ein.

Mit wissenschaftlicher Beratung durch den Psychoanalytiker und Kritiker Alexander Mitscherlich („Die Unwirtlichkeit unserer Städte“, 1965) entstand die Siedlung Emmertsgrund in Heidelberg. Ende der 70er Jahre erhielt eine Jugendgang von einem Amtsrichter Strafmilderung, weil sie dort aufgewachsen war …

Dezentrale Vielfalt „Mir brauchet koi Kunscht, mir brauchet Krombiere!" Diese Alternative „Kartoffeln statt Kunst", markig formuliert vor über 150 Jahren von einem Abgeordneten im Stuttgarter Landesparlament, ist zwar ein vielzitiertes Wort geworden, trifft aber in Baden-Württemberg schon lange nicht mehr zu. Der „kleinkammrige Bauplan Südwestdeutschlands" (so der Geograph Theodor Hornberger) und die Vielfalt der historischen Bedingungen spiegeln sich auch in der vielfältigen kulturellen Infrastruktur des Landes wider. So gibt es in allen wesentlichen Kulturbereichen keine Dominanz einer einzigen zentralen Einrichtung für das ganze Land. Kennzeichnend ist zudem eine dezentrale Kunst- und Kulturpolitik und eine entsprechende Förderung. Das Land hat – historisch bedingt – zwei Staatstheater, das württembergische in Stuttgart und das badische in Karlsruhe. Das Stuttgarter Ballett zählt seit John Crankos Zeiten zu den besten Kompagnien der Welt, die Oper des Badischen Staatstheaters pflegt über den Rhein nach Frankreich eine beispielhafte internationale Zusammenarbeit. Sieben städtische Theater (darunter das Nationaltheater in Mannheim), drei Landesbühnen und zahlreiche Zimmertheater und Kleinbühnen sorgen für eine flächendeckende Versorgung auf diesem Gebiet. Das gleiche gilt für Festspiele und Festivals, für Museen (unter den über 1 000 gibt es zwei Landesmuseen, die die Kulturgeschichte ihrer jeweiligen Territorien dokumentieren), für Orchester und Chöre, für Bibliotheken, Kunst- und Musikhochschulen und vieles andere mehr.

Das Mannheimer Nationaltheater, eine der berühmtesten Bühnen Deutschlands, wurde 1778 gegründet. Am 13.1.1782 fand hier die Uraufführung von Schillers „Räubern" statt. 1943 bei einem Luftangriff zerstört, wurde es 1957 neu eingeweiht.

Das Stuttgarter Ballett errang in den sechziger und siebziger Jahren Weltgeltung unter der Leitung von John Cranko (1927–1973) mit Marcia Haydée, Egon Madsen, Richard Cragun und vielen anderen Solisten.

BADEN-WÜRTTEMBERG HEUTE

Ein Land der Gegensätze oder der gelungenen Verbindungen zwischen Modernität und Tradition?
Baden-Württemberg scheint beides zu sein. Obwohl die große Mobilität der Menschen viele Unterschiede verwischt hat, findet man vielerorts noch immer starkes regionales Bewußtsein, wenn man sich auf die Suche nach einer baden-württembergischen Identität macht. Das Recht auf „Heimat", das Baden-Württemberg als einziges Bundesland in seiner Verfassung verankert hat, ist offenbar nicht nur ein Gesetzesartikel.
Oberschwaben, Hohenlohe, die Kurpfalz, Hohenzollern oder Südbaden, selbst manche ehemaligen Reichsstädte haben in vielen Bereichen nach wie vor ein eigenes kulturelles Bewußtsein, das zu einem großen Teil aus historischen Wurzeln gespeist wird. Diese geschichtliche Vielfalt ist noch immer spürbar. Genauso identitätsstiftend wie historische Räume, an die sich die heutige Verwaltungsorganisation nur noch selten anlehnt, wirken sich geographische und landschaftliche Gegebenheiten aus. Schwarzwald, Schwäbische Alb, Allgäu oder der Taubergrund sind Teile Baden-Württembergs, die sich durchaus als eigenständig empfinden, und sei es nur aufgrund der Unterschiede ihrer wirtschaftlichen Struktur gegenüber den Ballungsräumen.
Den verdichteten Industrieregionen, vor allem am Mittleren Neckar und um Karlsruhe und Mannheim, stehen nämlich auch heute noch die von Landwirtschaft, Handwerk und wenigen mittelständischen Industriebetrieben geprägten Gegenden gegenüber, die zwar landschaftliche Schönheiten, aber verhältnismäßig wenig Arbeitsplätze bieten. Der Ausgleich zwischen Stadt und Land wird weiterhin eine Aufgabe bleiben, an der sich Landesregierungen messen lassen müssen.
Ein „Sterben der Dörfer", wie es Ende der sechziger Jahre aus vielen Gründen befürchtet wurde, hat es noch nicht gegeben. Die verschiedenen Förderprogramme des Landes haben dem mal mit mehr, mal mit weniger Erfolg entgegengewirkt. Auch ein Zentralismus ohne Rücksicht auf gewachsene Strukturen, wie er vor allem in Baden prophezeit worden war, hat (noch) nicht ausufernd um sich gegriffen.
Das inzwischen vereinte Europa mit seinem einheitlichen Wirtschaftsraum bringt dem Land im Südwesten neben Chancen neue Herausforderungen. Der Strukturwandel in der einst prägenden bäuerlichen Landwirtschaft geht gnadenlos weiter, immer weniger Betriebe bewirtschaften die Äcker des Landes. Die „Globalisierung" der Weltwirtschaft ist für den exportabhängigen Südwesten von existentieller Bedeutung.

- 1980 „Die Grünen" werden erstmals in den Landtag gewählt
- 1987 Zeichen des Strukturwandels in der Landwirtschaft: Rund 127 000 Bauernhöfe gibt es noch in Baden-Württemberg; 1949 waren es mehr als 400 000
- 1990 Wiedervereinigung Deutschlands
- 1991–1992 Die im Südwesten stationierten französischen und amerikanischen Truppen werden zum größten Teil abgezogen, viele Militärstandorte aufgelöst
- 1991 Nach dem Rücktritt Lothar Späths (CDU) wird Erwin Teufel (CDU) Ministerpräsident
- 1992 Zeichen der zunehmenden Mobilität: Seit 1952 sind 11 Millionen Menschen nach Baden-Württemberg zugewandert, über 8 Millionen haben das Land verlassen

Wie sie sich auswirken wird, läßt sich nicht voraussagen. Einst eng mit dem Land und seinen Menschen verbundene Firmen werden zu weltweit operierenden Konzernen, die internationale Verflechtung der Wirtschaft nimmt weiter zu. Die mittelgroßen Unternehmen, die eine entscheidende Rolle in der Wirtschaft Baden-Württembergs spielen und oft noch in Familienbesitz sind, müssen sich auf diese Veränderungen einstellen.

Währenddessen wächst das Land, das bald fünfzig Jahre alt wird, noch enger zusammen. Die von der Politik eingeleiteten Zusammenschlüsse der badischen und württembergischen Stromversorger oder die Rundfunkfusion von SDR und SWF zum Südwestrundfunk 1998 sind Zeichen dafür. Ob damit die Zukunft des Südwestens gesichert wird oder ein Stück Vielfalt des Landes und damit seines Erfolgsrezepts verloren geht, wird sich weisen müssen. Aber neue Entwicklungen und Reformen hat Südwestdeutschland in seiner Geschichte schon zahllose überstanden. Und einige davon sind auch zu Erfolgsgeschichten geworden.

Stadt- und Landkreise in Baden-Württemberg.

Nach 20 Jahren Alleinregierung verliert die CDU die absolute Mehrheit: Zum dritten Mal nach 1966 und 1968 wird eine große Koalition aus CDU und SPD gebildet
1992

Die CDU regiert mit der FDP als Koalitionspartner
seit 1996

Jahr der Fusionen: Energieversorger, öffentliche Banken und die öffentlichen Rundfunkanstalten SDR und SWF schließen sich jeweils zusammen. Daimler-Benz fusioniert mit dem amerikanischen Autohersteller Chrysler
1998

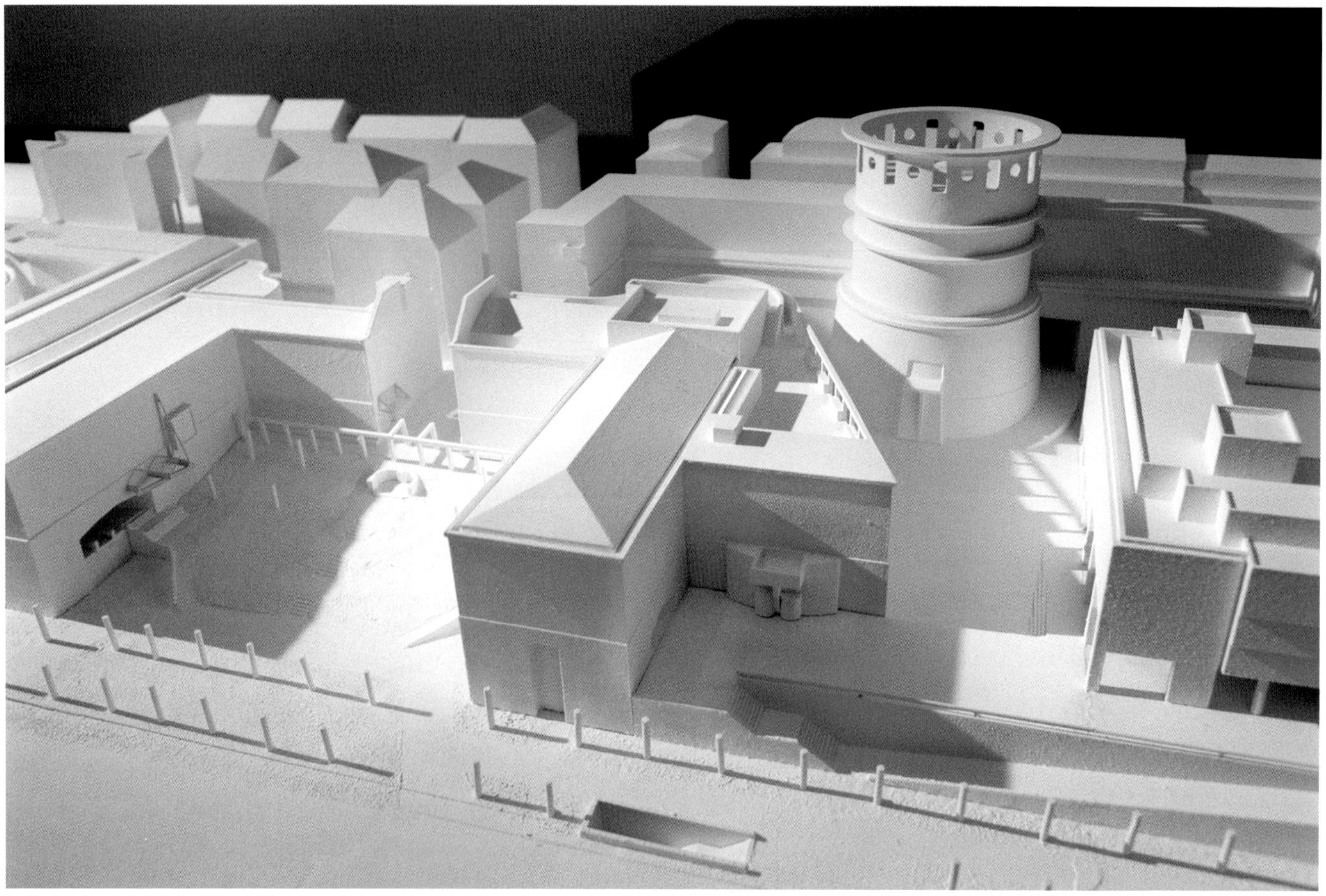

In der Stuttgarter Konrad-Adenauer-Straße soll gegenüber dem Landtag nach Plänen des britischen Architekten James Stirling bis Dezember 2002 mit dem „Haus der Geschichte" die Kulturmeile vollendet werden. 1984 wurde hier die Neue Staatsgalerie, 1996 die Neue Musikhochschule eröffnet.

GESCHICHTE UND ERINNERUNG

Landesidentität Zum 25. Geburtstag von Baden-Württemberg steuerte der Soziologe Ralf Dahrendorf in einem Jubiläumsbuch („Republik im Stauferland") 1977 folgende Bilanz bei: „Das Land hatte und hat eine magnetische Kraft; es hat in mancherlei Hinsicht die Bundesrepublik und ihre Geschichte geprägt, ja den Schwerpunkt ihrer Gesellschaft verlagert. So wie in den fünfziger und sechziger Jahren der Staat New York sich daran gewöhnen mußte, seine Vorherrschaft mit einem anderen Staat, mit Kalifornien, zu teilen, so mußte Nordrhein-Westfalen die Konkurrenz von Baden-Württemberg ertragen lernen. Man wird es im Land Hegels verstehen, wenn ich sage, daß der Weltgeist, oder wenigstens seine deutsche Inkarnation, in Baden-Württemberg seine Wirkungsstätte gesucht hat. (...) Baden-Württembergs unwiderstehliche Anziehungskraft liegt darin, daß es die offenen Grenzen der modernen Welt mit der geprägten Gestalt einer historischen Landschaft verbindet. Gibt es das überhaupt noch einmal in der Welt? (...) Aber es hat dennoch etwas Innengelenktes, vor allem konzentriert auf die eigenen Dinge – im Land, im Bezirk, im Kreis und vor allem in der Gemeinde. Und darin ist es nun wieder Kalifornien durchaus ähnlich, nur besser, gekonnter: in der Verbindung von Modernität und Dörflichkeit, Zukunft und Bindung."

Und rechtzeitig zum 50. Landesjubiläum soll dann im Dezember 2002 das „Haus der Geschichte" fertiggestellt sein, nicht einfach eine überdimensionale „Heimatstube", sondern – so Ministerpräsident Erwin Teufel – ein „Leuchtturm in der Kulturlandschaft Baden-Württembergs", mit dem „Geschichtsbewußtsein und Landesidentität" gestärkt werden sollen. Wie weit das gelingt, wird wohl auch ein wenig davon abhängen, ob der zum 25. Geburtstag des Landes zitierte Hegelsche Weltgeist weiterhin in Baden-Württemberg seine Wirkungsstätte sucht.

Mahnmal für die Opfer des Nationalsozialismus auf dem Stuttgarter Karlsplatz, 1970 nach einem Entwurf von Elmar Daucher errichtet, in der Mitte ein von Ernst Bloch entworfener Text:

1933 – 1945
verfemt verstoßen gemartert
erschlagen erhängt vergast
Millionen Opfer
der nationalsozialistischen Gewaltherrschaft
beschwören Dich:
Niemals wieder!

Baden-Württemberg – das Land der kleinräumigen Vielfalt. Abseits der Ballungsräume gibt es immer noch eine reichhaltige Kulturlandschaft und eine lebendige Dörflichkeit: Das obere Bild zeigt das Dorf Pfronstetten, das untere den Albtrauf.

Vor der Möhringer Konzernzentrale im November 1998: aus Daimler-Benz wird DaimlerChrysler.

WELT UND HEIMAT

Global und virtuell Mit globalen Produktions-, Organisations- und Vertriebsformen oder mit virtuellen, multimedialen Realitätsentwürfen gehen Badener und Württemberger inzwischen ebenso selbstverständlich um, wie sie – und das in Zukunft vielleicht noch engagierter – sich zugleich auf Herkunft, Grenzen und Geschichte besinnen, sei es in strenger (Selbst-)Disziplin oder als folkloristisches Potpourri, in Straßenfesten und Hocketsen oder in Museen und auf Lernpfaden. Wer die Zukunft meistern will, besinnt sich nur allzu oft auf die Vergangenheit. Denn nicht immer stammen die wirklich tragfähigen Entwürfe, die bedürfnisgerechten Produkte aus den Großlabors und den fusionierten Weltkonzernen.

Bei seinem Amtsantritt 1969 nannte der Bundespräsident Gustav Heinemann Deutschland ein „schwieriges Vaterland“: „Aber es ist unser Vaterland. Hier leben und arbeiten wir. Darum wollen wir unseren Beitrag für die eine Menschheit mit diesem und durch dieses Land leisten.“ Zehn Jahre später griffen die Stuttgarter Politologen Martin und Sylvia Greiffenhagen diese Einschätzung auf und wagten am Ende ihres Buches „Ein schwieriges Vaterland. Zur politischen Kultur Deutschlands“ eine Trendaussage: „Es wird in Zukunft wohl ‚mehr Politik‘ als bisher geben. Immer mehr Bereiche werden politisch relevant werden. Dagegen hilft keine künstliche Entpolitisierung, keine Wiederbelebung der traditionellen deutschen Trennung von Staat und Gesellschaft. Der Unterschied von privat und öffentlich mag dagegen (und deshalb) wichtiger werden als zuvor.“ Als eines der wenigen Bundesländer hat Baden-Württemberg daraus praktische Konsequenzen gezogen und fördert und koordiniert seit einiger Zeit Bürgerengagement in unterschiedlichen Formen und in vielen Bereichen.

Auch wenn kaum etwas so schnell veraltet wie die Zukunftsentwürfe und -prognosen von gestern – man prüfe daraufhin nur einmal, was Experten über die heutige Gegenwart vor zehn, zwanzig Jahren als „definitiv eintreffend“ beschrieben haben und was dann doch nicht eingetroffen ist – in einem „Europa der Regionen“ wird es ein Leben jenseits von Vollbeschäftigung, Dauersubventionen und „Wohlstand für alle“ mit einiger Sicherheit wohl nur in einer bürgeraktiven Zivilgesellschaft geben.

Baden-Württemberg auf einen Blick: Dieses Satellitenfoto wurde aus 735 km Höhe aufgenommen und ist aus zwei Überflugsstreifen mit je 185 km Breite zusammengesetzt. Der rechte obere Rand fehlt, weil sich während der Aufnahme eine Wolkenwand zusammengeschoben hat.

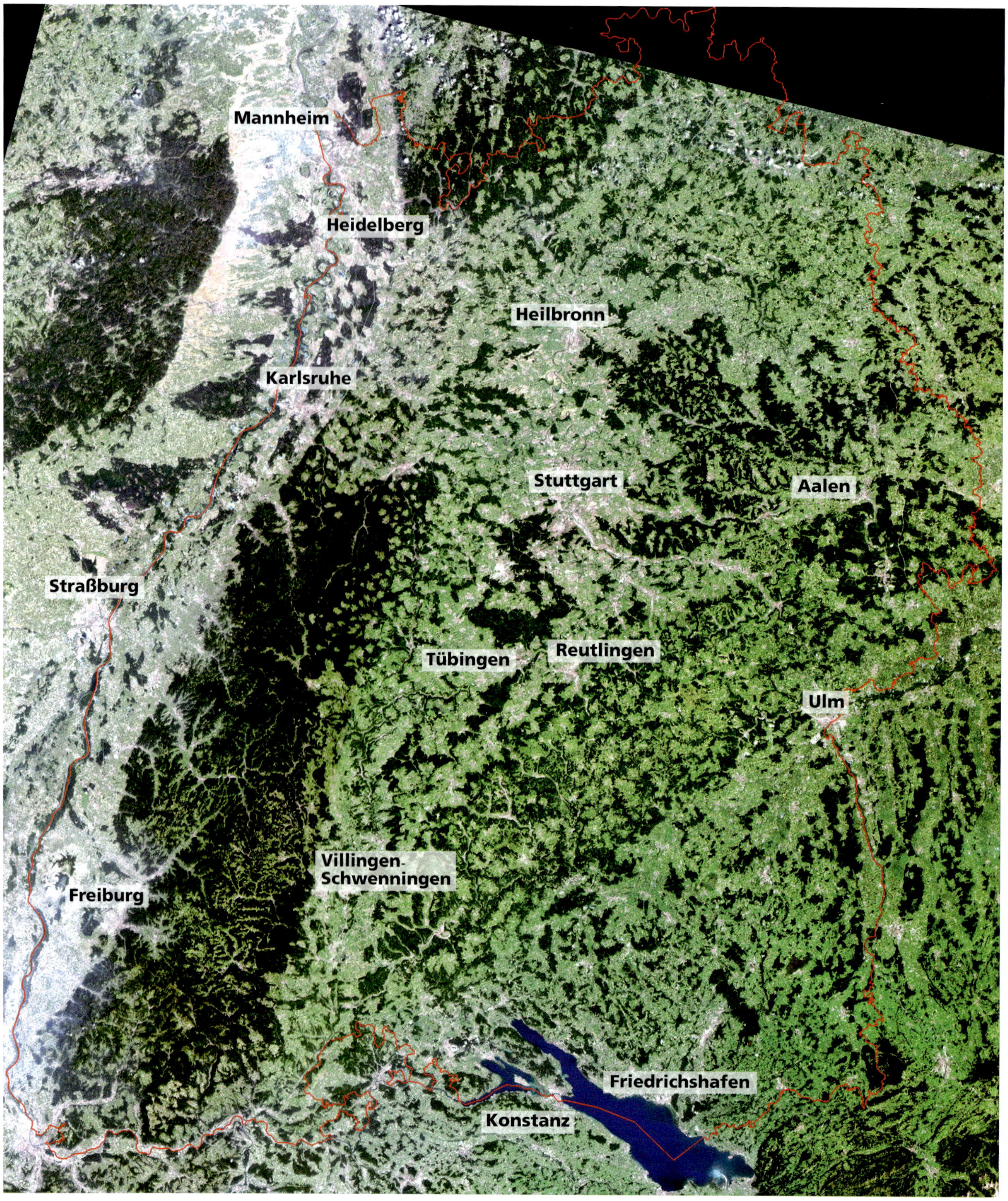

„Der Hölderlin isch et veruckt gwä", Graffito am Hölderlinturm in Tübingen – Beispiel für eine (nicht-abschließende) Antwort auf eine immer wiederkehrende Frage.

Eine Daueraufgabe auch in Zukunft: unterwegs zur Heimat (Zeichnung von Sepp Buchegger).

Zukunft Ob Friedrich Hölderlin (1770 bis 1843) wirklich verrückt gewesen ist, wie spätestens im Sommer 1807 ärztlich diagnostiziert wurde oder aber, wie Literaturkritiker immer wieder behaupten, als „edler Simulant" nur so tat, um in Ruhe in seinem Tübinger Zimmer seinen Überlegungen und Träumen nachzuhängen („Was bleibet aber, stiften die Dichter"), darüber gehen die Meinungen seit langem auseinander. Vielleicht handelt es sich bei dieser Diskussion ja auch nur um ein dialektisches Musterbeispiel, um der Geschichte bei aller Rasanz, mit der die Zukunft jeweils unausweichlich auf uns zukommt, zu ihrem kulturellen Recht zu verhelfen. „Das Prinzip Hoffnung" (1954/59) jedenfalls, Hauptwerk des 1885 in Ludwigshafen geborenen und 1977 in Tübingen gestorbenen Philosophen Ernst Bloch, schließt mit dieser Erkenntnis: „Der Mensch lebt noch überall in der Vorgeschichte, ja alles und jedes steht noch vor Erschaffung der Welt als einer rechten. Die wirkliche Genesis ist nicht am Anfang, sondern am Ende, und sie beginnt erst anzufangen, wenn Gesellschaft und Dasein radikal werden, das heißt sich an der Wurzel fassen. Die Wurzel der Geschichte aber ist der arbeitende, schaffende, die Gegebenheiten umbildende und überholende Mensch. Hat er sich erfaßt und das Seine, ohne Entäußerung und Entfremdung in realer Demokratie begründet, so entsteht in der Welt etwas, das allen in die Kindheit scheint und worin noch niemand war: Heimat."

In wenigen Jahrzehnten werden auch hierzulande 40 Prozent der Bevölkerung über 60 Jahre alt sein: Oma und Punker(in) proben schon mal heute einen Generationen übergreifenden Alltag.

MUSEEN ZUR GESCHICHTE UND KULTUR BADEN-WÜRTTEMBERGS

Mit über 1000 Museen zu Kunst, Kultur, Technik und Geschichte zwischen Bodensee und Odenwald ist Baden-Württemberg eine Museumslandschaft par excellence. Neben überregional bedeutenden Museen verfügt nahezu jede Gemeinde über ein – inzwischen vielfach modern konzipiertes – Heimatmuseum mit meist regionalem Schwerpunkt. Angesichts einer solchen Dichte können hier nur sehr wenige Museen genannt werden, deren Ausstellungen den Inhalt dieses Buches angeregt haben und ergänzen. Eine vollständige Museumsliste findet sich in dem Führer „Museen in Baden-Württemberg“ (Theiss Verlag).

Aalen: Limesmuseum. Zweigmuseum des Württembergischen Landesmuseums Stuttgart zum römischen Leben in den Militärlagern am Limes und ihrer Umgebung mit zahlreichen archäologischen Funden.

Bad Buchau: Federseemuseum. Zweigmuseum des Württembergischen Landesmuseums Stuttgart und des Staatlichen Museums für Naturkunde. Urzeitliche sowie vor- und frühgeschichtliche Funde zeigen das Leben der Menschen und die Natur von der letzten Eiszeit bis zu den Kelten.

Beuren (bei Esslingen): Freilichtmuseum für ländliche Kultur. Ländliche Bau- und Wohnformen sowie historischer Arbeitsalltag von Bauern und Handwerkern auf dem Land werden dokumentiert.

Blaubeuren: Urgeschichtliches Museum. Das Leben der Menschen in der Steinzeit wird mit den großartigen Funden aus der Umgebung dargestellt; die ältesten figürlichen Darstellungen der Menschheit sind zu sehen.

Böblingen: Bauernkriegsmuseum. Eine vielseitig und aufwendig aufbereitete Ausstellung zur Geschichte des Bauernkrieges 1524/25.

Freiburg: Augustinermuseum. Kunst und Kultur am Oberrhein vom 12. bis zum 16. Jahrhundert wird anhand der Werke Grünewalds, Cranachs, Baldung Griens und anderer gezeigt.

Friedrichshafen: Zeppelin-Museum. Die Geschichte und Technik der Luftschiffahrt ist hier neben Malerei und Plastik des Bodenseegebiets zu sehen.

Heidelberg: Kurpfälzisches Museum. Umfangreiche Sammlungen illustrieren die Landesgeschichte am unteren Neckar von der Vorgeschichte bis ins 20. Jahrhundert und die Stadtgeschichte Heidelbergs.

Karlsruhe: Badisches Landesmuseum. Bedeutende und große Sammlung zur Kunst und Kultur aller Epochen sowie Sonderausstellungen zur Kulturgeschichte Badens und Südwestdeutschlands.

Konstanz: Archäologisches Landesmuseum. Funde und Ergebnisse der Archäologie in Südwestdeutschland von den Pfahlbauten bis ins Mittelalter werden hier in verschiedenen Schwerpunkten anschaulich gezeigt.

Ladenburg: Automuseum Dr. Carl Benz. Die Persönlichkeit des Automobil-Pioniers und die Geschichte der Motorisierung bis zur Gegenwart stehen im Mittelpunkt.

Laupheim: Museum zur Geschichte von Christen und Juden. Die Geschichte Laupheims seit dem 17. Jahrhundert ist auch die Geschichte christlich-jüdischer Koexistenz, wie die Ausstellung zeigt.

Mannheim: Landesmuseum für Technik und Arbeit. Themen des Museums sind Stationen und Geschichte der Industrialisierung im Südwesten sowie Zusammenhänge von Technik und Arbeit.

Marbach am Neckar: Schiller-Nationalmuseum. Neben der deutschen Literaturgeschichte stehen vor allem südwestdeutsche Autoren und Verleger wie Mörike, Hölderlin, Uhland und Cotta im Mittelpunkt des Museums.

Neuhausen ob Eck: Freilichtmuseum. Typische Bauten aus verschiedenen Regionen Baden-Württembergs mit rekonstruierten Hausgärten bieten Einblick in frühere Lebensweisen.

Rottenburg: Römisches Stadtmuseum Sumelocenna. Ein ergrabener Ausschnitt der römischen Stadt unter dem Museum bietet unmittelbaren Einblick in antike Vergangenheit.

Rottweil: Dominikanermuseum. Die bedeutenden römischen Funde aus Rottweil sind neben der Sammlung mittelalterlicher Kunst Schwerpunkt des Museums.

Schwäbisch Hall: Hällisch-Fränkisches Museum. Ausstellung zu Landschaft und Geschichte von Württembergisch Franken und der Salzsiederstadt Hall.

Sigmaringen: Fürstlich Hohenzollernsche Sammlungen. Bedeutende Kunstgegenstände und archäologische Funde aus dem schwäbischen Raum.

Singen: Archäologisches Hegau-Museum. Umfassende Präsentation regionaler Funde von der Steinzeit bis zu den Alamannen.

Stuttgart: Württembergisches Landesmuseum und Staatsgalerie. In der großen Sammlung des Landesmuseums gibt es Zeugnisse zu allen Bereichen der Vorgeschichte in Südwestdeutschland und der württembergischen Landesgeschichte. Der beeindruckende Bau der Staatsgalerie von James Stirling birgt Malerei von Weltrang vom Spätmittelalter bis zur Moderne neben Meilensteinen südwestdeutscher Kunstgeschichte.

Stuttgart-Hohenheim: Deutsches Landwirtschaftsmuseum. Die Mechanisierung der Landwirtschaft seit dem 19. Jahrhundert wird hier mit Originalgeräten veranschaulicht.

Sulzburg (Kreis Breisgau-Hochschwarzwald): Landesbergbaumuseum Baden-Württemberg. Das Museum zeigt die Entwicklung und Bedeutung des Bergbaus im Land bis zur Gegenwart und geht auch auf Abbaumethoden ein.

Ulm: KZ-Gedenkstätte Oberer Kuhberg und Ulmer Museum. Die Gedenkstätte erinnert an die Gegner des Nationalsozialismus aus Württemberg, die im Fort Oberer Kuhberg eingekerkert waren. Das Ulmer Museum hat seinen Schwerpunkt in der Kunst Ulms und Oberschwabens seit dem Mittelalter.

Villingen-Schwenningen: Franziskanermuseum. Hier wird die Kulturgeschichte von Stadt und Region modern und anschaulich präsentiert. Darüber hinaus bietet Villingen-Schwenningen zahlreiche weitere Museen, etwa zur Uhrenindustrie.

Waldenbuch: Museum für Volkskultur in Württemberg. Die Außenstelle des Landesmuseums geht auf das Alltagsleben „einfacher Leute" vom 19. Jahrhundert bis zur Gegenwart ein.

Weil am Rhein: Vitra Design Museum. Eines der weltweit führenden Museen für Möbeldesign.

Weingarten (bei Ravensburg): Alemannenmuseum. Die bedeutenden Funde des Weingartener Gräberfelds sind so aufbereitet, daß sie ein Bild des Lebens der Alamannen vermitteln.

LITERATUR

Die Alamannen, Katalog zur Ausstellung, hg. vom Archäologischen Landesmuseum Baden-Württemberg, Stuttgart 1997.

Andermann, Kurt u. a. (Bearb.): Baden, Land-Staat-Volk 1806–1871. Karlsruhe 1980.

Baden und Württemberg im Zeitalter Napoleons, Katalog zur Ausstellung, 3 Bde. Stuttgart 1987.

Bader, Karl Siegfried: Der deutsche Südwesten in seiner territorialstaatlichen Entwicklung. Stuttgart 1950. ND Sigmaringen 1978.

Bauer, Ernst W./Joos, Rainer/Schleuning,Hans (Hg.): Unser Land Baden-Württemberg. Stuttgart 1986.

Bauer, Ernst W./Schönamsgruber, Helmut (Hg.): Das große Buch der Schwäbischen Alb. Stuttgart 1988.

Baumhauer, Hermann: Baden-Württemberg. Porträt einer Kulturlandschaft. Neubearbeitet und aktualisiert von Heinrich Domes. Stuttgart 1998.

Bausinger, Hermann/Richner, Werner: Baden-Württemberg. Landschaft und Kultur im Südwesten. Karlsruhe 1994.

Becker, Josef u. a.: Badische Geschichte, Vom Großherzogtum bis zur Gegenwart. Stuttgart 1979.

Bender, Helmut: Baden. 1000 Jahre europäische Geschichte und Kultur. Konstanz 1977.

Berger, Georg: Baden-Württemberg. Schatzkammer der Geschichte. Erlangen 1993.

Beyreuther, Erich: Geschichte des Pietismus. Stuttgart 1978.

Bittel, Kurt u. a. (Hg.): Die Kelten in Baden-Württemberg. Stuttgart 1981.

Boelcke, Willi A.: Sozialgeschichte Baden-Württembergs 1800–1989. Stuttgart 1989.

Borgolte, Michael: Geschichte der Grafschaften Alemanniens in fränkischer Zeit. Sigmaringen 1984.

Borst, Otto (Hg.): Das Dritte Reich in Baden und Württemberg. Stuttgart 1988.

Brecht, Martin/Ehmer, Hermann: Südwestdeutsche Reformationsgeschichte. Stuttgart 1984.

Burkhardt, Hermann u. a.: Baden-Württemberg. Eine Heimat- und Landeskunde. Stuttgart 1990.

Dehio Handbuch Baden-Württemberg Bde. I und II, bearb. von Dagmar Zimdars u.a. München 1993, 1997.

Filtzinger, Philipp u.a. (Hg.): Die Römer in Baden-Württemberg. Stuttgart 1986.

Geuenich, Dieter: Geschichte der Alemannen. Stuttgart 1997.

Grube, Walter: Vogteien, Ämter, Landkreise, 2 Bde. Stuttgart 1975.

Handbuch der baden-württembergischen Geschichte, hg. im Auftrag der Kommission für geschichtliche Landeskunde in Baden-Württemberg von Meinrad Schaab und Hansmartin Schwarzmeier, Bd. 2: Die Territorien im Alten Reich, Stuttgart 1995 und Bd. 3: Vom Ende des Alten Reiches bis zum Ende der Monarchien. Stuttgart 1992.

Historischer Atlas von Baden-Württemberg, hg. von der Kommission für Geschichtliche Landeskunde in Baden-Württemberg. Stuttgart 1972–1978.

Hug, Wolfgang: Geschichte Badens. Stuttgart 1992.

Huhndorf, Günter: Wurzeln des Wohlstands. Bilder und Dokumente südwestdeutscher Wirtschaftsgeschichte. Stuttgart 1984.

Kartographischer Verlag Busche (Hg.): Reise in die Geschichte. Schauplätze der Vergangenheit. Baden-Württemberg. Dortmund 1993.

Kluckert, Ehrenfried: Vom Heiligen Hain zur Postmoderne. Eine Kunstgeschichte Baden-Württembergs. Stuttgart 1996.

Krins, Hubert/Goer, Michael/Schmidt, Leo/Hajdu, Rose: Brücke, Mühle und Fabrik. Technische Kulturdenkmale in Baden-Württemberg. Stuttgart 1991.

Kreisbeschreibungen des Landes Baden-Württemberg, hg. von der Landesarchivdirektion Baden-Württemberg.

Das Land Baden-Württemberg. Amtliche Beschreibung nach Kreisen und Gemeinden, 8 Bde., hg. v. d. Staatlichen Archivverwaltung Baden-Württemberg. Stuttgart 1971/78.

Landesdenkmalamt Baden-Württemberg (Hg.): Der Keltenfürst von Hochdorf. Methoden und Ergebnisse der Landesarchäologie. Stuttgart 1985.

Landesdenkmalamt Baden-Württemberg und Stadt Zürich (Hg.): Stadtluft, Hirsebrei und Bettelmönch. Die Stadt um 1300. Stuttgart 1992.

Landeszentrale für politische Bildung Baden-Württemberg (Hg.): Der Weg zum Südweststaat. Karlsruhe 1991.

Lorenz, Sönke u.a. (Hg.): Das Haus Württemberg, ein biographisches Lexikon. Stuttgart 1997.

Maurer, Hans-Martin (Bearb.): Der Bauernkrieg im deutschen Südwesten. Dokumente – Berichte – Flugschriften – Bilder. Stuttgart 1975.

Maurer, Hans-Martin u.a.: Geschichte Württembergs in Bildern. Stuttgart 1992.

Moersch, Karl: Geschichte der Pfalz. Landau 1987.

Müller-Beck, Hansjürgen: Urgeschichte in Baden-Württemberg. Stuttgart 1983.

Planck, Dieter (Hg.): Vom Vogelherd zum Weißenhof. Erbe und Verpflichtung. Kulturdenkmäler in Württemberg. Stuttgart 1997.

Reiss-Museum Mannheim (Hg.): Die Franken, Wegbereiter Europas, Katalog zur Ausstellung, 2 Bde. Mainz 1996.

Reitz, Adolf: Der schwäbische Werktag. Von schöpferischem Mut und glückhafter Fahrt. Stuttgart 1939.

Rinker, Reiner u. Setzler, Wilfried: Die Geschichte Baden-Württembergs. Stuttgart 1986.

Rösener, Werner: Bauern im Mittelalter. München 1991.

Sauer, Paul: Württemberg in der Zeit des Nationalsozialismus. Ulm 1975.

Sauer, Paul: Die Entstehung des Bundeslandes Baden-Württemberg. Stuttgart 1977.

Schaab, Meinrad: Geschichte der Kurpfalz, 2 Bde. Stuttgart 1988, 1992.

Schaab, Meinrad u.a. (Hg.): 40 Jahre Baden-Württemberg, Aufbau und Gestaltung 1952–1992. Stuttgart 1992.

Schlichtherle, Helmut (Hg.): Pfahlbauten rund um die Alpen. Stuttgart 1997.

Schriften zur politischen Landeskunde Baden-Württembergs, hg. von der Landeszentrale für politische Bildung. Stuttgart 1975 ff., bislang 27 Bde.

Schwarzmaier, Hansmartin u.a.: Geschichte Badens in Bildern 1100–1918. Stuttgart 1993.

Stiefel, Karl: Baden 1648–1952, 2 Bde. Karlsruhe 1977.

Thierfelder, Jörg u.a. (Bearb.): Der Weg zum Südweststaat. Karlsruhe 1991.

Weller, Arnold: Sozialgeschichte Südwestdeutschlands. Stuttgart 1979.

Weller, Karl/Weller, Arnold: Württembergische Geschichte im südwestdeutschen Raum. Stuttgart 1975.

Zeller, Bernhard/Scheffler, Walter (Hg.): Literatur im deutschen Südwesten. Stuttgart 1987.

REGISTER

BILDNACHWEIS

Archäologisches Museum, Frankfurt: 31
Archiv Baumeister, Stuttgart: 122
Badisches Generallandesarchiv, Karlsruhe: 8, 72
Bayerische Staatsbibliothek, München: 33 oben
Biblioteca Vaticana: 37
Bildarchiv Preußischer Kulturbesitz, Berlin: 46, 63 links, 126 unten links
Brändle, W., Münsingen: 108 unten
Bundesarchiv, Koblenz: 133 unten links
DaimlerChrysler AG, Stuttgart: 104, 105, 151
Diakonie Stetten 129: unten
Diözesanmuseum Rottenburg: 130 unten rechts
dpa Bildarchiv, Stuttgart: 133 unten rechts, 140 links, 143 links, 144 unten rechts, 149
Fachhochschule für Technik und Wirtschaft, Reutlingen: 110 oben
Feist, J., Pliezhausen:14, 15 links, 22, 33 unten, 38 rechts, 39 links, 42, 44, 49, 52 links, 57 rechts, 78 links, 79, 112, 114 oben, 115 oben, 125 rechts, 150
Fischer, Köngen: 24 unten
Foto Lossen GmbH, Heidelberg: 144 unten links
Frahm, E., Rottenburg: 153 rechts
Friedrich-Ebert-Stiftung, Bonn: 108 oben
Fürstlich Waldburg Zeil'sches Gesamtarchiv, Leutkirch: 58 links
Germanisches Nationalmuseum, Nürnberg: 57 links
Hahn, J., Plochingen: 118 oben, 119 unten rechts
Hajdu, R., Stuttgart: 20, 111, 115 unten, 124 links
Hasenfratz, G., Hüfingen: 98 oben
Hauptstaatsarchiv Stuttgart: 52 rechts, 116 Mitte, 141 links
Haus der Geschichte Baden-Württemberg, Stuttgart: 130 oben
Hehl, R., Tiefenbronn: 40f.
Heimatmuseum Reutlingen: 91 unten rechts, 127 oben
Heuneburg-Museum, Herbertingen-Hundersingen: 19 oben
Historisches Museum, Hanau: 90 oben
Höhlen- und Heimatverein, Laichingen: 98 unten
Institut für Navigation, Universität Stuttgart: 152
Institut für Vor- und Frühgeschichte, Universität Tübingen: 19 unten
Kernkraftwerk Obrigheim:142 oben rechts
Kilian, H., Weschenbeuren: 145 oben
Kur- und Touristik GmbH, Badenweiler: 25 oben
Kurpfälzisches Museum, Heidelberg: 61, 64 links, 65
Landesbildstelle Baden, Karlsruhe: 71 unten, 75, 88, 95 oben, 109 unten, 132
Landesbildstelle Württemberg, Stuttgart: 10 unten, 38 links, 56 links, 58 rechts, 76 unten, 78 rechts, 80 oben, 81 oben, 82, 89, 93, 96 rechts, 100, 117 links, 124 rechts, 126 oben, 127 unten, 129 oben, 131, 133 oben, 141 rechts, 110 unten links
Landesvermessungsamt, Stuttgart: 147
Lauterwasser, S., Überlingen: 32 oben
LDA Baden-Württemberg, Freiburg: 45 links
LDA Baden-Württemberg, Hemmenhofen: 16 unten, 17
LDA Baden-Württemberg, Stuttgart: 23 rechts, 24 oben, 28 oben, 29 oben, 34, 99 links
LDA Baden-Württemberg, Yvonne Mühleis, Stuttgart: 29 unten
Madracevic, J., Stuttgart: 143 oben
Mannheimer Kongreß- und Touristik GmbH: 145 unten
Mozer, R., Rottenburg: 66 links
Nill, W.-D., Tübingen: 153 unten
Pfahlbaumuseum, Unteruhldingen: 16 oben
Reiss Museum, Mannheim: 76 oben, 91 oben, 101 oben
Robert Bosch GmbH, Stuttgart: 107
Rombach Verlag Freiburg: 66 rechts
Römisches Freilichtmuseum, Hechingen-Stein: 23 links
Rosgartenmuseum Konstanz: 48 oben rechts, unten rechts, 92
Rudel, H., Stuttgart: 151
Sandbiller, P., Karlsruhe: 77
Schiller-Nationalmuseum, Marbach: 74 unten, 80 unten, 81 unten rechts
Schneiders, T., Lindau: 32 unten, 64 rechts, 116 rechts
Schöck, G.: 140 oben
Schwäbisches Tagblatt, Tübingen: 153
Staatliche Kunstsammlung Dresden: 10 oben
Staatsgalerie Stuttgart: 59, 94, 97, 123 rechts
Stadtarchiv Biberach: 81 unten links
Stadtarchiv Butzbach: 90 unten, 99 rechts
Stadtarchiv Freiburg: 48 links, 134 oben
Stadtarchiv Heilbronn: 128 unten
Stadtarchiv Horb: 118 unten
Stadtarchiv Karlsruhe: 117 unten
Stadtarchiv Münsingen: 117 Mitte, 118 unten links, 119 oben
Stadtarchiv Pforzheim: 71 oben
Stadtarchiv Pfullendorf: 142 oben links
Stadtarchiv Rastatt: 91 links
Stadtarchiv Reutlingen: 139
Stadtarchiv Rottweil: 25 unten, 45 rechts
Stadtarchiv Schramberg: 109 links oben
Stadtarchiv Schwäbisch Hall: 85 unten
Stadtarchiv Tübingen: 60
Stadtarchiv Ulm: 67 oben, 126 unten rechts
Stadtarchiv Villingen: 39 rechts
Stadtarchiv Weingarten: 85 oben
Stadtmuseum Baden-Baden: 113
Stadtmuseum Ludwigburg: 101 unten
Steinert, M., Filderstadt: 148
Süddeutscher Verlag, München: 128 oben, 135, 138
Trah, R., Ehingen: 67 unten
Universität Hohenheim: 110 unten rechts
Universitätsbibliothek Heidelberg: 43, 47
VeBu Druck GmbH, Bad Schussenried: 119 links
Voith GmbH, Heidenheim: 142 unten
Wirtschaftsarchiv Baden-Württemberg, Stuttgart: 70 oben
WMF AG, Geislingen: 125 links
Wolff-Seybold, H., Konstanz: 144 oben
Württembergische Landesbibliothek, Stuttgart: 9, 50, 51, 74 oben, 84
Württembergisches Landesmuseum, Münzkabinett, Stuttgart: 56 rechts, 96 links
Württembergisches Landesmuseum, Stuttgart: 11, 21, 30, 35 rechts, 70 unten, 73, 83, 95 unten, 109 oben rechts, 116 links
Zentralbibliothek Zürich: 63 rechts
Zentrum für Kunst und Medientechnologie, Karlsruhe: 114 unten

Nicht in allen Fällen war es möglich, den Rechteinhaber der Abbildungen ausfindig zu machen. Berechtigte Ansprüche werden selbstverständlich im Rahmen der üblichen Vereinbarungen abgegolten.

DIE BEITRÄGE DER AUTOREN IM EINZELNEN

Wolfgang Alber: S. 7–11, 28–35, 38–53, 56–67, 70–85, 88–101

Eckart Frahm: S. 7–11, 14–25, 104–119, 122–135, 138–145, 148–153

Manfred Waßner: S. 12/13, 26/27, 36/37, 54/55, 68/69, 86/87, 102/103, 120/121, 136/137, 146/147, 154–156